品学兼优的秘密

改变青少年命运的28次品格对话

PIN XUE JIAN YOU
DE MIMI

陆传文 著

漓江出版社

家长、学生感恩评荐

安徽四年级豆豆妈 / 我学会跟孩子沟通了！

前段时间听了陆老师的录音课，我很受触动。豆豆为什么上课经常开小差，为什么她学习这么苦，还是学不进去，学不好，我深刻地反思这几年来我的言行和态度。孩子在幼儿园的时候我没有给过她必要的指导，上了一年级，突然发现作业那么多，难度那么大，从幼儿园到一年级的轨道接不上，我们做家长的首先着急了，经常冲着孩子发火，还骂孩子笨蛋，导致孩子越来越没信心，成绩越来越差，脾气越来越大……这一切责任都在我们家长啊。

听完课的那天晚上，孩子作业写完了，我拉着她的小手，看着她，诚恳地问她："豆豆，你在学校上课是不是也很努力地认真听课，可有时候不知不觉地就开小差了？"孩子点点头。我继续问："你是不是觉得学习很痛苦，是不是觉得你真的很努力了，但是没有人能理解你？"孩子还是点头。我对她说："这都不怪你，这都是因为妈妈没有做好教育，没有做好引导，一切都是妈妈的责任……"这时豆豆突然就哭了，哭得特厉害，我都不知所措。之后她擦擦眼泪，平静地跟我说："妈妈，没事的。"那一刻我真的非常感动。

山东初二妍妍妈 / 寻找孩子的发光点

陆老师您好。以前因为和孩子不会沟通，光看到孩子的缺点，所以俺娘俩见天地吵架。自从听了您的课以后，我努力地改变自己，寻找孩子的发光点，尽量控制自己的脾气，多表扬孩子。现在俺娘俩很少吵了，闺女说我比以前好多了。我还经常把在您身上学到的分享给我的同事们听，让他们也加入我们这个群里。大家每天在一起讨论最多的就是陆老师的品格教育。我很想进步，很想让自己变得越来越好。谢谢陆老师让我看到了希望。

广东四年级欣妈 / 孩子学会了为自己负责

您好！非常感谢您给孩子们带来的第一次课程。由于我家的两个孩子读小学，作业又不是很多，所以有幸听了您的爱心课程。课程结束后，两个孩子甚是兴奋，继续在讨论着课程的内容。

洗漱完毕，我走进他们的房间，问两个孩子听了课最大的收获是什么。两个孩子说是责任，以后我们要勇于承担责任，你们大人也是一样哟！并对我说："妈妈，从明天开始，您不用叫我们起床了，把我们的责任还给我们，您只负责做早饭就好了。"那天晚上姐弟俩开始自己收拾房间和准备第二天要用的物品。平时也会一周收拾一下房间，但那天晚上好像是打足了气的皮球一样很有劲儿。

第二天，我把听课的事和孩子们的表现讲给老公听，老公说两个小家伙还不是心血来潮，能坚持几天呢？孩子通常是这样，我们大人也会是这样，如果行为反复，我也觉得正常。我家孩子各方面我认为还可以，就是睡觉和起床两件事比较令人头疼。孩子和我约定后，上周四至今（除了周六周日外）都是在闹钟响后6：30之前起床，7：05去上学，姐弟俩饭前还会利用多余的时间一起诵读唐诗（他们都很崇拜大诗人李白）。其中有两天晚上睡觉前主动要求听一会儿陆老师的录音，他们说免得他们又不负责任了。老公说，陆老师的一句话胜过咱们说十句话。在此，我代表家人感谢陆老师！

黑龙江高三金阳妈妈 / 摆脱"抱怨"的负能量

1. 从北京回来到现在为止，孩子没有说一句抱怨那老师的话，以前到家几乎天天抱怨，笑话那个老师，批评谁了，不备课了，讲课如何如何垃圾了……

2. 心情开朗了几分，每天唱着歌回家。每天我和他交流时间就午饭和晚自习后，加起来也就30分钟，没有去北京之前，他多半时间是说关于那个老师的话题，他很瞧不起他的那个老师，我很担忧，但说啥也不管用，现在他再也不那样了，真的是您改变了他。

3. 我朋友有一次来我家，赶上他在家，他还推荐朋友的孩子看国外书籍，这是您说的话，他都记住了。

4. 昨晚第一次拿回数学卷子给我看，还说数学120这也不行啊，怎么也得135分啊。学到深夜12点多，我去催促他睡觉，这是他第一次学到这么晚，以前几乎没有过。

5. 他有了崇拜的人，我很少听说过谁，但是现在他说您很厉害，只有在北京能见到您这样的老师。

感谢您对孩子的咨询和指导。感恩。

山东六年级林妈／太多的唠叨害了孩子！

昨晚听陆老师讲“为什么不能和孩子谈学习”的公开课。我是第一次听陆老师的公开课。

陆老师讲的每一个案例，好像里面都有我这当家长的影子。每天叨叨孩子你怎么不去写作业？你又在干吗？你知道现在是什么时期吧（我家儿子6月份小升初）？我们家的生活氛围好像有股火药的味道，任谁都会受不了的，更何况一个正要步入青春期的孩子。

听了陆老师的课，我问自己是怎么了！在别人眼里很优秀的孩子，为什么当家长的我却时时不满意呢？是我的坏脾气影响了孩子，从没站在孩子的角度想过，我压抑着自己的儿子，我这当妈的太自我了！

听了陆老师的课，我当时就想哭。陆老师的话撞击着我的内心，震撼着我的心灵！我非常自责，我开始反思我自己。从现在起，我要改掉我的坏脾气，与儿子心平气和地交流，不再叨叨！说起来容易，我知道做起来很难。我在努力！努力！感谢陆老师！

天津初三瑞妈／孩子不能坚持，原来是我的问题！

做事靠坚持。成功没有捷径，就是靠坚持、决不放弃的精神品格。昨天晚上听完课后我一直在检讨自己，孩子自控力差、学习没有后劲，主要责任在我做家长的身上。自己有时候都做不到，孩子自然就缺少这个坚持、决不放弃的精神品格。陆老师的课鼓舞我，我很需要学习，很需要陆老师精神力量的鼓舞，在迷茫的时候给予我力量和方向！

河北初三航妈／孩子不是为了实现我们的理想而存在的！

从小到大，我好像一直是按照父母的、长辈的、老师的要求做一个好女儿，好晚辈，好学生。从有孩子到成为一个15岁男孩子的母亲，我又按照自己设定的模式去要求自己做一个好母亲，要求孩子成为我心中理想的人——聪明善良、智慧勤奋、勇敢勤劳、乐于助人……于是对孩子有了太多的要求，太多的期望。可事与愿违，孩子并没有朝着我想的方向发展，反而与我之间也有了隔阂，难于沟通。基于此，通过朋友的介绍，我开始听陆老师的课。

听了几次陆老师的课，我本来沉闷的心像是打开了一扇窗，有阳光照进来，使我的心温暖起来，是啊，我要求了孩子那么多，我做到了吗？我体会过他的感受吗？我给过他这些美好的精神品格吗？其实，我内心真正缺乏的就是这种精神品格。

我想我应该行动起来，首先让自己成长起来，成长为一个有精神品格、有内涵的人，然后就像陆老师所倡导的通过我的行动来带动和影响他人。因此，我要成为一个精神品格教育志愿者。这是我衷心说的，我希望改变我自己。

新疆初三子烨妈／品格教育给了我力量！

记不得是什么时候加进精神品格群的了，但是，自从第一次听了陆老师的课，我就深深地喜欢上了精神品格教育——用伟大的心去做平凡的小事，就一定会影响身边的人，我们的生活就会变得与众不同，我们的社会就一定会变得越来越好！

目前，我们的教育在精神上的缺失，已经深深地影响到了孩子们的未来，可谓是前途未卜、前景堪忧啊！一次又一次的课程改革，高呼素质教育，培养德智体美劳全面发展的现代化创新型人才，可事实上，大都还是应试教育在牵着教育者的鼻子走。为了提高考试成绩，有多少做教师的给学生施加各种手段（侮辱、体罚等），每当听到这些，我都觉得无比的悲哀！……孩子们失去了学习的信心和兴趣，找不到一点乐学的影子，还如何能谈到成长为真正的学习者呢？不清楚为谁而学，更谈不上学习的动力——责任、梦想和爱！听了陆老师的课，我才真正地感受到了力量！我也是一名教师，虽然没有陆老师精神品格的睿智，也没有陆老师那么强大的感染力，但我相信我有爱心，我能做到关爱孩子们，在传授课堂知识的同时，尽力做教育者去教育人，而不单单只是做灌输知识的工具。所以我希望自己能够通过不断的学习，用心灵的力量给孩子自由：1. 真正的快乐——让孩子心灵美好，精神强大，理性快乐；2. 解决困难——让孩子们善用精神力量和心灵智慧面对和解决困难;3. 心灵自由——不让起床、洗漱等小问题让孩子们烦恼不断，使孩子们心灵自由；4. 自尊与自信——让学习不好的孩子也有自尊和自信。

让我们的教育滋养孩子们的精神生命！

广东学生佳欣／妈妈懂得和我沟通了！

真的很感谢陆老师能给做家长的上课，陆老师太理解孩子的感受了。妈妈听完陆老师的课之后，也懂得凡事理解我，并主动与我沟通了。我现在觉得生活充满了阳光和快乐，学习也没有以前那么恐怖和令人痛苦了，感谢陆老师！

推荐序

家庭教育的疗伤者——陆传文

孟宪实

是因为灰蒙蒙的天空笼罩，我们的心情才如此郁闷不安？还是因为我们忧郁而焦虑的目光太多，才编织了上方雾霾阴沉的天空？中国真的进入了一个忧郁时代。亮丽的风景不是属于从前，就是属于别人。甚至未来，都被我们忧郁的情绪污染。面对所有根本性的问题，我们都会现出慌张，环境、体制、不公……一切前因都引来了后果，我们没有临终审判概念，但我们有算总账的念头，难道这一天真的到来了？

每个人内心深处的焦虑可能都是不同的，我的焦虑是教育。我的职业是教师，这就是原因吗？如果你的身份是家长，不信你跟我完全不同。环境的改善确实艰难，那么用力地破坏，而且进行了如此之久，不可能一夜之间让环境修复如初。然而，比环境的污染更可怕的还有，比如教育。环境的改善是有可能的，这一点国际经验是存在的。但是，教育一旦失误，对很多人而言，就是进入了一个不可逆的过程。让夏天去弥补春天的失误是很难的，人的教育如同春种秋收一样，节气一旦错过，弥补只是不再继续犯错，不过是减灾而已。

教育的问题主要是什么？有人认为是应试教育引发一系列问题，比如说急功近利，揠苗助长等等。这有道理，但不止如此。首先，人的全面发展从来不是我们教育的根本目标。我们把人当成工具，当成实现某种社会目标的工具，而人本身从来就不是目的，所谓螺丝钉精神就是生动体现。政治挂帅的时候，我们把人培养成能为政治献身的工具；以经济建设为社会目标的时候，我们就把人培养成为献身经济建设的螺丝钉。既然是螺丝钉，还需要全面发展吗？其次，即使提出人的全面发展，也不能落实到教育的实践中去。本来说，德智体就是一种全面发展方案，但贯彻得怎么样呢？德成了单纯的政治素养，而不是全面的人格教育，不要说学以致用，能够做到不与生活日用的常识相违背就是很高标准了。伦理道德有着多方面的指向，家庭伦理、社会伦理，还有政治伦理，都是伦理道德的固有属性。因为片面长期强调政治伦理的某些方面，在中国的教育实践，其结果便是否定了道德本身。一个社会，长期以无德为有德，不发生道德滑坡和伦理环境的污染，就太不正常了。

曾几何时，人格教育是我们教育的中心议题，而君子便是中国人的理想人格。但是，几十年以来，我们的教育目标就是摧毁几千年建立起来的人格理想。如今看来，这一努力已见成效，君子人格确实不再是中国人的理想。那么取而代之的是什么呢？没有人会公开地承认，我们就是要用小人人格取代君子人格。但事实上，在中国的教育顶层设计中，依然没有人为君子人格辩护，所以，社会上通行的观念是笑贫不笑娼，你不能说这是人为设计的结果，但你也否认不了，这事实上正是我们多年教育的必然结果。

君子人格，可以认为是孔子树立起来的人格观念。君子有自己的理想，以追求理想为人生目标。极端一点可以这样说“朝闻道，夕死可矣”(《论语·里仁》)。因为拥有自己内心志向，所以具有坚强的意志可以抗击外在压力，“三军可夺帅也，匹夫不可夺志也”(《论语·子罕》)。提高自己，君子有固定的方法，那就是不断地学习，于是学习成了君子的特征。“君子食无求饱，居无求安，敏于事而慎于言，就有道而正焉，可谓好学也已。”(《论语·学而》)君子有自己的高尚情操，见得思义，不会为利益牺牲德性。“笃信好学，守死善道。危邦不入，乱邦不居。天下有道则见，无道则隐。邦有道，贫且贱，耻也。邦无道，富且贵，耻也。”(《论语·泰伯》)凡此等等，如果用利益至上的人生原则去衡量，都是可笑的。君子人格是可笑的，那么站在君子人格对面的是什么人呢？

教育缺乏的不仅仅是正确的人格理想，教育把技能当作头等大事，而文化担当也早就抛诸脑后。中国人应该成为中国文化的传人吗？这个问题可不要问中国的教育工作者，他们也不知道。几十年，中国都没有找到自己的文化目标，怎么指望在教育中贯彻文化目标呢？只有当国人在国际上丢人现眼的时候，文化素质这一概念才会在一些人的头脑中闪过。仔细回顾自己的教育历程，怎么也记不起来曾经有过这种训练啊。文明礼仪，要么是封建士大夫的假情假意，要么是资本家矫揉造作，我们中国社会主义新人，不需要那种文明。那么，我们需要怎样的文明呢？千万不要提什么“礼仪之邦”，那样的故事讽刺性太浓。文化上的邯郸学步，这种古人的假设场景，真的在中国出现了。

其实，即使是从纯技术的立场出发，也会发现我们的教育的严重缺环。人格教育不仅仅是道德和理想，还有心理训练。人格成长，很大一部分是心理的健康与成长。然而，心理教育至今在中国的中学甚至大学，都以防范为主，而教育并不把成长的心理问题系统纳入。只有在心理出现问题的时候，才会有心理老师出现，这时的心理老师，还不如说是心理医生。意志是可以训练的，抗压能力是可以训练的，自信心是可以养成的，与人为善、愉快合作是可以学习的，恰当的表达、有效的沟通，凡此等等，都是可以通过学习完成的，而这本身就应该是我们教育的应有之义。

教育的诸多问题，如今在用各种各样的方式爆发出来。因为不是地震的方式，也不是山体滑坡的形式，不能及时地引发社会注意，更无法吸引教育体制的反应。所有的这些问题都是个别的，没有学习动力的学生是个别的，不能发挥注意力的学生是个别的，麻木不仁的学生是个别的，希望用特别的行动引人注意的学生是个别的，不会关心、不会沟通、不会合作、不会……等都是个别的。既然是个别的，贯彻集体教育的学校自然予以放弃，还给家长或者推向社会。社会是冷血的，除了教训还是教训。家长到了这个时候才着急了，呼天唤地，愿意用一切代价换回子女的教育，而在此之前，很多家长的行为事实上对孩子产生了负面作用。经营啊，工作啊，这个社会没有钱不行啊。到了今天，很多家长才明白，对于教育而言，金钱真是无能啊。

这一社会现状，催生了一个新的教育领域：个别教育。个别教育，顾名思义，就是有针对性地采取教育措施，希望改变学生的不良现状。这一教育，属于系统的纠错教育，也可以叫做拯救教育，有的还称问题教育，等等，不一而足。当学校的集体教育对此无能为力之后，社会上出现的教育机构，挺身而出，来承担这部分学生的教育工作。这部分学生，因为种种因缘，已经不适应现在的学校，有的准备、甚至已经离开学校。国家的教育系统，对此完全处于无解状态，而这又是社会和家长的重大难题。

陆传文先生，就是长期从事个别教育的老师。

一个偶然的因缘，结识了陆传文先生，立刻被他的事业所吸引，也被他描述的教育问题震惊。当时，一个念头忽然闪现出来——功德。这好像是一则禅宗故事：战场上，一个医者不停地为受伤的战士疗伤，而战场还在不停地制造更多的伤员。医者知道，这些伤员的最后结局，但是，他自己不能放弃治疗。疗伤是医者的使命，而战斗是战士的使命，每个人都在命运的安排下努力作为。我们如今的教育，如同战场制造伤员一样，不停地制造教育问题，这些问题必然被个别的受教育者领取，一群一群的学生于是成为教育的个别问题。当他们脱离或者半脱离学校的时候，前途可想而知地黯淡，他们如同被抛弃的人，迎接他们的只有黑暗。如此年轻就遭遇如此重大挫折，人生苦涩被他们提前品尝。但是，谁来为他们疗伤？

陆传文和他的同事们，就是教育的疗伤者。他们是脚踏实地的教育工作者，他们要解决的是教育难题。在很多年轻的生命决定放弃时，陆传文他们出现了。过去的伤痛要治疗，心中的创伤要抚平，还要看到未来的前途，还要训练有效，重新站立，迎接未来的所有挑战。陆传文给我讲了很多感人的故事，孩子感谢他，家长感谢他，在他们感激的目光中，他发现了自己的社会价值。

陆传文也是一个思考者，他很认真地研究他的教育工作。他经历过的很多教育个案，他都做了完整的记录。如今，陆传文把自己的心得体会整理出来，写成这部书。他说，所有的这些故事都是真实的，至今他还记得某某孩子的目光和语调。当然，书中名字不是真实的，这涉及主人公们的隐私问题。也许有那么一天，我们这个社会变得健康起来，那么陆传文此书提供的资料，就会成为一个时代的记录，会成为教育史认真对待的一部文献。

我在阅读这部书稿的时候，最感兴趣的是陆传文总结出来的那些十分具体的训练方法。没有切实的教育实践，这些具体方法真的难以想象。根据孩子的具体情况，具体地设计出训练方案，然后实施这些方案，很多对话甚至都是提前设计出来的。有的是观念的纠正问题，有的是习惯的养成问题，这就是地地道道的教育。难怪很多孩子把陆传文老师当作最亲的人，因为在教育过程中，陆传文真的把孩子当成了亲人，是受伤的亲人。

如果你是教育的受伤者，也许本书会给你提供一次自我疗伤的机会，陆传文最重要的方法就是调动受教育者自身的动力。如果你是家长，好好看看此书，你因此有机会纠正自己，或者防止自己像本书中某些家长那样犯错。我们都是凡人，原来是那么容易犯错，尤其是在教育问题上。

我是教育工作者，但不是教育专家。我对中国的教育有看法，因此十分感谢陆传文他们的工作：他们人在教育体制之外，却承担着最本分的教育责任。现在又有了教育研究的作品问世，或许，这正是中国的教育希望。

我的真实感受，不敢称序。

自序

孩子的品格需要唤醒和塑造

陆传文

没有品格的孩子没有快乐、自信和自尊，而没有充实的现在也难以有美好的未来。

“孩子的作业能拖则拖，让他做家务时就说要写作业，养了个小祖宗！脾气来时就把我当小伙伴强迫，跟儿子在一起好累，觉得他一半天使，一半魔鬼。总想牵着我的鼻子走，控制欲太强。他的思想观念混乱，他想要的东西马上得要，性格很急，一会儿也不想等，但对学习则是能拖则拖；爱乱扔垃圾，不好好放垃圾桶，要我提醒。他现在这个样子，将来可怎么办啊。我现在已经身心俱疲了，很无力。这个社会太浮躁，压力太大。陆老师，您有何高见？求赐教！”一位妈妈痛苦地求助。

这样的求助每天我会接到很多。

当下的家庭教育，功利、浮躁，单纯要求成绩和升学率，偏离教育的本质，其结果是父母焦虑，孩子压抑。很多学习好的孩子，心灵成绩差，成了学习的工具、欲望的奴隶；学习成绩差的孩子更可怜，心灵成绩也不及格，没有价值感，空虚、沮丧、无助、自卑，面临着学习和品行双重失败的危险……

我也是父亲，我也曾经有过教育上的困顿，加上每天面对那么多的求助，我深切地体会着家长们的痛苦，孩子们的烦恼。所以，十几年来，我一直在思考和探索，什么样的教育既能满足家长对学习成绩、分数的需要，又符合教育的本质，能够培养健全的人，让父母不再焦虑，孩子自信快乐？

答案就是品格教育。因为教育的本质就是滋养孩子的精神，塑造孩子的品格，使孩子成为品学兼优的人。

所谓品格，就是人的精神信念和道德价值在行为中的展现。

品格，在孩子幼小的时候表现为习惯，心智较成熟后表现为精神信念和内在准则，并具体地体现在行为中。

“不仅是在困难的情境中，在琐碎的日常生活中也是品格的力量在支撑、约束和鼓舞着我们，有激情和节制地生活”，使我们警醒和坚持。如该吃什么不该吃什么，早睡早起，遵守纪律，不闯红灯，不破坏环境等小事中都可以看到品格的影子。

品格决定了人和人之间的不同。每个孩子都因为拥有或缺乏相应的品格而有不同的表现：

懒惰的孩子缺少的是勤劳的品格；

懦弱的孩子缺少的是勇敢的品格；

挑剔的孩子缺少的是宽容的品格；

自私的孩子缺少的是利他的品格；

爱发脾气和任性的孩子缺少的是克制的品格；

觉得活着没意思，抑郁不开心的孩子缺少的是乐观的品格；

爱撒谎的孩子缺少的是安全感和诚信的品格；

习惯性抵触、逆反的孩子缺少的是孝敬的品格；

幼稚、认为学习无用的孩子缺少的是理智的品格；

嫉妒、好攀比、自大是缺乏自尊的品格；

等等。

同时，精神品格可以从根本上解决孩子厌学、偏科、学习兴趣不足、注意力不集中、不知道为什么学习、缺乏学习动力、成绩不稳定等学习问题。更是塑造孩子学习品质的必要途径，避免孩子成为学习的工具，使孩子成为乐学、爱学、品学兼优的人。学习品质是学习的软件，也是做人的精神和灵魂。

如专注的品格可以解决孩子注意力不集中的问题；

勤劳的品格可以解决孩子不爱写作业的问题；

勇敢的品格可以解决孩子不敢挑战难题的问题；

责任的品格可以解决孩子没有学习兴趣的问题；

梦想的精神可以解决孩子没有学习目标、动力不足的问题；

诚信的品格可以解决孩子撒谎的问题；

感恩的品格可以解决孩子逆反、不尊敬父母的问题；等等。

孩子的每一个不好的品行，都是蛀虫，损毁着孩子的精神和意志。相反，孩子每一个良好的品行，都是孩子一生享用不尽的财富，协助孩子度过充实而壮美的人生。

在研究和实践中，我发现品格教育的方法很多，我总结了十个有效的方法：

1. 用古今中外伟大人物的伟大精神浸染激励孩子。

2. 通过审美教育陶冶孩子的心灵。

3. 建立精神信念系统。

4. 阐释品格知识。

5. 培养道德情绪。

6. 家庭立法——建立家庭规范。

7. 自我立法——培养内在准则。

8. 经历设计，品格行为训练。

9. 思维和意识训练。

10. 苏格拉底式对话。

在本书中我侧重最后一种教育方式——苏格拉底式对话。因为我发现在孩子出现各种问题的时候，也就是最需要父母帮助和支持的时候，大多数的父母往往不知道说什么，怎么说，不能够给孩子及时有效的帮助，不能通过语言传达爱、接纳，不能通过对话唤醒、激发孩子的良好品格，不能通过语言中的精神力量滋养孩子的心灵，不能通过思想帮助孩子构建品格。很多小问题变成了大问题，好孩子变成了让父母失望的孩子……所以，我希望父母们能够掌握一种新的沟通方式——对话。

对话是一种平等和开放的沟通方式，家长不是高高在上，也无须战战兢兢。对话是一种打开心灵的方式，通过对话，父母可以平和地表达自己的观点、看法、感受和期待，让孩子了解父母，体会父母的责任、爱和难处；增进亲密关系，使家长和孩子不再隔阂。

而对孤独、迷茫和困惑的孩子来说，我希望做他们知心的伙伴，心灵的同行者，一个提着灯笼的引路人，给他们带来一点温暖和光亮。通过对话，让孩子们了解语言的魅力，喜欢语言和敬畏语言。

多年的教育和人生的经验告诉我：我们通过语言表达自己，在表达自己的过程中，语言悄然而强有力地塑造我们自己！你说什么样的话，就会成为什么样的人。你说的每一句话，都会对自己产生影响，尽管对这一切你并不知道。

如果你对自己说“我不行”，你的心灵就会接受这个信息，真的让你变得不行，尽管你可以做得很好。“我不行”这句话限制了你，否定了你，使你失去了勇气。

如果你对自己说“我可以”，你就会敢于尝试，快速行动，相信自己最终会做得很好，你会信心大增。

孩子们喜欢说不知道，除了不想回答之外是不喜欢思考。习惯于说“不知道”的孩子，他们的语言会失去敏感性、深刻性，他们关闭了思考和智慧的大门，会变得无知和固执。

所以，我希望通过对话，使孩子们了解语言的奥秘和神奇。因为语言是认识的力量，我们通过语言来认识自己，认识人，认识社会，认识美德。语言是思想的启蒙者，行动的催化剂，梦想的翅膀。语言的习惯决定人生的习惯。在我的对话文章中，有接纳、认同、启发、引导、阐述、辩论和辩证。每一种方法都是为了让孩子感到温暖、爱，让孩子们善于思考和认知，发现真相，激发思想和生命的活力。同时，我也希望孩子们掌握一种与自己沟通的方式，自我拯救的方式——与自己对话。让孩子们了解自己，发现自己的不足和潜能，激励自己，重塑自己。修养自己的精神品格，激发学习的斗志，树立科学和人性化的学习目标——为了爱和成长。

我们的孩子不仅是自己的孩子，也是社会的孩子，人类的孩子，所以，我们务必教育好他。品格教育可以把孩子最美好的天性和潜能都挖掘出来，使他成为健康的和自我实现的人，品学兼优；成为高素质和国际型人才，在未来拥有竞争力和幸福感。中华民族要成为一个伟大的民族必须从现在开始，培养每个孩子的品格。

目录

第1次对话

教孩子如何管住自己，培养孩子自律的品格

自律是自我教育的开始。那么，什么是自律呢？打个比方吧，比如你决定明天早上六点起床，你有了这样一个计划，也下了决心。第二天早上，尽管你感到很累、还想多睡一会儿，但是你想起了自己起床的计划和决心，然后你告诉自己必须马上起床并坚决地起来了，这就是自律。

每到周末的时候就是我最忙的时候，因为有很多家长预约咨询，妻子已经抱怨我有好几个月没有陪她出去玩了，我只能无奈地道歉。这一天，我早早地来到办公室，打开窗户，让阳光和空气驱走室内的污浊，我需要清醒的头脑，我希望能够给家长和孩子最好的帮助。我给自己沏了一杯茶，然后翻看电话记录。

上周二，初中女孩小丹的妈妈给我打来电话，说每天为孩子不能自律而犯愁，因为小丹在很多方面都不能自我管理，还不让父母管，父母一管就不高兴，和父母吵架，想自我管理又做不到。最让小丹的妈妈担心的是，小丹的胃不是很好，医生不让她喝饮料，少吃肉，但是她根本控制不住；该写作业的时候也不能马上去写作业，放不下手里的游戏或电视遥控器；体质弱，体育总是不及格，但是锻炼计划总是写在纸上；在家里乱扔东西，妈妈跟在屁股后面收拾也收拾不干净；上课爱说话、传纸条、看手机，被老师多次留校、批评，每次都认真认错，但是用不了几天又重蹈覆辙；不能按时起床，妈妈叫了一遍又一遍，直到叫烦了才起。

从电话中我能感受到小丹妈妈的担心、焦急和无助，她不断责怪自己，恳请我帮助，这让我看到一个妈妈对女儿深深的爱。

我知道，不能自我管理的孩子往往都是因为父母管得太多，干涉和替代太多，使孩子形成了管理依赖，不愿意付出努力管理自己，但是又有了自主意识，不想让父母管教，纠结的人格会不断地折磨他。不能自我管理的孩子不仅给父母带来麻烦，自己同样如此。他们因为缺少自我掌控感而缺少信心，生自己的气，找不到自我感。这样的孩子一生都将在别人的监督、管教和催促下度过，就像一个奴隶。每当我想到这里的时候，我都会为孩子感到难过，孩子们好可怜啊。

在我的眼里，每一个孩子都是珍贵的，都应该且可以有良好的品格，自信快乐。所以，我会竭尽全力帮助他们。

最让我欣慰的是，小丹的妈妈是有觉悟的，知道我在做精神品格教育，所以请求我不仅要帮助孩子做到自律，也希望我能够塑造她的精神品格，小丹的妈妈认识到做人比学习更重要。

坐在我面前的小丹有些虚胖，脸上明显地流露着和年龄不相符的幼稚。闲聊了一会，我发现她没有抵触心理，很愿意和我交流（一般孩子会觉得我们是父母的帮凶，合起伙来对付他的），就直接进入了正题。

成为自己的“立法者”，培养自律精神

我：“你管不住自己，会不会担心别人笑你长不大？”

小丹：“会啊，我也想管住自己，但是管不了，有很多事情我都做不到，可我又很要强，不想被管、被唠叨。”

我：“你会因此感到难受和自卑吗？”

小丹：“会，但我妈就不理解我，就以为我幼稚。”

我通过上面这两句问话达到了两个目的，一是让她觉得我懂她，二是触动她，给她想要改变的想法再加一把火。

我：“妈妈不理解你，但她很爱你。”

小丹：“我知道她很爱我，但我被妈妈惯坏了。”坐在一边旁听的妈妈流下了眼泪。

我：“你希望妈妈替你承担责任吗？”

小丹：“也不是，就是这么一说，我妈也挺后悔的。”

我：“是啊，你已经长大了，在你个人成长的道路上，更多地要靠你自己了。”

小丹：“我知道，我也不想被他们左右，为他们活。”说这句话的时候，小丹用眼睛的余光看了一眼妈妈，里面有歉意也有坚定。

我：“是啊，那样大家都太累了。你希望按自己的意图生活，成为自己的主

宰者？”

小丹：“是啊，谁不想啊。天天被管着烦死了。”看到孩子管理自己的愿望很强烈，我很高兴。当我对她提出改进的要求时她不会抵触，我们的对话会比较顺利，效果也会很好。

我：“父母是不会轻易放弃管束你的权利的，除非你能让他们感到放心。你知道如何可以让父母放心吗？”

小丹：“我知道，他们（指父母）也说过我要是能管住自己，知道该干什么，他们就不管我了。”

我：“你向往这样的自由，你也尝试过管理自己，你分析过失败的原因吗？举个例子。”

小丹：“比如，我妈希望我写作业的时候不要看手机、发短信，我做不到。我觉得那不影响学习，还能适当放松。”

我：“也就是说关闭手机是你妈妈的想法而不是你的想法，你觉得不会影响学习，所以你才做不到的对吗？”

小丹：“是，她乱管闲事。”

我：“那么，如果关机是你自己的想法和决定，是因为你觉得看手机、发短信会影响学习的话，你能服从自己的命令做到关机吗？”我要让她知道自己的行为有一个主人，那就是自己的想法。

小丹：“应该能。”

我：“每个人都愿意按照自己的想法做事儿，可以享受掌控自己的快乐。所以，你以后可以为自己制订计划和要求，这样就可以比较好地做到自律了。”

小丹：“哦。但也分什么事儿，很多时候也做不到。比如我知道肉吃多了不好，提醒自己下次要少吃，但是看到肉的时候还是控制不住。”

我：“也就是说比较容易的、好控制的你能做到，诱惑和困难太大的你还是做不到。”

小丹：“是，所以有时即使是自己的想法和计划也没用。”

我：“如果国家法律规定因为吃肉过多导致发胖就判刑三年，你还会见到肉就吃吗？”

小丹：“那不会，因为吃肉而蹲监狱不值得。但是国家不会制定这样的法律啊。”

我：“你可以颁布这样的法律啊。”

小丹：“我又没有权力，怎么颁布法律？”

我：“你有没有幻想过成为女王？”

小丹：“每个女孩儿都幻想过吧，那多拉风啊。可那是不可能的。”

我：“我觉得可以，你可以成为自己的女王。”

小丹：“成为自己的女王有什么用啊？”

我：“可以为自己‘立法’啊。”

小丹：“为自己‘立法’？老师，我不明白。”

我：“就是你要成为自己的‘立法者’，制定约束自己的‘法律’，培养自己的自律精神。”

小丹：“老师，尽管您的话我还不是十分明白，但我感觉很有力量，您很会激励人。”

我：“你过奖了，老师是发自内心的。回答了老师下面这个问题你就明白了，你给自己的计划、期望和法律有什么不同？”

小丹：“对自己的计划、期望可做可不做，但法律必须要遵守啊。”

我：“就是这样，法律是强制性的、威严的，也是崇高的和精神性的，而精神的力量是最能够激励人的。而你个人的计划、期望是提示性、温和的，缺少强制性，也不会让人激动。对习惯于拖延、享受和逃避的人来说很难有效。”

小丹：“是这样啊，我说以前对自己的提示和要求怎么都没有作用呢。”我在小丹的眼睛里看到了兴奋的光。

我：“为了加深感受我们来做一个练习。目前，你最想做到的是什么事？”

小丹：“减肥，少吃肉。同学和我妈都笑我快成肥猫了，而且我胃也不好。”

我：“你没那么胖。现在练习开始，你把减肥这个想法以这样的形式写下来——依据‘《自律法》’规定：当事人小丹必须成为自己生命的立法者，维护自身生命的尊严。小丹为自己制定的第一条‘法律’是减肥，少吃肉。小丹必须服从自己制定的‘法律’，使其成为自己生命的信念，时刻牢记奉行，维护自己女王的权威。写完后默默在心里读三遍，看一看有什么感受？”

初中的孩子们对精神性的东西有感触和好奇，会让他们激动和渴望，所以，我会尽量给她进行精神和思想的洗礼，让她的精神生命有活力，她的行动才有动力。而且，这将会使孩子一生受用。

五分钟后。

小丹：“感觉很庄重、严肃，而且有激情，不那么害怕了，以前从来没有这种感觉。”刚进来的时候，她有点颓地坐着，现在她挺直了腰，看上去很美。

我：“你的体验比较准，你潜藏的生命勇气被激发出来了，这样的感受可以让你严肃、认真和勇敢地对待自己的问题。”

小丹：“嗯，我好想有这样的感觉，太好了，我可以变得苗条了。”

我：“如果你的身材变得苗条了，那是因为你的心强壮了。但仅有这样的感受是不够的，还要把你的‘法律’，也就是你的自律精神和你想做的事融合在一起，你才会有真正的行动。”

小丹：“怎样才能把它们融合在一起呢？”

我激发小丹内在的精神斗志，让她开始严肃地对待自己，为自己制定行为标准做好了铺垫。如果孩子内在改变的愿望不强烈，改变就会变得很艰难，遇到困难就会退缩。

做自己的“执法者”，培养高效的执行力

孩子的执行力是必须经过训练的，就像登山的能力一样，我要趁热打铁。生活中，我们有很多机会训练自己，这时，我想到我自己的午餐中有酱牛肉，我有了主意。

我：“现在已经11点多了，是不是有些饿了？”

小丹：“还真有点，早上吃得比较早，就喝了一碗粥，吃了一个包子。”

我：“老师这里正好有一块酱牛肉，自己酱的，非常香，现在我就把它放在桌子上，看你怎样才能经得住这个诱惑。你可以先回忆一下为自己颁布的不多吃肉的‘法律’，然后再想一些配合的方法。”

小丹：“老师您不要这样，太残忍了，我好想吃啊。”

我：“来吧，生活比老师更残忍无情，除非你能够战胜自己。”

小丹：“好吧，我可以不看它吗？”

我：“当然可以，只要你能克制自己想吃这块肉的冲动。”

小丹：“我就吃一小点可以吗？”

我：“不行。只要你吃了一小点，欲望就会全部勾起来，你就更没有办法控制了，所以必须要打消吃的念头。”

我很坚决，她感受到了，不再妄想。

五分钟后。

小丹：“老师，我做到了。”

我：“恭喜你，但为了巩固胜利成果，请你再坚持十分钟。而且老师有些饿了，老师可要吃牛肉了。”

小丹：“老师，您太坏了。”

我拿起牛肉，故意嚼出声来，边吃边赞叹这牛肉有多香，多美味，同时看着小丹努力克制的样子。

十分钟后。

小丹：“我的妈呀，我终于熬过去了。我现在不想吃了。”

我：“好样的，你是怎么做到的？仔细说说。”

小丹：“我先是在心里默念了一遍坚决不吃肉的‘法律’，让自己冷静下来，然后我闭上眼睛，不看那块酱牛肉，但它却出现在了脑子里，我想不想它，把它从脑子里赶出去，但是不行。我又告诉自己不能让您看我笑话、小看我，才感觉好些了。接下来我又吓唬自己贪吃会变成肥猫，这招比较管用。最后，我又提醒自己必须遵守‘女王’的‘法令’，这个想法突然让我变得很坚决，就把吃肉的念头打消了。”

我：“你做得很好，灵活地把自律精神和方法结合在了一起。你先用自律精神让自己变得严肃，激发自己的勇气。然后不看它，用的是隔离技术，就是把你和诱惑物隔离开来，减少吃肉的冲动。接下来你不想被老师笑话，你用的是提升自尊法。第四招是你吓唬自己会变成肥猫，用的是因果关系。最后你又用自律精神使自己更加坚定，完成了老师的任务。”

小丹：“老师，我也挺厉害吧。但我以前怎么想不到这么多方法呢？”

我：“你当然很厉害。你以前想不到这么多方法是因为你缺少自律精神，你的责任心没有被激发出来。作为对你的奖励，老师再送你一条比较简单有效的方法，叫厌恶法。也就是当你想吃肉的时候，弱化肉的美味、营养，多想一想肉的来源、加工、保存等方面的不卫生问题，还有动物被屠宰时因为恐惧释放到肉里的毒素等，你吃肉的愿望就会瞬间消失了。”

小丹：“老师，您说得我感到恶心了，这个方法真灵。”

我：“厌恶法就是让你产生强烈的厌恶心理，对减肥、戒酒和戒烟效果比较好。通过这个练习你已经有了很大的收获，总结一下你是怎样把自律精神和你想做的事融合在一起的，这样你就可以把这套方法用到其他的自律中了。”

小丹：“老师，我说不好，还是您帮我总结吧。”

我：“好吧。老师再帮你捋一下，但是你要记录。第一步，你唤醒了自己的自律精神，使自己拥有责任和勇气。第二步，利用经验和创造性想出一些方法，如隔离、提升自尊、因果关系、厌恶法等。第三步，你对每一个方法认真尝试，不断强化自律的能力。第四步，再次利用自律精神坚定信念，直到做到自律。”

小丹做笔记很认真，我想她也把这些方法记到了心里。因为我让她有了体验，而不是单纯地要她死记硬背。

小丹：“老师，您这四步简单、好做，肯定会很管用。”

我：“是啊，很多和你一样的同学都想改变自己，成为自律的人，令人尊敬，获得自由。但是他们因为找不到合适的方法训练自己只能原地踏步，被责怪、轻视，也会痛恨自己。所以希望你把在老师这里所学的方法教给身边的同学和朋友们，使他们都成为自律的人。”

这些年，我发现孩子们很难得到真正的心灵的教育，我希望通过每一个在我这里得到精神滋养的孩子，也去帮助那些需要帮助的同学，让他们体会到品格的魅力，同时，也为孩子种下了爱和助人的种子。

小丹：“老师，您放心吧，我一定会做的。”

我：“做到自律不是一件容易的事，你每天要训练自己，有很多问题和习惯需要你去解决，你会感到疲劳，甚至会放弃。这个时候你知道该怎么办吗？”

我要事先告诉她难度，让她有心理准备。有准备，就不会退缩和放弃。

小丹：“我就咬牙坚持。”

我：“如果你用香皂坚持洗衣服上的油渍会有用吗？”

小丹：“不会。”

我：“如果你已经洗了很多衣服，很累了，手已经不听使唤了，你还要坚持吗？”

小丹：“不坚持了。那我该怎么办呢？”

如果用错误的方法坚持，孩子会很累，也不会有效果，所以，我必须让她知道，仅有坚持是不够的，还要会坚持。同时，我希望她学会用思辨的方式看问题。

自我监督和灵活调整目标

我：“你们在上体育课的时候，体育老师一般会做什么？”

小丹：“布置活动任务，指导和强迫我们训练，监督偷懒的，纠正错误动作，也批评和鼓励。”

我：“我们这是一堂自我教练课，和你的体育老师在课堂上所做的很相似。前面你做了自己的‘立法者’‘执法者’，下面你觉得该扮演什么样的角色了？”

小丹：“我知道了，该扮演监督和纠正的角色了。”

我：“孺子可教（在我真诚的夸奖中，我看到她的羞涩和开心）。每个人都有自我欺骗和逃避困难的倾向，如果你不能成为自己的‘监督者’，随时监管自己，调整方法，你就会找借口拖延，畏难退缩，你的自律就可能中途夭折。”

小丹：“调整方法也算是监督的一部分吗？”

我：“是的，就像你们体育老师不仅要查看你们有没有偷懒，督促你们严格训练，还要纠正你们的训练方法，或者当你的运动量达到极限时提醒你们休息。你所做的也是督促自己不要偷懒，纠正自己不适当的方法和目标，提醒自己休息。现在你思考第一个问题，如果你发现自己在偷懒、拖延，并为自己找借口时你该怎么办？举一个具体的例子，比如早上偷懒、赖着不想起床，找出三种自我监督的办法。”

我尽可能找机会让她思考，思考的过程是认知的过程，善于认知的学生才能够享受到学习的欢乐，并提升认知的智慧。

五分钟后。

小丹：“第一，把闹铃调到不停止状态，让它响个不停；第二，罚自己一天不花零花钱；第三想不起来了，老师您帮我想一个吧。”

我：“方法不错，你用心想了。第三个方法老师提示你一下，如果你能经常看到自己赖床的样子，会不会对你有触动？”

小丹：“会，但是我怎么能经常看到我赖床的样子啊？”

我：“利用科学啊。”

小丹：“我知道了，自拍。或者让我妈把我不起床的丑样子拍下来，放在床头每天晚上看几眼再睡觉。”

我：“你有很强的创造力，很好。”我发现，及时的欣赏对成长中的孩子有很好的激励作用。

小丹：“谢谢老师。”

我：“不客气。老师问你第二个问题，如果你已经连续两个月坚持早起了，实在坚持不住了，你该怎么办？”

我再一次让她考虑到改变的难度，激发她的精神斗志。这就如同打铁，好钢是不断敲打出来的。

小丹：“我刚才说咬牙坚持您说不对，那我就休息几天等疲劳缓过来了再坚持。”

我：“你要是男孩老师会拥抱你，我们握一下手吧。你做得很好，要学会休整，不能把弦绷得太紧，要学会放松和积蓄力量。”那一刻我真有拥抱她的冲动，那是我想拥抱成长的力量，但是我克制住了。

小丹：“我以前犯过这样的毛病，因为绷得太紧了感到很累，然后觉得犯不上这样难为自己就放弃了。”

我：“这就是老师说的要学会放松的目的，可以使自己保持坚持的信心。老师问你最后一个关于调整目标的问题：如果你已经放松休息几天了，但当你重新开始坚持早起还是感到很疲劳，你该如何调整？”

小丹：“我要看是不是自己起得太早了，睡眠时间不够，稍微晚起来一会。”

我：“你抓到了重点。这就是目标的调整，如果目标过高让你很难做到或者不堪重负，你就要适当降低目标，使你的身心能够适应。”

小丹：“我以前就不会调整，要么过高做不到，要么过低没目标。今天我的收获真是太大了，感觉好像从幼稚的小孩一下子变成了大人。”

我：“这就是成长的感觉，自律的力量。”

经过几次咨询和短信、邮件联系，小丹的自律精神已经很强了，在很多方面做到了自律，如少吃肉，不喝饮料，在该写作业的时候马上去写作业，按计划行事，不随地吐痰，在红灯面前止步等。她在短信中说：“老师，能做自己的主人，我感到很开心。有的时候当我像女王一样对自己发布命令后，还做到了，我会很骄傲。”每个人都必须有自己的生活，自律就是为自己的生活所做的最重要的准备。自律就是成长的意志和自由。

伟大的时代需要伟大的品格，否则，我们的孩子将会被淘汰。更为重要的是，一个由有自律品格的人组成的民族才不会混乱。

孩子收获成长的那一刻，我觉得我是世界上最幸福的人。

家长教练作业

1. 根据孩子的情况从小麻烦开始或者从最困难的事情上入手，训练孩子的自律能力。

从战胜小麻烦开始可以积累孩子的自律能力，使孩子逐渐强大。战胜最棘手的事情可以让孩子在最短的时间内获得强大的自我，其他一切的问题就变得简单容易。

帮助孩子筛选小麻烦：如起床、节食、遵守课堂纪律、晨练。

帮助孩子建立大目标：如戒除烟瘾、网瘾等。

选好目标，帮助孩子制定“法律”，找到三种以上训练方法。坚持不懈，每天重复，你的孩子将获得强大的意志力和自律能力。

2. 和孩子一起复习自律五步法。

第一步：为自己的行为“立法”，用自律精神让自己变得严肃，激发自己的勇气。

第二步：隔离技术，就是把你和诱惑物隔离开来。

第三步：避免被嘲笑，提升自尊。

第四步：恐吓自己，明确因果关系。

第五步：厌恶法，想象某个对你特别有吸引力的东西很脏、很丑的样子，很难闻的味道，对身体的伤害等。

拿一个具体的事件，对孩子进行训练。

第2次对话

让孩子不要轻言放弃，培养孩子自助的品格

放弃很容易，只要你把自己像乌龟一样缩在壳里就可以了，但是你要忍受漫长的黑暗、压抑、沮丧、无助和失败，也许是一生。坚持看上去很难，但是咬牙挺住就过去了。所以，放弃比坚持代价更大。

高二男生小凡的妈妈吴女士坐下来第一句话就是："陆老师，我是一个不称职的妈妈，从小就逼着孩子学习，对他要求太高。现在，孩子很痛苦，学不进去，经常旷课，不愿意去学校，又觉得对不起我，您帮帮他吧。"吴女士哽咽着，脸上满是焦虑。她的语速不快，我能感觉到她在尽量控制，但是，她在不停地说。也许对她来说，这能够让她感觉轻松些。

"他经常迟到、早退，到了学校就睡觉，回到家作业基本不写。上高中后他的学习成绩一直就不好，但他不想放弃，对自己还抱有一线希望，所以一直坚持着。一年多来，尽管他也努力过，但是还是没有找到比较好的学习状态，总是犯懒、偷懒，学不进去，所以他的成绩还是在中下等，考二本的机会都没有了。"

隔了一会，她开始反思和责怪自己，说自己对小凡的表现理解不够，总责怪他不努力，不要强，对孩子打击很大。老师也逐渐对小凡失去了信心，说他没什么希望了，孩子就彻底放弃了。

在吴女士描述的时候，我的脑海里出现了一个画面：小凡被没完没了的作业、复习、测验、强化练习弄得筋疲力尽了，他变得沮丧、消极，每天都不开心；这个时候，他非常渴望得到父母、老师的鼓励、信任，但得到的却是打击，他彻底绝望了，从此一蹶不振，他也越来越懒惰，什么都不干，整天看电视、聊QQ、打游戏。最开始他只想放弃学业，没想到把自己也放弃了。但他忍受不了这种被自我抛弃的感觉，因为他心里还有不甘和追求，所以更加痛苦。

吴女士在为自己的儿子难过，我和她有同样的感受，同时，我也想到有那么多和小凡一样的孩子，在自助和放弃中挣扎，心灵变得灰暗。

好好反思一下我们的教育吧，我们的下一代备受折磨，精神麻木，品格虚无。所以，必须帮助孩子们自助，摆脱环境的影响，接受心灵的洗礼，品格的滋养。

带着这样的心情，我开始和孩子聊天。

错误的放松会变成放弃，会让你感到空虚、绝望

我：“小凡，最近感觉学习压力很大，想让自己好好放松一下，一般会怎样放松自己啊？”

小凡：“看电视、玩游戏、聊 QQ，偶尔抽烟、喝酒。”因为小凡的妈妈跟孩子介绍过我，所以，孩子没有戒备心理，很配合，我就比较快速地触碰核心问题。同时，经验告诉我，如果闲聊得太多，孩子会觉得老师没水平，会失望而不想聊下去。

我：“小凡，你看上去每天很忙碌，但你感觉不到充实，是吗？”

我希望我对他的了解和同情能够让他感觉好些，让他有希望，因为有人懂他。

小凡：“是啊，我不得不让自己忙起来，闲着就会感到很无聊。”

小凡一脸的疲惫，好像一个找不到方向的水手，但我的话，让他感到一丝温暖。他的眼睛告诉我的。

我：“是啊，空虚像一个无底的黑洞，让人的心越来越恐慌。既然这样为什么还要放弃努力让自己消沉下去呢？”

我知道，如果要帮助小凡获得自救和自助的能力，必须不断地提问，让小凡清楚自己做事的动因，也就是更多地了解自己。

小凡：“这两年学得太累、太纠结了，不想活得那么痛苦，觉得放弃可以让我轻松一些。”

有这样想法的孩子往往没有享受到一个快乐、轻松的童年，现在觉得太亏了，要补回来。

我：“是的，要学会放松，否则我们会被拖垮的。放松让你感觉好些吗？”

小凡：“没有，不踏实。”

我：“你也没有想到，放松竟然会让你感到空虚和无聊？”

小凡：“是。无聊、绝望，就像您说的像掉到了一个无底的黑洞里，觉得生活一点意思也没有，有的时候甚至想死。老师，这是为什么？”

我最喜欢孩子问为什么，那说明他有感受和困惑了，也就有希望了。我很高兴。

我：“如果反过来问你可能就会找到答案，比如你要是觉得自己活得很充实和快乐，那会是因为什么？”

我再次不直接回答，我渴望孩子们善于思考。教会孩子思考才是教育的本质，所以，我会用各种方式提问。

小凡：“那是因为我觉得自己很有价值。”

我：“你说得很对，觉得自己有价值的人才充实快乐。那么，对你来说什么是你的价值？”

小凡：“哦，老师，我明白了，学习成绩。”

我：“因为对目前的你来说，学习和成绩就是你的全部。”

小凡：“我觉得很悲哀，父母和老师就是这么灌输的。”

我：“是啊，这是教育的悲哀，学习好就有价值，否则就没有价值，所以，当你学习成绩下来后，就会觉得自己没有价值。”

小凡没有说话，我知道他在沉思，脸上有些愤恨。沉默了一会儿。

我：“现在知道为什么感到空虚无聊了吧？”

小凡：“知道了，感到没有价值。”

人的价值是用学习成绩衡量的吗？我希望父母和老师都问一问自己这个问题。

小凡：“那种感觉很糟。”

我：“偶尔的放松可以让你觉得轻松，持续的放弃就不同了吧？”

小凡：“是的，越放松，越恐惧，越累。”

我：“因为那不是放松，而是放弃。”

小凡：“是的，现在我才明白了。最初我只想放弃学业，但没想到把自己也放弃了。”

我：“所以，你找不到自己，感觉不到存在。”

小凡：“是的，我总是做噩梦，梦见自己掉进了万丈深渊，想抓到点什么但总是抓不到，总是被这样的噩梦吓醒。”

放弃产生的无聊和沮丧，是心理的黑洞，所以小凡才有这样的噩梦。我暗下决心，必须给小凡一根救命的绳子，让孩子从深渊中爬上来，看到希望的光——那就是自助。

拯救自己最有效、最持久的方法就是自助

小凡：“老师，我实在受不了那种空虚、恐惧的感觉了，我现在很想振作起来，您帮帮我吧。”当孩子有渴望的时候，是教育最有力量的时候，所以，我要用思想的力量帮他种下自助的种子。

我：“你有没有尝试过让自己振作起来？”

小凡：“有，在我最消沉的时候，坚持不住的时候，我不停地对自己说‘我是最棒的’，甚至幻想考了全班第一。”

我：“为什么没有用？”

小凡：“因为得不到父母、老师的信任和鼓励，他们只看分数和成绩，看不到我的辛苦和坚持，我的信心一下子就没有了，什么都做不下去了。”

我：“你非常渴望得到父母的支持、老师的鼓励，如果得到了这些你会坚持下去是吧？”

小凡：“我肯定会坚持，但是在我最需要他们的时候，他们放弃我了，我一下子就垮了。”

我：“就像大厅的支柱突然被撤走了，是那种感觉吧？”

小凡：“是的，我本来就快撑不住了，真希望他们拉我一把。老师，他们为什么不相信我？”

父母一定要发自内心地对孩子说：“我永远相信你。”而且要经常说，尤其

是在孩子受到挫折的时候，这句话会产生神奇的力量。因为那是父母对孩子生命价值的认同。

我：“是啊，这对你来说是最关键的时候，他们不该在这个时候撤退。从你的语气中我感觉到你有些恨他们，是吗？”

小凡：“是。他们原本是我最信赖的人，可以依靠的人。”

我：“这两年，我相信他们（指父母和老师）也一定理解过你、鼓励过你。”

我希望小凡通过这样的回忆对父母和老师有一些理解，这也是我准备在下一次和他对话的时候要谈的问题。

小凡：“说实话，是。”

我：“他们的信任和鼓励给你带来过坚持的力量，是吧？”

小凡：“是的。”

我：“所以，每当你坚持不住的时候，你就渴望他们给你力量？”

小凡：“是的。”

我：“老师知道，他们应该给你力量。但请你思考一个问题，一所要倒了的房子应该从里面支撑还是从外面支撑？”

我希望他能够开始认识到他已经长大了，要做自己的信任者和支持者，这样的信任和支持才最及时、最持久。

小凡：“应该是从里面，里面支撑有力量。”

我：“你说得很对。里面的支撑是房子自身的结构，是房子的支柱和栋梁，最稳固、最有承受力。外面的支撑只起到暂时的辅助作用，它可能会暂时让墙不倒，但是却不能使房顶不塌下来。”

小凡：“您的意思是让我不依靠别人，自己解决问题。”

只要善于诱导，孩子的认识能力就会显现，智慧的种子就发芽了。看到孩子善于思考，有新的认识，是我最高兴的时候。

我：“你说得很对，依靠自己，做自己的救星，自我拯救，这就叫自助。别人的帮助都是有限的，有时候不及时，有时候没有用，有时候不长久。只有自己最了解自己，对自己的帮助最有效，最及时，也最长久，就像使用自己的手和脚一样。”

小凡若有所思。我知道，在他沉思的时候，也是他重新认识自己的时候，自我教育的时候，要多给他些时间。所以，我满意地喝一口温润的红茶，好甜美。当小凡再次抬起头，开始用有力的眼神看着我，我知道他有新的感悟要说。“我以前太依赖外在的力量了，所以总是不踏实，总觉得踩在云上。现在我懂了，靠自己才最靠得住，才不会失望。不管别人是否信任我，只要我信任自己，我就会有力量。”他说这番话的时候，眼睛发亮，很兴奋的样子。我知道，这是他找到了内在的精神动力。他的生命变得鲜活了。

我：“为你高兴，你的理解很深刻。别人是否信任你、看好你并不重要，只要你信任自己，看好自己，你的力量就会被激发出来。因为你不是在为别人活着，你是为自己活着。”

小凡：“是的，我是在为自己活着；自助就是为自己活着，依靠自己解决问题。”

我：“作为高中生，你很渴望成为你自己吧？”

小凡：“那当然。”

我：“如果你不能自助，你会成为你自己吗？”

小凡：“不会。老师，我以前以为不让别人管就是成为自己了，现在才明白，自助才是真正的成为自己。”

这时的小凡好像满血复活的斗士，但是我知道这只是开始，他还需要进一步的引导。

自助首先需要自我激励，引发自我拯救的力量

我：“看到你振作起来，老师为你高兴，老师激发出了你的活力，但是还不够，你还要有方法不断自我巩固，在遇到苦难的时候能够有效运用。”

小凡：“太好了，老师，我该怎么做？”

我：“首先你要学会自我激励。”

小凡：“我以前激励过自己，但感觉没有用。”

我:“老师记得，你对自己说‘我很棒’。但当父母和老师不信任你的时候，你就不觉得自己很棒了，你的信心就没了，那个时候你还相信自己很棒吗？”

小凡:“不相信。”

我:“连你都不相信怎么会有效果呢？”

小凡:“那我该怎么激励自己呢？”

我:“现在，老师帮你假想一个情境。如果你是鲁滨孙，你漂流到了一个无人的荒岛上，你孤独、无聊、恐惧，但你还不想死，你还要活下来，振作起来，因为你还有梦想没有实现，但没有人帮你。你会对自己说什么来鼓励自己？”

小凡:“如果在一个荒岛上我会说，没有人帮你了，你必须做自己的救星、成为自己的英雄，拯救自己。”

我:“你在说这番话的时候，我看到你的眼睛在发光，说说你这样鼓励自己的感受。”

小凡:“我觉得自己成了孤岛英雄，有一种前所未有的勇敢在心里涌动。在我的脑海里出现了清晰的画面感，一个人在岛上英勇战斗。”

我:“非常好。你把自己当成了勇敢的战士，自救的力量被激发出来了。其实我们每个人都生活在自己心灵的孤岛中，除非你点亮自己，把自己当作生命的灯塔，否则你的内心永远是黑暗、迷惘、消沉的。”

小凡:“老师你的话很有诗意和力量，我现在觉得很振奋，有力量。”

我:“真正的自我激励必须使自己精神振奋，充满斗志，并且不空洞，相信自己可以做到。”

小凡:“我知道了，自我激励也要讲方法。”

坚信自己勇敢和有力量的人是不可战胜的。

自助需要打破心理限制，勤于思考、行动

我:“老师知道你容易犯懒、偷懒、学不进去，这会影响你对自助的实践，你想解决这个问题吗？”

懒惰不仅是习惯问题，也还是认识问题，我要尽可能把影响小凡自助的重要因素帮他捋清。

小凡：“想啊，我也不喜欢自己很懒。看到别人那么勤快挺羡慕的，也暗下决心不要懒惰，可一到做事的时候就泄劲了。”

我：“老师以前也有犯懒、不愿意做事的时候。最明显的就是不愿意洗碗，觉得琐碎、脏，不是男人干的活。越是这样我就越是排斥洗碗，每到吃晚饭我就找借口或者和我妻子猜单双游戏决定谁洗碗，往往闹得不开心。我有一个习惯，每天晚上吃过晚饭都要下楼遛弯、消食、锻炼身体。有一天我在遛弯的时候突然想到洗碗、收拾屋子不也是一种运动吗，也可以带着快乐的心情去做，就像遛弯一样啊。从那以后，我喜欢上了洗碗，不再因为洗碗和妻子闹别扭，而且我还把洗碗上升了高度，看作是对妻子的疼爱。分析一下，老师怎样做到转变的？”

我给小凡讲我的故事有两个目的，一是给他信心，懒惰也可以转变；二是让他学会用思想影响行为。

小凡：“您的心理有了转变，一开始觉得洗碗不是男人干的活，脏、琐碎，后来把洗碗当成了运动和对妻子的爱，您就不讨厌了。”

每个孩子都有很好的思考潜质，只是缺少耐心的引导。尽管有的时候我也是一个急性子，但是，在孩子们面前，我的耐心洋溢，我发自内心地爱他们。

我：“如果这样的话，一个人的勤快或懒惰由谁决定？”

小凡：“由自己决定。”

我：“由自己的什么决定？”

小凡：“自己的想法。”

我：“如果把老师以前的想法‘洗碗不是男人干的活，琐碎、脏’比喻成一种东西，你觉得会是什么？”

小凡：“是一条绳子或者一个框框。”我没有想到小凡的比喻这样准确，我惊讶兴奋地看着他，给了他很大的鼓舞。

我：“为什么是一条绳子或者一个框框？”

小凡：“把人拴住和框住了。我以前这种感觉很多，只是没有认识到，说不清，您这一提醒，我一下子就想到了。”

我：“你比喻得很准确，我之前的想法就是绳子或者框子，我被自己限制了，所以变懒了。”

小凡：“以前，每当我要写作业的时候，我就会觉得这么多作业什么时候能写完啊。而且那么多不会的，会的都是简单的，写了也没用，也不能进步，父母和老师也不满意。算了吧，不如不写。”

我：“我们每个人都会给自己设限，使自己失去行动的力量。后来老师为什么又愿意洗碗了呢？”

小凡：“您把洗碗当成了运动，您的限制没了。”

我：“也就是说，只要我们打破自己的心理限制，我们就打破了懒惰，就可以快乐地做事了，对不对？”

小凡：“嗯。思想的力量真大。”

我：“现在，你也试着来打破给自己设下的心理限制，你该怎样转变思维和想法呢？不要急，想一想。”

小凡：“作业是很多，但我是学生啊，我必须写作业。尽管会做的都是简单的题，但总比不做要好。我也不盼望得到谁的认可，我认可我自己，我要拯救我自己。”

以前很多人怀疑我，说和孩子聊天就有用吗，但我从来没有被怀疑所影响，我知道，思想对人的塑造作用是多么地神奇。

我：“太好了（我为孩子的思考力而感动，每次都是这样）！感觉怎样，觉得能够打破自我限制吗？”

小凡：“感觉太好了，像长出了翅膀飞了起来，很美妙，有马上就做事的冲动。”

我：“这是超越自我的精神喜悦，真正的生命的欢乐，我经常有这种感觉。还有老师要提醒你，最开始的时候可能会遇到困难，老师在洗碗这件事上也是这样。但是只要坚持，敏锐地发现自我限制，然后马上改变想法打破它，你就变得勤奋了。”

小凡：“老师我知道了，我相信您。您和别的老师不一样，您不讲大道理，您很理解人、有方法。您会改变我的人生，真不知道怎么感谢您。”

如果能够给孩子生命的智慧，孩子所能达到的高度你无法想象。

自助需要使自己身体强壮，意志坚强

我：“老师也要谢谢你，也是你自己有悟性、努力的结果。我们两个不要互相吹捧了，呵呵。现在你再做一个练习，老师让你吃点苦头。因为要真正做到自助还需要身体健壮，意志坚强。”

小凡：“没事，我消沉了两年了，现在振作了，正觉得浑身有劲没处用呢。”

我：“好样的，像个男子汉。现在做 20 个仰卧起坐，20 个俯卧撑，20 个蹲起。一次不能完成分两次完成。开始。”

8 分钟后。

小凡：“好久没运动了，累死了，不过很爽。”

我：“小凡，你觉得羸弱的身体和强壮的身体对一个人的心理影响会一样吗？为什么？”

小凡：“不一样，我有感受。身体好的时候，做事有劲儿，不愿意做的事也能忍着做。身体不好的时候，如果心里再犯懒、烦躁，就什么事儿也不想做了。”

我：“是这样，对于男人来说，身体强健的人意志也会相对坚强。自助的人必须训练自己的意志，你觉得还有哪些能训练自己的意志？”

小凡：“越是犯懒的时候越是要做事、学习。”

我：“非常好。现在你来总结一下自助有几步？具体是什么？可以看你做的笔记。”

小凡："自助分三步：一是自我激励，引发自我拯救的决心；二是打破心理限制，勤于思考、行动；三是锻炼身体，训练意志。"

我："你记得很完整，看来你真的用心了。你觉得今天的收获大吗？对你有帮助吗？"

小凡："收获非常大，十几年从没有这么大的收获，可以让我享用一生。"

第二天小凡就正常上学了，而且一直坚持不迟到、不早退，能够认真完成作业。后来他经过不断的努力，考上了北京某大学。重要的是他获得了自助的智慧，他拯救了自己，他走出了沮丧和无助，成为了充实的人。

每个孩子都有着无限的潜能，只要你善于激发和调动。

那一天，我觉得天空格外地蓝，没有一丝的霾。

孩子教练作业

1. 无论你现在处于怎样糟糕的境地，每天在心里告诉自己："我爱自己，我信任自己，我要做拯救自己的英雄。自我拯救的力量在我自己的身上，我不必乞求别人，我可以随时召唤它们为我服务。"

2. 对自我限制要敏感，随时发现它。把你的自我限制写下来，转换思维和想法，打破你给自己设定的限制。

3. 训练自己的意志，做自己不愿意做的事情，做自己讨厌的事情，锻炼自己的身体——爬楼梯、游泳、哑铃、俯卧撑、仰卧起坐、跑步等等。

4. 熟悉自我拯救的步骤，每天练习，并帮助他人成为自助者。

第3次对话

让孩子获得学习的永动力，培养孩子负责的品格

如果能总是饶有兴趣地做事，是多么的令人向往啊，因为兴趣把自己和要做的事亲密无间地联系在了一起，让自己感觉不到困难，轻松快乐；甚至在兴趣非常充足的时候，困难反而会激发我们更大的斗志，直到把困难变成自己的养料，我们仿佛骑在高大的骏马上，享受着凯旋战士一样的欢乐。但是，对很多在学习的沙漠里挣扎的同学来说，这仿佛一场永远也无法实现的梦——因为他们学习的沙漠里没有兴趣的绿洲。

从小学到高中，到大学，孩子们要经历将近20年的学习生活，如果没有快乐该是多么痛苦。在我眼前总是浮现孩子们被逼无奈、苦苦挣扎的画面，就像一个筋疲力尽的人在旋涡里喊救命，但是旋涡的吸力太大，孩子们的挣扎显得那么无力。因为没有兴趣、乐趣，痛恨学习，不能体悟到求知的欢乐，多少孩子的身心因此灰暗、羸弱，甚至罹患精神疾病，这该是怎样的人生悲剧啊。我一直傻傻地觉得，每个有良知的人都要为孩子们做点什么，让孩子们走出学习的地狱。

所以，当接到高中学生小乐的求助电话时，我毫不犹豫地答应和他见面，聊一聊。

坐在我面前的小乐脸色灰暗，既稚嫩又沧桑，甚至有了白头发。

简单的寒暄之后小乐就开始诉说他的“苦难史”，他说几年来在学习上他一直苦苦地撑着，每天都度日如年。他对学习并不感兴趣，但他不得不学习，因为他的父母要他考大学，他的老师希望他考大学，父母和老师的愿望不知不觉中变成了他的愿望，要考大学。他外在的压力很大，内心也有很强烈的紧迫感，但是他就是无法在学习上找到乐趣，所以，他每天都学得很无奈、很累。因为学习的兴趣不足，属于被动学习，所以他听课和写作业的状态都不是很好，学习质量也相对不高。但他又不甘落后，不得不报了各种补习班，拼命地补课、追赶，节假日也安排得满满的，让他感到非常无奈和疲惫。用他的话说“我和总理一样日理万机”。他对自己的状态很不满意，非常希望能够找到学习的兴趣，找到救命的稻草，让自己轻松一些。他最大的愿望是好好睡两天，出去玩一玩。

小乐一直不停地在说，说完后长长地出了一口气，仿佛轻松了许多，一脸阴霾中有了一点光亮。我疼痛的心也跟着舒缓了一些。

超越兴趣，让责任成为学习的动力

小乐：“陆老师，我晚上学到半夜12点，早上6：30起床背课文和英语单词，每天累得跟孙子似的。我在学习上一点乐趣也找不到，简直是活受罪。老师，我怎样才能找到学习的兴趣呢？”

我：“是啊，如果没有兴趣硬着头皮学习的确令人煎熬，就像心里焦躁的人面对通红的火炉子一样。”

小乐：“就是那种感觉，我的能量快被榨干了，实在坚持不住了，快疯了……”

我：“所以，你渴望学习兴趣，那是不枯竭的泉，让你快乐，总会给你滋养和动力。对吗？”

小乐：“是的，我觉得学习很枯燥，没有动力。所以，非常渴望您帮我找到学习兴趣。”

我沉重地看着小乐，稍停了一会，说：“对不起，老师无法帮你找到学习的兴趣。”

小乐失望地说：“老师，我妈妈说您很厉害，我才来找您的，您怎么说帮不了我，我怎么办？”

我：“我只是说我无法帮你找到学习的兴趣，但我没说不能帮你找到学习的动力。因为在现在的教学环境和考试制度下，很难帮你找到学习的兴趣，尤其是你已经高中了，等老师帮你找到学习兴趣你大学都毕业了。”

小乐：“老师，您不能帮我找到学习兴趣怎么帮我？”

我：“人有几条腿？”

小乐：“人有两条腿啊。”

我：“两条腿有什么好处？”

小乐：“有很多好处，可以站得稳，可以跑得快，可以换脚休息……”

我：“你说得很好。你有几条腿？”

小乐：“我也有两条腿啊，我又不是残疾人。”

我：“很多时候，我们是智慧上的残疾人，因为我们是认识上的瘸子，见识上的瞎子。我们只知道兴趣，依赖兴趣，不知道还有比兴趣更重要的东西。所以，一旦我们学习、做事找不到兴趣的时候，我们就六神无主、备受煎熬了。所以，在学习上，你是瘸子，只有兴趣这一条腿，你才会感到很累，站不稳……”

小乐：“如果你这么说的话，我觉得我的同学们都是瘸子。”

我：“是啊，这也正是老师感到痛心的地方，我们的家庭和学校教育欠缺了太多的东西，教出来那么多心灵、智慧残疾的人。你和你的同学们太需要另一条腿了。”

小乐：“老师，你快说，那条腿是什么？”

我：“责任！”我简短而铿锵有力地回答。小乐的眼睛一亮，转而是困惑。责任，人类最伟大的品格和思想，学生们却很少知道，真是悲哀啊。

小乐：“老师，什么是责任？”

我：“老师请你思考，公交车司机每天开车的时候都很有兴趣吗？”

小乐：“没有吧，每天起早贪黑的多累呀。”

我：“那他为什么还要开车，而且还要做到平稳、安全？”

小乐：“因为那是他的工作。”

我：“你妈妈每天收拾房间的时候都很有兴趣吗？”

小乐：“没有。”

我：“那她为什么还要收拾房间？”

小乐：“因为她爱干净。”

我：“也是她该做的，对吗？”

小乐：“对。”

我：“没有兴趣但又必须要做这叫什么？”

小乐：“应该是责任吧。”

我：“对，是责任。责任就是做自己该做的事，不管这件事是否有兴趣。”

小乐：“哦，是这样。”

看到小乐若有所思的样子，我很高兴。孩子们需要的不仅是书本的知识，孩子们更需要做人的知识。

我：“对于高中生的你来说，你的责任是什么？”

小乐：“我的责任是学习。”我发现，小乐在说这句话的时候并没有感到振奋。

我：“小乐，你是不是没有感到责任带给你的动力？”

小乐：“是的，我也知道学习是我该做的事，但是我不知道怎样让责任给我动力。”

我：“你为什么学习？”

小乐：“考出好成绩，考上理想的大学，找个好工作。”

我：“这些目的带给你的是动力还是压力？”

小乐：“天大的压力。”

我：“如果是为了获取知识，为了自身的成长，为了让自己成为有价值的人而学习，带给你的是动力还是压力？”

小乐：“应该是动力。”

我：“让自己知道学习的真正目的是不是你的责任？”

小乐：“是。”

我：“获取知识，忍受学习的枯燥和辛劳，磨炼自己，是不是你的责任？”

小乐：“是。老师，我有感觉了，觉得有动力了。”

我：“太好了，说说有什么感觉？”

小乐：“我觉得您在我心里挖了一口井，很深，里面有激流，我感到有了活力。”

我：“老师为你骄傲，这就是责任。责任不仅和兴趣、爱好无关，而且还要摆脱爱好、兴趣的束缚，不管有多么枯燥、艰难，只要是自己该做的，就必须去做。这样的动力才是永恒的动力。”

每个孩子都需要人生的导师，和他一起挖掘各种生命活力的深井。每个孩子的内心都有着巨大的生命活力。

拥有责任信念，种植精神火种

我：“小乐，你知道人的价值来自哪里吗？”

小乐：“我好像明白，但是说不清楚。”

我：“老师先和你分享我的一次观察和感悟。老师只要有时间就去我爱人的工作单位接她或送她，因为我有责任陪伴她和照顾她。她的单位离我家很近，也就 20 分钟的路程，每次我都会步行去接她或送她。去年冬天来临之前，我们惊奇地发现河边（北京西坝河边）的柳树叶都亮晶晶的，我们走近一看，原来是柳树叶流出的水分。我知道，冬天来了，柳树们为了保护自己，要储存营养液，同时排出水分，免得被冻死。看到这样的景象，我和爱人惊叹大自然的神奇。同时我也想到动植物是靠本能生存，但是人却不行，人的本能退化了，他必须靠自己生存。人不会冬眠，不会长出厚厚的皮毛，所以他就必须为自己建造房屋，缝制衣服，用取火生热等方式来保证自己的存活，并且要活出质量。现在你知道人的价值在哪里了吗？”

小乐：“我想我知道了，人的价值在于人不依靠本能生活，而是靠自己。”孩子们需要的是引导。

我：“你说得很好，人的价值就在于劳动和创造。人要不断摆脱对本能的依赖，不断超越自己，独自承担责任。这也是‘必须’和‘应该’的精神内涵。”

小乐：“陆老师，您的话让我热血沸腾，觉得浑身充满了力量。”

我：“你知道这是为什么吗？”

小乐：“您在我的心里种下了一颗精神的火种。”

我：“人是精神的产物，必须有坚定的精神信念。”

小乐：“我以前很软弱，就是没有精神信念。”

我：“是的，精神信念是人的脊梁，没有脊梁当然软弱。所以，你必须有关于责任的精神信念，你觉得该为自己建立什么样的关于责任的精神信念呢？”

小乐：“我是人，我必须依靠自己，承担责任。”

我：“老师为你骄傲，有了精神信念，你就会变得勇敢、坚强。为了让这个精神信念成为你的潜意识，时刻伴随你，你每天要默念这个信念，直到它变得清晰、强大，随时主动出现在你遇到困难要退缩的时候。”

小乐：“老师，您放心吧，我记住了，我一定每天默念。”

看到小乐坚定的样子，我仿佛看到责任的精神信念在他的内心燃烧。

运用语言智慧，强化责任意识

每次，我在和孩子们对话的时候，我都会不断深入，把最宝贵的东西奉献给他们，让孩子们有更多的收获，拥有自我成长的智慧，减少咨询的次数，节省他们宝贵的时间。

小乐：“我的老师和父母如果能像您这样教育我该多好，我何必受这么多年的罪。”

我：“老师知道，你希望早一些知道责任的本质，拥有负责的品格。而品格，是塑造人的最伟大的力量。”

小乐：“以前我觉得品格是很空的东西，现在感受到它的力量了。”

我：“你知道什么可以让品格的力量变得更强大和坚定吗？”

小乐：“不好意思，不知道。”脸红。

我：“你以前在做那些必须做的事情的时候，比如起床，会对自己说什么？”

小乐：“我会对自己说，‘唉，没办法，不起不行啊’，或者‘不得不起啊’。”

我：“当你这样对自己说的时候，你的情绪是消极、压抑的还是积极和坚定的？”

小乐：“那肯定是消极压抑的，感觉很无奈。”

我：“如果你对自己说‘起床的决定是我的选择，因为时间到了，我该起床了’，还会感觉很无奈吗？”

小乐：“那肯定不会。”

我：“现在你知道什么可以让你的责任的品格更强大和坚定了吧？”

小乐：“知道了，语言。”兴奋。

我：“‘语言是存在的家。’你对自己说什么样的话，你就会成为什么样的人。”

小乐：“怪不得我以前没有动力，因为我不会对自己说话。”

我：“是的，所以，每个人都要小心自己的语言，学会对自己说有力量的话。”

小乐：“我以前的语言模式有问题，现在要重新输入一个模式。”

我：“这也是你的责任。所以你要熟悉这个新的语言模式：‘我选择……是因为……’如果用在学习上，你该怎么说呢？”

小乐：“我选择学习，因为这是我的责任。”

我：“很好，你还可以这样说：‘我选择学习，是因为我要通过学习获取知识，完善自己。’”

小乐重复，脸上洋溢着难以言说的快乐。

我：“你要不要把今天所学的和那些需要的同学们分享？”

小乐：“要，他们一定美死。”

让孩子们利用学到的新知识去助人，可以让孩子们对新知识掌握得更牢固，同时也能培养他们对他人负责的精神。这是我多年的经验。

拥有职责，一生幸福。

我：“人的一生有很多没有兴趣又不得不做的事情，如洗衣、做饭、照顾老人、上班工作、锻炼身体、控制欲望等，如果所有的事情都依赖兴趣会怎样？”

小乐：“这些事情都会变得很可怕。没想到，兴趣和责任竟然有这么大的不同。”

我：“就像天上的云和你心中的云一样不同。”

小乐：“天上的云什么时候有、什么时候散天说了算，我心中的云我说了算。”

我：“非常好。天上的云是兴趣，你无法把握，一阵风就可以把它吹散；但是责任是你心中的云，是浓是淡、是聚是散由你的语言和信念决定。责任是内在的，如同你的心在你身体里跳动一样，只要你活着，它就跟随着你，它是你最忠实的朋友。”

小乐：“老师，太感谢您了。我相信我以后不仅不会因为学习而感到无聊、难过，而且一生都会因为有责任精神而快乐、幸福，我真是来着了。”

我：“是的，有了责任感你就是真正的健全的人了，因为你有了两条腿。你可以站得稳、跑得快、跳得高，可以换腿休息。责任感，是强大的精神的力量，有了责任感如同打通了任督二脉的武林高手，功力会源源不断，战无不胜。因为责任的品格会给你带来无穷的信心和力量。最重要的是，责任感不仅可以解决你依赖学习兴趣的问题，还会健全你的人格和道德，使你成为真正的有价值的人。”

不久以后，小乐兴高采烈地来找我，告诉我他已经有很强的责任感了，可以在没有学习兴趣的情况下学习，学习变成了比较自然的事情。学习就是他的责任，这样的思想已经成了他的精神信念的一部分了。

三个月以后，小乐又有了更好的反馈。他找到了更大的快乐，因为有了责任感，他做事积极、主动、持久，学习成绩提高，热爱劳动，主动帮同学分忧解难，他的心智成熟得很快，他在其中体验到了幸福感。

塞缪尔·斯迈尔斯说：“持久而良好的职责观念是每个人应该具备的最起码的品德，也是一个人的最高荣誉，因为每一个高姿态的人必须靠这种持久的职责观念来支撑。没有持久的职责观念，人们就在逆境中倒下去，在各种各样的诱惑面前把握不住自己；一旦真正具有了牢固而持久的职责观念，最软弱的人也会变得坚强，在逆境中勇气倍增，在诱惑面前能不为所动。”

我期望所有的中国的少年都拥有负责的品格，充实、快乐地学习和生活。责任，是祖国复兴的基石。

孩子教练作业

1. 人生要面对很多事务性的工作，这样的工作可能会没有趣味，缺乏责任感是无法坚持的，所以，现在就要锻炼自己的责任感，应对未来的需要。

2. 每天对自己说：“我选择学习、劳动，因为这是我的职责。”

3. 锻炼自己的责任感可以从很多身边的小事做起，为父母盛饭，尊敬父母，不随地吐痰，对同学有礼貌等等，都是你的责任，都是你该做的，也都会体现你作为人的尊严和高贵。

4. 列出自己的职责，从简单的入手练习。

5. 每天坚持体验和分享责任感给你带来的自信和骄傲。

第4次对话

帮孩子解决畏难情绪，培养孩子勇敢的品格

畏难情绪与你对困难的认识和想象有关，如果你不认同困难，不夸大困难，你将变得勇敢。

我喜欢骑着自行车上下班，权当是一种锻炼。在北京的桑拿天里骑行 50 分钟，汗水湿透了后背，那种感觉很爽。刚来北京的时候住地下室，吃一块钱的“堆菜”，觉得很平常，没觉得怎么艰苦，更没有觉得痛苦。小时候养成的不怕困难的习惯，对一个人多么重要，因为生活总有你意想不到的波折。但是现在大多数的孩子们，微小的困难在他们眼里都是越不过去的大山，这让我为他们感到担忧：他们带着懦弱的心踏上曲折、漫长的生活之路，他们该如何走下去，能走多远？

我想这些是因为来找我咨询的学生们中，大多数是因为懒惰和懦弱造成他们不能正常学习和生活。今天咨询的第一个学生小欢就是既敏感又懦弱的男孩。

小欢上高一，因为不愿住校而经常不上学。他说学校住宿条件不好，没有家里舒服；同寝室的一个男生不爱洗澡，脚臭得能熏死人，还打呼噜，根本没法待，睡不好。学校离家比较远，每天往返又很累，需要起早贪黑、挤公交，这对他来说是一种折磨。小欢从小身体不是很好，不喜欢运动，现在比较胖，而且虚弱，所以不愿上体育课。说体育老师太狠，每次运动量都很大，心脏受不了，要免体。也不愿意上语文课，说老师管得太严，讲课又没意思，所以小欢语文一直不及格。总之，凡是他觉得不舒服的事他都绕着走，在懦弱与勇敢之间他选择了前者。

没有天生懦弱的孩子，一切都是教育的结果。懦弱的孩子一般都是父母呵护过多，像老母鸡一样用翅膀紧紧地护着孩子，怕孩子磕到、碰到、摔倒，不让孩子乱动、在大自然中玩耍摔打；怕冷、怕热、怕饿着孩子，怕孩子打架，怕风吹雨淋。本来对孩子正常、自然的事情，变得可怕了，并且泛化到一种对所有麻烦和痛苦的恐惧。还有就是威吓，我不喜欢你了，我不要你了，警察来了，医生来了等。尤其是小欢从小身体不好，过度的溺爱、保护，让小欢没有一点抵抗力和免疫力，如同娇嫩的花朵易折断和破碎。

让懦弱的孩子勇敢起来所付出的努力和成本，比从小培养一个勇敢的孩子的成本大得多。深爱孩子的父母们，警醒吧。

拨开借口的迷雾，发现自己的脆弱

小欢：“老师我不想住寝室，又脏、又乱，我适应不了。”我知道他在给不想上学找借口，但我没有马上点破，因为我知道他很脆弱。

我：“老师最近写书压力很大，因为老师要用对话的方式，而不是叙述和阐述的方式。目的是还原咨询中的状态，带着读者一起通过思考的彩桥到达隐秘的内心深处，然后再带着读者从阴暗、狭小的洞穴一步一步攀升到光明的人类精神的山顶。但又要简洁、巧妙、有影响力，甚至让人眼前一亮豁然开朗，所以很难。有一段时间老师甚至想过放弃，但是我告诉自己这是我的选择，我必须要坚持。所以，老师就带着畏难和烦躁继续写作，没想到居然适应了，那一刻真的很快乐。”我写作的亲身感受，可能会让他有所反思，也让他了解我。

小欢：“老师我不是怕，我要是想做也能做，我就是不想做。”他已经习惯于用借口给自己挽回面子了。

我：“那一定另有原因了，说说看。”我不直接说穿，而是给他更多认识自己的空间。

小欢：“寝室不干净，味太大。那哥们很讨厌，好几天不洗澡，也不洗脚，跟毒气弹一样。”

我：“那的确让人受不了。你们没有劝过他洗澡或者和老师反映一下吗？”

小欢：“谁得罪那个人啊，回家住不就完了吗。”

我：“如果那个同学的个人卫生没问题了，你会住校吗？”

小欢：“那也不会。到熄灯的时候他们也不睡，在被窝里玩手机，我不能受他们影响染上玩游戏的坏毛病啊。”

我：“你不玩游戏这个习惯很好。他们不会每天都那样吧？”

小欢：“每周有那么一天两天就受不了啊。”

我：“也就是说你不够独立，很容易被影响？”我开始试探性地触碰他。

小欢：“我不怕他们影响。可是老师你不知道，有的时候他们边玩边笑，还喊，吵得我睡不着觉，睡不好，早上起来特别难受。”

我：“失眠的滋味不好受，老师有过体验。但我还是觉得你比较容易被影响，否则你睡你的不就完了吗？”我一边理解他，一边坚定地表达我的判断。

小欢：“我从小就怕吵，安静惯了。”

我：“很多事情都不是我们说了算的，所以需要适应。”

小欢：“我挺能适应的，我在学校住了好几天呢。”

我：“看来原因还蛮复杂的。老师在想，你是不是在心里事先对住宿条件有了自己的标准和想象，当你发现一切和你想象的不一样，你不能像在家里那样舒服、说了算，就感到了很大的落差？”

小欢：“也许有吧，但这不是主要的原因。”我看到他的眼神在闪躲。

我：“那你觉得主要的原因是什么？”

小欢：“我也不知道。”

我：“如果你知道你就可以克服是吧？”

小欢：“当然，但是我也不知道是为什么。”

我：“不知道为什么就不知道怎样解决，就只好维持现状了对吧？”

小欢：“不知道原因怎么解决啊，到大学就好了。”他心里知道，但他不想让自己知道。

我：“现在看，高中对你来说就是一个很高很陡的台阶，大学将是另一个更高更陡的台阶，高中的台阶你都上不去，大学的台阶你怎么上？力量是等出来的吗？”

小欢不说话，我在等待。在沉默与沉默之间是深刻的思考。

过了一会，我说：“小欢，抬起头，看着老师。你把自己藏了起来，让自己也找不到自己，这样你就达到了不寄宿的目的了，也因此可以原谅自己了。是吧？”

我停止迂回，直接穿插。小欢低下头，不说话，有点慌乱。

我：“小欢，看着老师。告诉老师，当你遇到困难的事情，产生畏难情绪的时候，你的第一反应是什么？”

小欢（想了想，鼓足勇气的样子）：“找借口，躲掉。”

我：“好样的，老师为你的坦诚而高兴（及时赞赏孩子的坦诚和勇敢，可以强化孩子的好品格）。唉，我知道，你找借口的时候，内心一定很难受，因为你知道自己不敢面对。”我的语气变得温和，我能感受到孩子内心的痛苦和难过。

小欢：“是，每当我找借口的时候我都很难受，在心里骂自己。”

我：“实际上你很脆弱，但是一直不承认，你不敢面对脆弱的自己。”

小欢：“是的，我不敢承认。我害怕一旦我承认自己很脆弱，我就会对自己彻底失去信心。所以，我不断在心里掩饰，让自己觉得什么都不怕，很强大。”

我：“你用假象在支撑自己，结果呢？”

小欢：“遇到困难就往后退，还怕别人看出来。”

我：“我知道那种感觉会很沮丧，让人讨厌自己。你站在假象的气泡上，遇到困难当然没有坚实的支撑，当然会往后退。你有没有发现，你越是不能接受脆弱的自己，不断闪躲，你就越是脆弱。就像越是怕热的人越是感觉热得受不了一样。”

小欢：“是的。我不喜欢脆弱的自己。”

我：“现在，你承认了，说出自己是脆弱的了，感觉怎样？”

小欢：“感觉不用装了，松了一口气。而且，您没有笑话我，很懂我，让我放心不少。”

我：“老师怎么会笑你，老师现在很感动，为你的勇敢。现在，你有信心做真实、有力的自己吗？”真诚和信任是让孩子振作的最强大的力量。

小欢：“有，请老师指点。”

当孩子习惯于使用借口的时候，就是在掩饰自己的脆弱的时候，内心最自卑难过的时候，每当看到这样的孩子，我都发自内心地为孩子感到难过，想用我有力的拥抱温暖和抚慰他。孩子不仅是在搪塞父母，更是在和自己玩躲猫猫，把自己藏起来，然后忘了自己藏在哪里，找不到自己了。这样他内心会暂时平静些，好受些，不再自责、焦虑，因为他真的把自己迷失了。这个时候，孩子最需要理解和关爱。

承认自己的脆弱就是勇敢的开始

父母此时要做的就是保护孩子的自尊，让孩子内在的勇敢慢慢长大、茁壮。

我：“老师再问你，你脆弱吗？”

小欢：“是，我很脆弱，从小到大我就是这么过来的。”

我（站起来，真诚温暖地拥抱他）**：**“恭喜你，没有人愿意承认自己是脆弱的，因为人们都不愿意接受脆弱的自己。你如此坦诚地承认自己的脆弱，这就是勇敢的开始。老师为你骄傲。”

小欢的眼里流露出振奋和喜悦。

我接着坚定地说：“现在我们就来尝试做勇敢的人，对自己说：‘小欢，你是个懦夫。’”

小欢：“陈欢你是个懦夫。”

听到小欢把自己的姓加上了，我非常高兴，但还是故意说：“好样的。但是老师想知道你为什么加上了自己的姓，叫自己陈欢？”

小欢：“我觉得把自己的姓加上更重视。不瞒您说，这些年来我一直知道自己很懦弱，但是不愿意承认。我试过要承认，但是感觉很不好，硬撑着反而觉得心里好受一些。但今天感到您很会激励人，一下子就找到感觉了。”

我：“太好了。当你对自己说‘陈欢你是个懦夫’后有什么感觉？”

小欢：“觉得很羞耻，不是男子汉，被激怒了似的，不怕了，也不想找借口了。”

我：“恭喜你，你做男人的尊严被激发出来了，羞耻和愤怒代替了恐惧，你可以面对自己了。但是还需要在日常生活中不断训练自己，才能成为真正勇敢的人。”

小欢：“太好了，老师您说我该怎么做？”

勇敢和坦诚不是被逼迫出来的，而是被挖掘和激发出来的。

以接受的心态面对人生的磨难

教育的责任和智慧在很大程度上是要教会孩子自己解决问题。一个解决问题的思维，胜过一万遍的唠叨和批评。

我：“你是不是对一些小麻烦小困难都比较敏感？”

小欢：“是很敏感，一遇到麻烦的时候就心烦。”

我：“遇到麻烦的时候你在心里对自己说了些什么？”

小欢：“就像您说的，我总是事先把一切都设想出来，一旦不符合我的设想、没法控制就感到心烦。”

我：“也就是说你把自己当成了一切的中心，认为可以左右一切，而事实上你却无能为力，这使你不安？”

我们越是能够把握孩子的心理，越是能够使孩子认识自己，尊敬我们。而尊敬是接受教育影响的开始。

小欢：“就是这样。老师您有什么好办法吗？”

我：“如果你想多装一些甘甜的泉水，但是你只有一个很小的杯子，你该怎么办？”

小欢：“换个大杯子，或者一个大桶。”

我：“就是这样。你内心中的设想就如同一个小杯子，连一两个小麻烦都装不下，麻烦稍微多一些、大一些就把你的杯子撑破了，你就会感到焦躁、恐惧。所以，你要换一个大杯子或者一个大桶。”

小欢：“怎么换呢？”

我：“每次你是不是都期待麻烦、困难小一些，最好没有？”

小欢：“是。”

我：“你这样的期待就是一个小杯子，现在该知道怎么样换一个大杯子了吧？”

小欢：“我知道了。改变期待，有接受麻烦的心理准备，麻烦大一些也就不那么怕了。”

我：“非常好。人生会遇到很多的困难和挫折，必须以接受的心态面对这一切。要把这句话作为你人生的信念，深深地种在自己的心里。现在就在心里对自己说：‘人生会遇到很多的困难和挫折，我必须以接受的心态面对这一切，不能对小麻烦过于敏感。’”

小欢主动闭上眼睛，认真练习。过了一会儿他睁开眼睛说：“很神奇，我以前不要说遇到麻烦的时候紧张、难受，就是想到都会不舒服。通过刚才把小纸杯换成大桶，我不觉得麻烦那么可怕了。”

我：“人的心理很有意思，你越是不敢面对，困难和麻烦就越大，越多。如果你觉得很多麻烦都不是个事，它们就真的无法难为你了。你甚至会觉得过去的自己居然会被那么多不起眼的小事困住，很可笑。”

小欢：“老师，您说得太对了，现在我觉得过去的自己就像一个幼儿园的小孩，什么都没见过，都害怕。真是太可笑了，原来自己是可以很强大的。”

语言可以构建孩子的人生态度：人生不是一次愉快的游戏，而是充满困难和痛苦的旅程。痛苦和困难越多，人的意志越坚强，道德越完善，这时才能超越痛苦，获得快乐。这是必须在孩子幼小的心灵里播种的伟大的种子之一，我时常为人类语言的神奇和伟大而感动和敬畏。

越不想做什么就越做什么，扩张勇气

金字塔不是一块石头垒起来的，心灵的金字塔也如此。孩子自我塑造的思想和方法越多，心灵的金字塔越牢固、美妙。

我：“锻炼勇气还有一个原则必须记住，那就是越不想做什么就越做什么。你重复一遍。”重复就是内化，就会产生力量。

小欢：“越不想做什么就越做什么。”

我：“你重复得很有力量，很好。光记住还不够，还要每天练习、实践。”

小欢：“怎样练习啊？”

我：“现在我们就可以练习一下。你一般不愿做什么事？”

小欢：“我妈总说我不关心她，我说不出来那样的话，感觉肉麻。”

我：“锻炼勇气的原则是什么？”

小欢：“越不想做什么就越做什么。”

我：“OK。说过妈妈我爱你吗？”

小欢：“从来没有。”

我：“现在就拿起电话，告诉妈妈你爱她。”

小欢稍微犹豫了一下，拿起电话：“妈妈，我和陆老师聊得很好，我爱你。”尽管说的声音不大，而且脸还有些红，但我看出了他的决心和勇气。

等小欢打完电话，我说：“说出来了，没那么难吧？”

小欢：“没有，只是不习惯。”

我：“老师看出来了，有点生硬，不好意思。妈妈高兴吗？”

小欢：“很高兴，好像哭了。”

我：“早就应该说了。对爸爸说过感谢的话吗？”

小欢：“没有。”

我：“把爸爸请进来，说出你的感谢。”

不一会儿，小欢和爸爸一同回到咨询室。我请小欢的爸爸坐下，说明了情况。我说：“小欢，来吧。如果有困难就在心里默念那个原则（越不想做什么就越做什么）。”

小欢：“爸爸，你为我付出了很多，谢谢你。”

小欢的爸爸非常高兴，开心地说：“我知道了，我盼望你说这样的话很久了。”又转过身来对我说：“陆老师，非常感谢您对小欢的帮助，以后还请您多指导。”

我：“看到了吧，你不想说的往往是父母最想听的。同样，很多你不想做的，也是你的心灵最需要的。拥有勇气你会拥有一切，勇气是你最值得信赖的朋友。”

小欢：“我知道了，我会抱着接受困难的心态，做我不喜欢做的事情。”

第二天，小欢发来短信，说到学校住宿了。而且他发现，当他心态转变后，那些所谓的困难和麻烦好像都不见了，或者不那么严重了，他领悟到那是他的心态的反应。他的妈妈也打来电话表示感谢，说终于可以不必为孩子住校和不断找借口而烦恼了。从那以后，我和小欢成了朋友，他经常来找我咨询、聊天，我们两个家庭也经常走动、来往，像亲人一样。

因为担心他坚持不住，我几乎每天晚上都要和小欢微信，问他的心情和状态怎样，告诉他，老师牵挂他，老师时刻和他在一起。我的话每天都鼓舞着他、托举着他。

拥有勇气你将会拥有一切！这个世界属于勇敢者。

孩子教练作业

1. 接纳自己的脆弱，大声喊出自己的不足，体验那种感觉。

2. 当你感到心虚、恐惧的时候，想象勇气是一团燃烧的火，在心中越烧越旺，直到把恐惧和畏难烧光，让你热血沸腾，浑身充满了行动的力量。

第5次对话

让孩子感受到安逸的危害，培养孩子“乐苦”的品格

人感到困惑和痛苦的时候是精神在蜕皮，是心灵长大必须经历的过程。痛苦是对心灵的洗礼，筋骨的摔打。痛苦如同狂风暴雨，让天空清澈蔚蓝、大地清新芳香。痛苦不是生命的低谷，痛苦是人生的深度，是生命的扩张。

在北京朝阳区有一条西坝河，我就住在这条河的附近。今年夏天下了一场大雨，平静惯了的西坝河像一匹小马欢腾起来了，河底的淤泥几乎都被湍急的流水带走了，露出了比较干净的河底。第二天早上，我来到河边散步，平日里难闻的臭味不见了，空气里涌动着泥土和花草的芳香，我贪婪地呼吸着。平常西坝河太慵懒和安静了，所以才那么污臭。那一刻，我突然联想到人生不也是和这条小河一样吗？太平静舒适了就会发臭、污浊。因为安逸对于年轻的生命来说，就是腐朽和死亡。

现在都市里的孩子们生活大多比较优越，而且在都市文化中，不知什么时候开始流行追求舒适和享受，仿佛舒适和享受代表着生活的品质，是生活中最重要的元素，尤其是很多年轻的孩子们竟也像安享晚年一样忙于追求安逸。没有活力、未经冲刷的生命会芳香吗？

带着这样的心情，我接待了新初三男孩小宸。

小宸的父亲是私营业主，母亲是公务员，家庭条件比较优越，小宸又是独子，是典型的在蜜罐里长大的。

小宸学习中下等，因为他觉得学习太累，所以不喜欢学习。他生活不能自理，懒惰依赖，凡事要人照顾。尽管 14 岁了，小宸从来没有收拾过房间，没有洗过衣服；经常在他卧室的角落里翻出一大堆的脏裤头、臭袜子。小宸怕吃苦、怕脏，不参加军训，逃避集体劳动，遇到上述情况就装病、请假；班级里打扫卫生他花钱雇同学替他做。小宸比较挑食，嫌食堂的饭菜不好吃，像是喂猪的，所以每天中午都在校外吃。小宸不愿意坐公交和地铁，尽管很方便，但他怕挤，怕吵闹，觉得公交和地铁气味难闻死了，会要他的命，所以上学、放学都是父母或者父亲的司机接送，要么就是打车。凡是会让他感到难过的、麻烦的事，他都会躲开。他觉得生活就是享受。

小宸高中后要出国，他的父母已经为他安排好了。把他送到我这里接受咨询，是因为担心他不能在生活上照顾自己，不独立，无法适应国外生活。

贪图安逸等于远离坚强和快乐

我：“喜欢出国吗？”

小宸：“当然喜欢啊，国外的学习没有国内这么乏味，作业也不多。而且也不用每天听他们（指父母）没完没了的唠叨了。”

我：“是啊，你的耳根会清净些，学习也不会那么累了。你的父母觉得你生活得太安逸了，没有独立生活的能力，比较懒惰、依赖、贪图享受，是这样吗？”父母提供的信息我必须在孩子这里得到确认，有时父母会夸大或者自认为孩子有问题。

小宸：“有点。”

我：“还有不到一年就出国了，有没有担心自己的这种状态不能适应国外的生活？”

小宸：“也担心，但是走一步看一步呗。”他并不太在意自己的懒惰，漫不经心地回答我。

我：“你的父母有没有帮你做锻炼独立生活能力的计划？”

小宸：“做了。但是我做不到。”

我：“说说都有哪些计划。”

小宸：“每天按时起床、叠被子、收拾房间、洗自己的衣服、锻炼身体、坐公交车和地铁、参加集体劳动、社会实践、做简单的饭菜、不玩游戏，还有就是学英语、练口语。”

我：“计划还算比较全面。有哪几项能做到，哪几项做不到？”

小宸：“几乎都做不到。不习惯，又脏又累的。尤其是坐公交和地铁，天啊，能把人挤死、臭死、闷死，像被塞进罐头一样，受不了。”

我：“你习惯了舒适和享受，这些事情让你感到很痛苦。”

小宸：“是啊，太痛苦了。”

我：“在你看来痛苦是不是非常讨厌的、不好的东西，一定要躲开？”

小宸：“当然啊，谁喜欢痛苦啊，那不是自虐吗？”

我：“是啊，正常人不会自虐，除非脑子有毛病。老师问你，坚强的人快乐还是软弱的人快乐？”

小宸：“家庭条件好、有钱的人快乐。”他不直接回答。

我：“也就是说像你这样安逸的人快乐？”

小宸：“差不多吧。”

我：“在公交车上、学校的餐厅里的时候，写作业的时候，需要打扫房间和整理个人卫生的时候，你快乐吗？”

小宸吃惊和怪异地看着我，没想到我会问出这样的问题。

我：“就算是有钱每天是不是也要面对这些事情？钱能够代替你生活和学习吗？”

小宸开始不自在……

如果孩子们能够学会对自己提出这样的问题，他对待生活和学习的态度可能会完全不同。

我：“你觉得安逸让你变得坚强还是软弱？”

小宸的脸上有细汗渗出……

我：“软弱的人会有踏实的快乐吗？”

小宸：“我知道，疯过之后我也觉得发慌、空虚。”

我的提问犀利又充满关爱，触动了小宸。

我：“也就是说，你认识到贪图享受使你变得软弱和懒惰？”

小宸：“是。有的时候会觉得我妈妈对我太好了，把我养成了没用的人。”

我：“这才是有思想和真实的你。”

小宸：“谢谢老师。”害羞和有些小开心。

必须给每个孩子认识自己的机会，否则他会变得肤浅和愚昧。

只有“痛苦”才能让你长大和坚强

我：“我们再来说‘痛苦’，这个看上去让人讨厌的家伙。小宸，你是什么时候觉得痛苦是不好的、要躲避的？”

小宸：“记不太清了，应该是小时候。”

我：“能说一说是哪些具体的事让你觉得痛苦不好的吗？”

小宸：“说不清楚，我的印象中大家都不愿意让自己感到痛苦。”

我：“你说得很对，我们很多时候是靠印象和感觉来看待痛苦的，你觉得印象和感觉可靠吗？”

小宸：“不可靠。”

我：“你从别人的眼睛里看到了对‘痛苦’的恐惧和厌恶，所以在你心里就有了痛苦的画像——黑暗、丑陋、可怕。当麻烦、挫折让你心里遭受折磨时，你就感到痛苦非常巨大，难以忍受，希望尽快逃避。比如你经常看到人们都在躲避又脏又累的家务和工作，怕冷、怕热，不能忍受饥饿、寂寞，抱怨别人对我们的嘲笑和不公等等，是这样吧？”

小宸：“是这样。老师你说得很形象。老师，你不怕痛苦吗？你不怕脏、累、冷、热、寂寞等这些东西吗？”

我：“怕，又不怕。”

小宸：“那您到底是怕还是不怕？”

我：“学过生物吧，蛇需要经过蜕皮才能长大，蛇蜕皮的过程是不是很痛苦的过程？”

小宸：“学过，在电视里也看过蛇蜕皮，浑身直起鸡皮疙瘩，肯定不好受。”

我：“既然不好受可不可以不蜕皮？”

小宸：“不能。”

我：“为什么？”

小宸：“它要长大。”

我说：“那么痛苦意味着什么？”

小宸：“是长大。”

我：“所以就不能害怕痛苦，除非你不想长大。”

小宸：“那您为什么又怕呢？”

我：“我们不能没事找事，让自己痛苦。比如不注意交通安全让自己的身体受到伤害，让自己的野心很大却又懒惰不想付出艰苦的努力等，这些造成的痛苦是很难承受的，所以老师怕。”

小宸：“但是老师，我不明白为什么一定要经历痛苦才能长大呢？”

我：“你不是生下来就会走路对吧，尽管你无法记起自己学走路的情形，但是你看过别的小孩子学走路的过程。幼儿必须要摔很多次跤才能站稳、走顺。你也看过小孩子最初拿东西的状态，找不对方向、拿不稳，不知道什么该拿，什么不该拿，经常把手弄脏、弄破。当孩子的四肢变得稳健、灵活，说明这个孩子长大了，但需要付出很多努力、承受很多伤痛，对吧？”

小宸：“是。我表姐家有个小弟弟，我很喜欢他，总逗他玩，他就是磕磕绊绊的总受伤。”

我：“他是不是在磕磕绊绊和受伤中长大和坚强了？”

小宸：“是。”

我：“人的心灵也是一个很小的孩子，心灵也要学‘走路’、灵活使用‘四肢’才能长大，所以必须要经历和忍受磕绊、摔打。”

小宸：“哦，是这样，看来我的确需要痛苦的磨炼。”

我：“是的，因为你要长大和强大。”

害怕痛苦，是因为对痛苦缺少分析和了解，强大的精神生命没有被激活。

对痛苦的承受力源于对痛苦的认识

小宸：“老师，您的比喻真是太精彩了，我明白了。但是我还是不知道怎样面对脏、累、冷、热、寂寞等带来的痛苦。”

我：“恭喜你有这样的困惑。我们刚才说过，心灵成长的一个条件是经历和忍受痛苦。心灵成长的另一个重要条件是经受困惑，困惑越多，心灵需要思考的东西就越多。就像一台机器，原料越多，生产出来的产品就越多。要解决心灵的困惑，你就必须勤于和善于思考，你的思想和认识才会深刻，解决问题的方法也随之层出不穷。所以，老师请你思考，生活在北极地区的爱斯基摩人为什么不害怕寒冷？”

小宸：“因为他们天生就拥有不怕冻的能力。”

我：“老师再问你，很多生活在其他国家的人到北极探险，大多都成功应对了北极恶劣的天气成功返回了，他们并没有天生不怕冻的能力，这是为什么？”

小宸：“那是因为他们很强壮。”

我：“我们身边强壮的人很多，为什么他们怕冻？”

小宸：“不知道。”

我：“老师给你讲一个故事，你就明白了。有一个衣着单薄的人，不小心被锁在了冷藏车里。冷藏车里有一些冻货，这个人感到很冷。他根据以往的经验知道冷藏车会制冷，以保持货物的新鲜。他越是这样想就越是觉得很冷。当有人打开冷藏车时发现他已经死了，而冷藏车制冷功能根本就没有启动。你知道他是怎么死的吗？”

小宸：“他被自己吓死了。”

我：“是这样，他被自己的想法冻死了。所以，人对冷的承受力并不在冷本身，而是人对冷的态度和认识。当然我说的是人体可以承受的温度。所以说，你越是怕冷，你就越是感到很冷。冬天的时候，有的年轻人穿得很多，有的年轻人穿得很少，除了体质之外，就是有些人不觉得冷，有些人觉得很冷。通过上面的分析和思考，你有没有发现人和事物之间的某种关系？”

小宸：“发现了，人对脏、累、冷、热、寂寞等的态度与看法和认识有关，如果你不觉得这些有多么难以忍受，就不那么怕了。”

我：“非常好，你的心灵在长大。那些过去你认为困难和痛苦的事情，现在看来是恐惧的大老虎，还是没什么了不起的纸老虎？”

小宸：“应该是纸老虎。但是我们就不能享受安逸的生活吗？”

孩子的认知能力被打开，就步入了成长的快车道。

真正的安逸是走出寄生，吃苦耐劳

我：“当然要享受安逸的生活，这是我们活着的目的。老师问你，当你享受生活的安逸的时候内心也同样安逸吗？”

小宸：“内心好像不那么安逸，有的时候也觉得不那么踏实。”

我：“为什么感到不踏实？”

小宸：“最近爸爸经常给我脸色看，让我觉得被轻视和怀疑。有的时候我也觉得自己不坚强，对自己也不满。”说到痛处，感受才深。

我：“你只是在生活上感到安逸，在心理上并没有感到安逸。这样的安逸算是真正的安逸吗？”让他学会思辨。

小宸：“不算。”

我：“爸爸的脸色让你感到自己像是个寄生虫吧？”再度刺激。

小宸：“是。”难堪状。

我：“你受得了自己是寄生虫吗？”

小宸：“受不了。”

我：“你有没有觉得自己已经丧失了很多宝贵的生活能力？”

小宸：“是，我什么也不会干。”

我：“什么都不会干的人，就像寄生虫，有价值和尊严吗？”不断地刺激和瓦解。

小宸：“没有。所以最近总和他吵架。”

我：“你知道怎样才能够让你的爸爸尊重你吗？”

小宸：“现在知道了，不依赖，不伸手要钱，自己的事情自己做。”

我：“是的，不怕‘痛苦’，吃苦耐劳，把自己该做的事做好，才有尊严。同时也才能真正地享受安逸。”

小宸：“老师，我以前没有想过自己是在寄生，就认为家里条件好，享受安逸很正常，至多是自己生活习惯不好，没想到这么严重。”

我：“很高兴你能有这样的思考，并感到沉重。如果我们人对生命没有这样的沉重感，就会像浮萍一样，一生肤浅地漂在生活的表面。你知道老师为什么把话说得这么重吗？”

小宸：“现在我知道了，您是想激发我。”

我：“是的，很高兴你没有认为我是在批评你。我对你的激发你感受强烈吗？如果做一个形象的比喻该怎么说？”

小宸：“强烈。就像在平静的水里扔了一块大石头，激起了很大的浪花，很激动，从来没有过。”

我：“很好，为什么这么强烈？”

小宸：“应该是看法，以前没有想到享受和做人的尊严有关，不怕痛苦、吃苦耐劳的人才能真正地享受安逸。”

我：“只有当我们的认识足够深刻，能让自己出冷汗，才真正触动了我们内心生命的弦，我们的激励才有力量。如果让你以通过深刻认识的方式激励自己，你会对自己说些什么？”

小宸：“我是人，不是寄生虫。我必须参与生活、创造生活，享受自己的劳动成果。”

我：“当你这样激励自己的时候，内心有怎样的体验？”

小宸：“觉得自己会思考了，坚强了。”

我：“这就是认识的力量。今天的咨询到此结束，回去按照计划锻炼自己独立生活的能力，遇到困难的时候先在心理上战胜它。每天坚持练习，老师相信你一定会成为勇敢、智慧的人。尤其是将来在国外生活，要展现中国人的勤劳、勇敢、智慧等特质，不要给中国人抹黑。”

小宸：“老师，您放心吧，我记住了。”

我带过的学生，出国后，没有给中国人丢脸。

孩子教练作业

1. 想一想，通过什么样的方式才能真正激发自己做人的尊严和责任?

2. 年轻人享受生活的前提是承受一定量的痛苦，并明白痛苦对人的意义。在你的生活中，你有哪些需要承受的痛苦?这些痛苦会对你有哪些意义?

3. 如果你认识到年轻人追求安逸的本质是肤浅和懦弱，你会有什么感受?

4. 当你面对困难和痛苦的时候，先在心里战胜它，轻视它，然后坚决地行动，看看和以前没有做事就夸大困难和痛苦有什么不同。

第6次对话

帮孩子摆脱依赖性，培养孩子独立的品格

没有脊梁的藤必须依靠树才能站起来，如果树倒了，藤只能在地上爬，或者被树压死。而树独自站立，它不依赖外力的支撑，它不断努力地把自己生命的根扎向大地的深处，只要大地存在它就挺立，除非它死了。如果是胡杨树，死了也不倒，依然在荒漠中挺立千年。

为自己做一次生命中重要的诊断

你有没有问过自己：我是有很强依赖性的还是独立的？你务必知道自己的人格特质，因为它们左右你、推动你、塑造你，使你成为人格健全的人或者是人格残缺的人。

所以，一个优秀的少年，必须是自己的啄木鸟医生，在人生的每一个重要阶段用它犀利的喙敲击自己，为自己诊病，找出蚕食自己生命的“虫子”。

下面的问题就是你的诊断书，看一看你的行为特征是否和它们相符，如果相符请在□中画钩。

1. 你习惯于当队员和小兵，你觉得自己没有领导能力和组织能力。 □

2. 你不愿意拿主意，觉得自己的主意不够好，不会被重视和采纳。 □

3. 你总是怀疑自己的决定和选择不够正确，所以你经常犹豫不决，希望别人替你做决定。 □

4. 在做作业中的选择题的时候，你也想看一看别人是怎么选的。 □

5. 你希望自己的事有人替你做，比如写作业、收拾房间等。如果别人不替你做，你会很不高兴。 □

6. 你不愿意发表意见，如果别人反对你的意见你也不愿意反驳，你觉得自己的意见没道理。 □

7. 凡是你不愿意做的事，你会想尽办法让别人替你做。 □

8. 你不能拒绝别人的邀请和诱惑，哪怕是他请你去网吧，请你抽烟、喝酒，鼓励你说脏话，鼓动你和他一起骗人或者欺负人。 □

9. 一旦你喜欢或者崇敬某一个人，你就对他的话深信不疑，不加思考和判断。 □

10. 你喜欢和别人比较、竞争，如果你输了，你会很难受。 □

11. 你不能独处，没有人陪的时候会感到寂寞、无聊、恐惧。 □

12. 你认为对的事情如果别人坚持说不对你就不知道怎么办了。 □

13. 如果没有人陪伴，你不能一个人逛商场、超市、游玩，去陌生的地方，见陌生的人。 □

14. 凡是你不知道的和不会的，你总是去问别人，你不愿意自己去琢磨和想办法。 □

15. 你非常渴望得到别人的认同、欣赏和赞美，否则你就觉得自己不够好，不够漂亮，没有价值等。 □

16. 没有父母的陪伴、监督就不能主动、安心写作业、学习。 □

现在看一看你一共画了几个钩？

我想你已经知道答案了，你画的钩越多，说明你依赖性越强。表面上看依赖别人让你比较轻松、享受，但是在你的内心有没有一些不安、困惑、自卑、沮丧？好好体会一下这些来自你心灵深处的声音吧。

你已经到了必须拯救自己的时候了

你有没有思考过，依赖是什么？对你的人生会产生怎样的影响？

所谓依赖性就是一个健全的人把自己变成精神和生活上的“残疾人”，没有轮椅、拐棍儿、他人的替代和照顾就无法生活、思考、行动。在有些依赖者的心里，他可能把自己看成了一切的主人，可以随意掌控和役使别人，尤其是那些爱他、喜欢他的人。还有些依赖者，他们不愿意长大，在潜意识里把自己看成是没有长大的幼儿，因为幼儿不需要承担责任。

亲爱的同学啊，你如果知道把自己拧巴成一个依赖的人会失去什么，我想你会感到惋惜和痛心的。下面就是依赖者已经失去的和将要失去的：

1. 你将失去你的眼睛，变成睁眼瞎。你没有自己的观察力，你看不到最美、最真的事物，因为你要借助别人的眼睛看世界。别人告诉你云是黑的，你就相信了，并且开始准备雨具；尽管那是一朵多么洁白、舒展的云，因为你不愿意自己走到窗边或者室外去看一眼。

你也看不清自己，别人说你是漂亮聪明的，你就开心、自信；别人说你是丑陋的、愚蠢的，你就沮丧、灰心，真的把自己弄得又丑又蠢。

2. 你将失去自己的耳朵，你的耳朵成了保持脑袋平衡和看上去不至于太光秃的装饰。你没有了听力，你听不到最真、最美的声音。别人说是乌鸦在聒噪，你就跑开了，实际上是黄鹂在歌唱。别人说英语老师的课讲得像念经，你就在心里把老师想象成了和尚，不上英语课。尽管你根本就没有认真听过英语老师讲课。

你也听不到自己心灵的呼喊和低吟。你的心灵在说，静一静，听一听智者的声音，但是别人告诉你，他们都是老古董，爱说教、不懂你，不要把他们放在心上，然后你就和他们一起捂上了耳朵。

3. 你将失去自己的思想，因为你的大脑变成了别人思想的存储器，你不会自己判断、思考，别人装进什么思想就是什么思想。别人说世界末日来了，你就挖个地洞把自己藏起来；而外面太阳照样升起，阳光灿烂。别人说学习没有用，你就和他一起逃课、仇视知识。别人说自己是得道的高人，可以给你你想要的一切，你就先把自己的一切给了他。

你对概念是模糊的，你不知道什么是快乐，却在追求快乐；你说不清什么是自由，却在为了自由而痛苦不堪。

你不会有创造性，即使很小的麻烦也会让你一筹莫展。比如不能找到让自己快乐学习的方法。

你将失去选择的能力，因为你分不清对错，因此在玩游戏和读书、学习之间你会选择玩游戏。

4. 你会失去自己的双手和双脚，它们存在着却没有力量、不灵活，它们和你的身体是分离的，因为它们不受你的大脑支配，因为连盛饭、倒水、洗毛巾这样的小事儿你的双手都不愿意做，三层楼你也要坐电梯，两里路你也要坐车。

5. 你将失去自信，因为你不能对自己做准确的评价。当别人说你不行，你真笨，你就是没有上进心，你就是讨饭的货时，你默默地相信了，而你的优秀被忽略了。

还因为你不敢承担责任，所以你总是往后退，这样你的才华就不能得到施展，给自己造成无能的假象。

6. 你将失去未来。因为你总是说“明天再说吧”，你把未来交给了虚无缥缈的推脱；你有优越感和依靠，你的父母有权有钱，你的后路他们都安排好了。他们会安排你出国、安排好工作、留一大笔钱，但是他们无法留给你健全的人格，勤劳的双手，智慧的大脑。你会得到谄媚和嫉妒，但是得不到尊敬。

7. 如果你是一个女孩，你将失去自尊和爱情的幸福。因为你没有把自己当成一个独立的人，你希望你的男人养你、宠你、让着你，你把自己当成了男人的宠物还自鸣得意。不管你多么漂亮，如果你没有独立的人格，不能依靠自己生活和创造价值，你的男人可能会宠你，但是不会发自内心地爱你、尊敬你。你害怕被抛弃，你和你所爱的人会纠缠不清。一旦分手会痛不欲生，因为你不能独立地“活着”，没有另一个让你依赖的人就活不下去了。

8. 你将失去自由。因为依赖者和被依赖者无形中达成了一个秘密协议，互相控制对方。你们谁也离不开谁，表面上都是在为对方而活，实际上却是为了满足自私的要求，因为你们都害怕孤单，就像两个怕冷的人紧紧地抱在一起拿对方的身体为自己取暖一样。原本你们可以运动起来，让自己的身体产生热量，温暖自己。

依赖的危害现在已经摆在你的面前了，看一看，哪些是你想到的，哪些是你没有想到的。希望你为此紧张、担心，因为那样你才会意识到，已经到了必须要拯救自己的时候了。

只有独立才能使你成为完整的、有尊严的人

少年：“我们同学总是嘲笑我，说我是小屁孩。”

我：“他们为什么这样说你啊？”

少年：“我妈总来接我、送我。有的时候他们叫我去玩，我不小心地说出‘我妈不让’。”

我：“你很想得到别人的尊敬是吗？”

少年：“是，我总觉得同学们在用不好的眼光看我，瞧不起我。我很想他们

能不要叫我小屁孩，叫我的名字，主动找我问一些问题，找我打篮球。”

我：“如果我是你我也会有这样的感受和渴望。你知道想要获得同学的尊敬首先要得到谁的尊敬吗？”

少年：“是我自己吗？”

我：“不。是你的母亲。你的母亲一直把你当小孩子一样照顾，告诉你怎么说话，替你拿主意，替你走路。你的妈妈爱你但是却没有培养你独立，也就是对你的不尊敬。”

少年：“我要找妈妈谈，让妈妈放手，给我成长和锻炼的机会。我也要尊敬自己，不能再说小孩子的话了。自己能做的绝对不让别人替代，自己不能做的想方法学着去做。”

不久那个少年来短信说，他的母亲接受了他的建议，他的同学们也不再喊他小屁孩了。他得到了同学们的尊敬。

所谓独立就是成为你自己，用自己的眼睛看，用自己的耳朵去听，用自己的大脑去思考，用自己的手和脚为自己服务，让你的每一个感官都和自己的身体紧密地联结在一起，成为一个完整的人。

这样你就对自己有控制感，拥有了自我，不再因为没有自我、依赖他人、被控制而感到慌乱、无助、恐惧和愤怒。因为你是独立的你就会尊敬自己，同时你也会看到并承认每一个人都是独立的，所以你也会因此而尊敬别人，自然也会得到别人的尊敬。

你需要说服自己，成为自己的思想导师

少年，你需要他人的帮助，你更需要自己的帮助，因为你最有机会深入地了解自己，而且可以随时和自己对话。所以你要尝试着在困难面前说服自己，成为自己的思想导师。

现在拿起笔，拿一张纸，在这张纸的中间画一条竖线，左边写依赖的害处，右边是独立的好处。

依赖的害处	独立的好处
1. 你将失去你的眼睛，变成睁眼瞎。你没有自己的观察力。 2. 你将失去自己的耳朵，你听不到最真、最美的声音。 3. 你将失去自己的思想，你不会自己判断、思考，别人装进什么思想就是什么思想。 4. 你会失去自己的双手和双脚，它们存在着却没有力量、不灵活。 5. 你将失去自信，因为你不能对自己做准确的评价。 6. 你将失去未来。因为你总是说“明天再说吧”，你把未来交给了虚无缥缈的推脱。 7. 如果你是一个女孩，你将失去自尊和爱情的幸福。 8. 你将失去自由。因为依赖者和被依赖者无形中达成了一个秘密协议，互相控制对方。	1. 有主见，不会人云亦云，可以根据自己的判断进行选择。 2. 敢于承担责任。 3. 愿意成为领导者和组织者，展现自己的魅力。 4. 不会被别人的评价影响，自己可以正确和客观地评价自己。 5. 不担心没有人陪伴，能够独处。 6. 有创造性，能够设计出很多解决问题的方法。 7. 可以锻炼自己的生活自理能力，一个人解决生活的基本问题。 8. 可以主动学习，不需要父母的督促和监督。 9. 可以获得老师、同学的尊敬。善于观察、表达。 10. 有批判精神，有思想，自信。 11. 有自我感，不被控制。 12. 输得起。

现在请你严肃地看着依赖的害处和独立的好处，问问自己想成为什么样的人。

起草你的独立宣言

为了使你培养自己独立品格的信念更加坚定，请你起草一份“独立宣言”，可以参照下面这份宣言：

每个少年都要成为有独立品格的人，拥有自己的思想和尊严。

我已经是成熟的少年了，我不可以放任自己的依赖，使自己成为寄生虫和他人的负担；更不可以通过依赖而控制别人，役使别人，因为每个人都是独立的和有尊严的。尤其不可以役使自己的父母，那将是对父母最大的不敬和伤害。

我有责任培养自己，使自己成为独立的人，不论要经历多少困难。因为我的生活需要我打理和面对，我要为我的生活和生命的价值负责。

我要大声宣告我的主张，让父母和同学、朋友知道我坚定的决心，我要竭尽全力做一个独立的、有健全人格的少年。

你必须要拥有的独立行为

◎一个人上学，回家；坐公交、地铁或者骑自行车。

◎自己的房间要收拾得整洁，简单的小物件要自己清洗，如毛巾、短裤等。

◎主动写作业、读书。不要等着父母督促和陪伴。

◎有主见，拒绝不良的邀请，如吸烟、喝酒、玩游戏、打架等。

◎用知识经验对他人的思想进行分析和判断，也可以上网查询，不要轻信他人、成为别人的傀儡，不让别人轻易地把不好的思想装进你的头脑。

◎没有亲眼看见的不去描述，亲眼看见的也要核实弄清。

◎欣赏自己、赞美自己，不被别人的夸奖控制。

◎不纠缠朋友，要学会独处，并享受孤独。

◎凡是自己能做到的绝不找别人代做，包括做选择和决定。

◎要有创造性，不会做的要想办法学会，并且有新的方法。

◎在安全的情况下一个人游玩、旅行。

◎如果你认为是正确的，经过验证的，坚持己见。

孩子教练作业

1. 起草一份属于你自己的，最能触动你的独立宣言。

2. 和父母谈判，请求父母放手，给你锻炼独立的机会。

3. 列出你要拥有的独立行为，每天坚持去做。

4. 如果你觉得没有必要独立，或者独立的愿望不强烈，那就每天体会依赖带给你的麻烦，逐渐积累独立的决心。

第7次对话

唤回孩子对你的理解，培养孩子尊重父母的品格

最令父母伤心难过的事莫过于孩子对自己的不尊重，父母觉得自己所有的努力和付出都白费了。让孩子理解和尊重自己，成了父母最大的心愿。

高中女孩小美的妈妈满脸愁容地找到我，向我讲她女儿小美的“罪状”：“我的女儿都上高中了，还是那么不懂事儿。我那么辛苦地照顾她，可她来劲的时候居然对我说‘有招儿想去，没招儿死去’。孩子的话真是噎人啊，我的心都被她伤透了。”

她说到这儿的时候，眼泪已经流成了河，我马上递过纸巾，更专注地听她倾诉。

“她嫌我唠叨、重复，总是阴阳怪气地说我‘你能说点新鲜的吗’，她那轻视的眼神像刀一样戳着我的心。

“她嫌我反应慢，经常说我没有智商，甚至是负智商。总是挑我的毛病，看不起我，对我一点礼貌也没有。

“她很没礼貌，喊我的名字，把我当成她的仆人。还经常威胁我，给我起外号，根本就没把我放在眼里。不管她的时候或者朝你要钱的时候好着呢，你一管她就变脸，朝你吼‘不用你管，我就这样’，根本不把我放在眼里，真是气人啊。孩子根本不理解父母的苦心和难处，我不知道为此哭了多少次。陆老师，我根本拿她没办法了，她不和我沟通，一说话就顶撞我。尽管我知道我这个当妈的做得不好，从小对她管教太严，要求和批评太多，但我非常希望她能够理解和尊重我，请您跟她聊聊吧。”

我无法拒绝小美妈妈的请求，我知道她为了孩子一定付出了很多，越是这样，孩子的不理解和不尊敬对母亲的伤害越大。尽管每天都会有这样的家长来咨询，但是我依然保持着很强的感受，为父母们感到难过，为孩子们感到忧虑，这会让我能够和家长、孩子们有亲密的心灵的互动。没有爱，再好的咨询技术和教育智慧也会失去生命力。

尽管没有天生不尊重父母的孩子，是父母不适当的教育方式、态度和自身的表现，让孩子不尊重父母，但是，作为中学生，也应该学习从父母的角度看待父母了，在理解中成长，塑造尊重的品格，这是每个中学生的责任啊。

接纳父母，在理解中成长

我：“我感觉你不是很喜欢妈妈，能说说原因吗？”

小美：“我妈太唠叨，每次都一样，真是烦死人了。”她厌烦的表情证明了她的感受。

我：“嗯，那的确让人不好受。”

小美：“而且爱发脾气，大喊大叫的。”

我：“看起来你妈妈比较野蛮。是不是还很挑剔？”我要保持客观的态度，讨好会让孩子反感和轻视。

小美：“老师您怎么知道。她总找我毛病，没事儿总盯着我。”

我：“你妈妈的控制欲也很强，你希望妈妈给你更多空间。”

小美：“是，她总干涉我。”

我：“还有什么让你感到厌烦的？”我要让她说出对妈妈所有的不满。

小美：“她说话不算数，头一天答应的事第二天就不承认。”

我：“这样的妈妈太可恨了，要不得，你和她断绝母女关系吧。”我用激将法，看她对妈妈的真实态度。

小美：“那怎么能行！”

我：“为什么不行？”

小美：“谁照顾我、供我上学啊？”

我：“再找个有钱的、你喜欢的妈妈呗！”

小美：“不行，再好也是后妈，哪儿有亲妈亲啊。老师您怎么回事啊，您怎么怂恿我恨我妈、和她断绝母女关系啊？”

我：“看起来你还是很在意你的妈妈，老师为你感到高兴。”

小美：“老师您太坏了。”

我：“老师是在帮你发现妈妈在你心中的分量。”

小美：“谢谢老师。实际上我在挑她毛病的时候我也不开心。”

我：“你觉得你的妈妈会有什么感受？”孩子有责任了解妈妈的感受。

小美：“我知道她很难过，我妈也说我嫌弃她，有时候还哭着骂我。但她的毛病太多了，给我的压力也太大了，我这样对她我的压力能释放出来。”

我：“你需要释放，而且你会有一种胜利者的快感，这对你是一种保护，否则你会变得抑郁。”我见过很多不敢反抗的孩子，结果变得神经质、懦弱和抑郁。

小美：“还是老师懂我。”

我：“老师不想你变得懦弱和抑郁。但老师也懂你的妈妈，她很辛苦，很伤心。”

小美沉默。我触动了她。我给她时间沉默。

小美：“我凶我妈的时候，我并不快乐，也会自责，觉得自己有些过分。”

我：“先是妈妈给你施加压力，然后你觉得妈妈有毛病，接下来你对妈妈不礼貌，最后大家都不开心。你们不能相互理解。”

小美：“有时候我妈非常不可理喻，跟她说什么都没有用。”

我：“我知道，所以你只能以牙还牙。问题是，你和妈妈之间的问题解决了吗？”

小美：“没有。”

我：“是的，而且会给你和妈妈带来伤害。你知道这会对你的心理造成怎样的影响吗？”

小美：“不知道。”

我：“老师问你，如果你每天总是踩着昨天的脚印走路，你会踩出一条宽广的路还是一条羊肠小道？”

小美：“应该是羊肠小道。老师您是说我会变得心胸狭窄吗？”

我：“是的，你心灵的空间会变得狭窄，没有足够的空间理解他人。当你不能理解他人，只盯着他人的不足时你就无法获得快乐，并且这样的习惯会成为你性格的一部分，使你一生无法与他人建立亲密的关系，不能自我成长。”我要帮她学会了解自己的心灵。

小美：“那怎么办啊？我可不想一辈子愁眉苦脸地活着。”

我：“从理解母亲开始。”

小美：“她为什么不理解我啊，她是当妈的啊，比我大啊？”

我：“是啊，每个人都渴望被理解，尤其是先被人理解。”

小美：“就是啊。”

我：“你可以等着妈妈和他人来理解你，但是你会不开心，你会变得心胸狭窄，愚蠢、痛苦地活着。但是如果你每天用心地去理解他人，渐渐地，你就会有很高的情商和智商，尤其是你会成为自我成长和有高贵品格的人。你想做哪一种人？”

小美：“我当然想做高贵快乐的人啊。”

我：“最廉价的东西最容易得到，最美好的东西都要付出努力。你愿意为此付出努力吗？”

小美：“愿意，老师，您的建议很有吸引力。我怎样才能有理解他人的能力呢？”

我：“训练自己理解的智慧和能力，让自己的心灵空间像大地一样厚实宽广。”

小美：“太好了，快开始吧。”

孩子学习和成长的愿望比黄金珍贵。

客观解读，塑造理解智慧

我：“你爱妈妈吗？”

小美：“爱呀。尽管我对妈妈态度不好，但是我还是爱妈妈的。”

我：“陆老师从不怀疑你爱妈妈，但是你觉得妈妈能感受到你的爱吗？”我要用提问让她有深刻的感悟。

小美："您这一问我还真不知道，没想过，好像不能。老师，怎样才能让妈妈感受到我的爱啊？"

我："你能感受到妈妈的爱吗？"

小美："能，经您刚才的激将和启发，现在冷静地回想，妈妈的确很爱我。"

我："你是怎么感受到妈妈对你的爱的？"

小美："我妈属于刀子嘴豆腐心，不发脾气的时候对我很好。起早给我做早饭，给我买好衣服，送我上学，陪我补习，把好吃的都留给我，等等。妈妈为我做了好多事，所以我能感到妈妈爱我。"

孩子说出妈妈为自己进行了哪些爱的付出，会增加孩子对妈妈的爱和理解。

我："妈妈把爱你的情感变成了具体的行动，是通过行动让你感受到爱的，也就是说行动是爱的媒介，或者说爱就是付出的行动。现在你该知道怎样让妈妈感受到你的爱了吧？"

小美："我知道了，通过行动。老师，您这样一说我感到很愧疚，我好像没有为妈妈做过什么，反而对妈妈很不礼貌。"

我："你能有这样的反思老师为你感到高兴，你妈妈如果听到了也一定很开心。现在，你是不是觉得对妈妈的爱更强烈了？"

小美："是，我以前总是盯着妈妈的毛病，所以觉得妈妈讨厌。现在回想妈妈对我的好才明白妈妈多么爱我。"脸上有幸福感。

我："老师知道你是有心的孩子，也很爱妈妈，只是没有机会挖掘和发现对妈妈的爱而已。爱会让你的胸怀宽广，内心强大，对妈妈有更多的理解、感激和尊敬。"我提高了声调，她感受到了我语言中的力量。

小美："我以前听说爱是很强大的力量，但是没有感受，今天有触动了。"

我："那是因为你的认识能力增强了。如果你能够对母亲有更多的理解，你就会感受到更多母亲对你的爱，你对她的爱也会更强烈。现在我们就来锻炼这样的理解力，你愿意吗？"

小美："当然愿意，您快说。"

我：“请你思考一下，妈妈唠叨你，对你发脾气，干涉你，也是对你的爱，对吗？”

小美：“是，我知道都是为了我好、爱我，但有的时候实在是接受不了。”

我：“很多中学生和你有一样的感受，所以不理解父母。现在，我们找一句母亲常说的话，你来解读。比如‘你咋这么粗心，这么简单的题你也能做错，你想什么呢’，你怎么解读这句话，有什么感受和想法？”

小美：“我的解读是妈妈不喜欢我，挑我毛病。我的感受是很恼火。我的想法是要回击她。”

我：“现在换一种解读方式，看一看你的感受和想法有什么不同。比如你这样解读，‘妈妈担心我养成粗心的坏习惯，希望我做事细心。妈妈很爱我’。”

小美：“如果这样解读我会感到不好意思、惭愧。我的想法是要理解妈妈，尽量改正自己。”

接下来我用了 15 分钟时间让小美熟悉这个训练理解力的练习，要求她自己写出三句妈妈让她反感的话，重新解读，看一看自己的感受和想法有什么不同。

我：“这三个练习你做得很好，这就是理解他人的智慧，可以叫作客观解读，而你以前的理解方式可以叫作主观解读。从这两种不同的解读中你发现什么规律没有？”

小美：“发现了，我发现解读不同，心理感受和想法就不同。”

我：“你更喜欢哪一种理解他人的方式，客观解读还是主观解读？为什么？”

小美：“我更喜欢刚刚练习过的客观解读，这个方式能够让我看到妈妈对我的关注和爱，能让我更多地理解妈妈，不会让我有情绪，能够拓展我接纳的能力。”教会孩子新的思考方式，让她受用一生。

我：“你说得很好，我们认识人和事的时候往往被自己的主观判断所左右，用我们的标准解读他人的内心。这种主观解读造成我们看不到事物的本来面目，影响我们客观和准确地了解事物的能力。所以我们必须学会客观和冷静地看待事物，不用自己的主观想法过滤别人的意图，如同不用有色眼镜看事物一样，也就是要客观解读，这样我们才能发现那些让我们不舒服的事物背后潜藏着的真爱。当你通过客观解读对父母的毛病有新的认识，父母的毛病会变少，你和父母之间的战斗也会止息。”小美听得很投入，孩子们喜欢思想的分享。

小美：“老师我知道，我和妈妈已经陷入互相找毛病、不接纳的恶性循环中了。我记得有一次我的心情很好，没有找妈妈的毛病，妈妈也就停下来了。妈妈也跟我说过，她脾气不好，要我不要计较，现在想妈妈也不容易，她发脾气的时候也不开心，还影响身体。”

我：“恭喜你，你的认识越发深刻了。人的思想越有深度和广度，他的心灵空间越大，越是能理解别人，获得幸福。现在，你再说一说，妈妈爱你，都是为你好，但是为什么会说出那些难听的话呢？”

小美：“妈妈不会正面表达，好话不得好说。”妈妈听到孩子的理解，一定会感动得流泪。

我：“妈妈会故意这样说来伤害你，使你和妈妈之间不开心吗？”

小美：“不是。妈妈没有办法，但是又担心我，很生气，所以才说那些难听的话。”孩子内心对父母的理解需要被激发出来。

我：“看来，理解他人并不难是吗？”

小美：“不难，但是没人教就会很难。真是感谢您，老师。”

我：“也要感谢你自己，是因为你内心中爱妈妈，有改变的愿望和悟性。现在你想对妈妈说什么？”

小美：“我想对妈妈说，对不起，以前只看到你对我不满意、挑剔我，忽略了你的难过，对你不尊敬，对不起。”理解是走进人们心灵最近的路。

小美眼圈泛红，小美好美。

尊敬父母，尊敬自然的法则

我：“小美，你有没有想过你的不礼貌就是不尊敬母亲，实际上是对母亲的冒犯？”让孩子进一步认清自己的行为，认识自己。

小美：“想过，也知道。如果您要是没有和我谈理解之前问我这个问题，我会说‘她不尊敬我，我为什么要尊敬她’。现在看来我对妈妈的态度的确过分。”小美流露出羞愧的神情。

我：“也就是说，如果你不能理解母亲，就不会有尊敬她的意识，现在你有了尊敬母亲的意识，就发现自己是不对的。很好，能具体说说为什么不尊敬母亲是不对的吗？说出一二三……”

小美：“第一，她是我母亲，我是她生的；第二，她为我付出很多；第三，她脾气不好，自己也说过想改，但是改不了，她也不容易。”

我：“很好，你总结得很清晰也很全面。老师再问你，她是你母亲，她生了你，你就一定要尊敬她吗？你也没让她生你呀？”

小美：“老师我真说过这样的话，但那都是为了气她。毕竟妈妈给了我生命，还那样爱我，所以要尊敬她。”

我：“是啊，每一个子女和父母之间都是一种天然的伦理关系，这种关系是不可逆的。任何一个子女都要尊敬自己的父母，这样女人才愿意做母亲，男人才敢于做父亲，承担繁衍人类的责任。动物处在进化的低端，但它们也是有情感的，动物的幼崽也不会轻易冒犯父母的权威，这是自然的法则。”我敬畏地说。

小美：“哦，没想到，尊敬父母还有这么深奥的道理，看来我以后不能这么简单了，要多想一想。”

我：“老师愿意和你这样冰雪聪明的同学聊天，不那么累。但是老师还是要问你，你妈妈对你付出很多，你就要尊敬她吗？她不是应该的吗？”

小美：“老师您挖苦我，这也是我说过的话。原先我觉得我给他们带来了很多快乐，所以他们为我付出是应该的。现在仔细想一想，他们为我付出那么多都是因为爱我，为了让我快乐，尽管有的时候让我很不开心。现在很后悔说那样的话，他们该多么伤心啊。”小美眼圈再一次泛红，小美更美。

我：“看来老师的‘挖苦’还是很有意义的，你认识到对父母的劳动也需要尊敬。现在老师问你最后一个问题，你妈妈脾气不好，让你紧张、压抑，自己还说话不算数，不改，你为什么要尊敬她？”适当的反问会让孩子深深反思。

小美：“我妈知道自己脾气不好，让我不开心也影响自己的身体，但她改不了。她努力过，做过心理咨询，看了很多书，也参加过很多培训，但是都没有用，她自己也很恼火。所以我要理解她，尊敬她，让她开心健康。”

我：“你尊敬的是你妈妈想做一个好母亲的愿望和努力，是吧？”

小美：“是的。老师，我以前知道要尊敬母亲，但是想不明白为什么要尊敬她，所以很多时候做不到。今天您那么清晰地让我知道为什么要尊敬母亲，我想我以后一定能做好。”

我：“老师对你也很有信心，因为你是善于思考的人，你的行为是你想法的产物。当你有了清晰深刻的认识，你的行为也就有了方向和控制。”

小美：“谢谢您，老师。我还有最后一个问题要问您，我是不是不能盲目地尊敬父母？如果他们有不能让我尊敬的地方，对我们控制得太严，让我们感到很反感、很压抑怎么办？”

尊敬父母，理性抗争

我：“父母不是完人，很多父母对孩子的爱过于强烈了，所以会变得盲目，会不小心阻碍孩子，甚至是伤害孩子，所以你有权利抗争，要求他们尊重你。”

小美：“老师，您把我搞糊涂了。刚才让我们尊敬父母，现在又让我们抗争，到底怎么办啊？”

我：“你以前是怎么抗争的？说一件具体的事。”

小美：“我妈不让我和我最喜欢的同学交往，嫌她学习不好，总盯着我，我就说：‘不用你管，我知道该和谁交往，怎么那么烦人呢！’”

我：“你说这番话的时候心里是冷静的还是恼怒的？”

小美：“恼怒的，很生气，觉得妈妈乱用权利。”

我：“你觉得这是你的理性在抗争还是你的情绪在抗争？”

小美：“是情绪在抗争，当时很恼火——她管得太多了。”

我：“结果呢？”

小美：“我和妈妈都很生气，吵了起来，互相攻击。她还坚持自己的观点，但我继续偷着和同学交往。”

我：“也就是说你的抗争是无效的，没有达到你想要的目的，只是把问题隐藏起来了，成了下一次矛盾的导火索。”

小美：“就是这样。老师，什么样的抗争才是有效的呢？”

我：“不被情绪控制的、非攻击性的抗争，也就是理性抗争。”

小美：“您是说好说好商量。我以前试过，根本没有用。我和同学们私下里也聊过，他们也都试过，结果和我一样。”

我：“你是怎么试的？”

小美：“我控制自己，跟她说：‘妈，你相信我，我知道交什么样的朋友。’可她根本就不相信我，先是一番大道理，然后就又拿出霸道劲，说必须听她的。”小美表现出习惯性的无奈。

我：“你做得不错，但是你缺少了很重要的步骤，没有让妈妈看到你的成熟，所以没有效果。”

小美：“怎么才能让妈妈看到我的成熟？”

我：“你提出的抗议能引起母亲的重视和思考，让母亲了解到你的感受和需要；结果是你和妈妈都比较满意的，并有助于增加你和妈妈之间的了解和亲密关系。”

小美：“有这样的方法？太好了，怎么做呢？”

我：“具体步骤是接纳母亲的干涉，也就是用客观解读法理解母亲的干涉，使自己冷静下来，然后说出自己的想法和需要。你来做一遍，需不需要老师先做一个示范？”

小美：“不需要，我自己想试一试。”孩子们自我成长的强烈愿望总是让我感动。

我：“好，想好了就开始。”

小美：“我先重新解读一下妈妈的干涉——‘妈妈希望我交朋友要谨慎，不要被学习不好的朋友影响，妈妈有权利提醒我。’这样我就不会生气了，不生气就冷静了，就不会说让妈妈生气的话了，也能把自己的感受和想法表达出来了。”

我：“你刚才做的是一个总结和你的心理活动，如果落实到具体的对话你该怎么说？”

经过提醒……

小美：“我会冷静地说：‘妈妈，我知道你对我好，怕我不小心结交不好的朋友，影响学习。妈妈你放心，我的那个同学非常好，很关心我，我有什么事儿她都能帮我出主意，不会影响我学习的，她还鼓励我学习呢。您要尊重我交朋友的权利，我已经不是小孩子了。’”

我：“很好。如果你能够这样冷静、理智地和妈妈对话，你觉得结果会怎样？”

小美：“我以前也试过冷静地和妈妈沟通，但是因为内心对妈妈没有接纳，也不够尊敬，所以效果不好。但是现在我想效果应该不错。”

我：“一定会有效果，只要你坚持。老师曾经指导过很多比你妈妈还固执、情绪化的人，最后都有很好的效果，因为母亲看到孩子越来越成熟，不会做幼稚的事儿，对孩子的信心增加了；同时也看到孩子懂她、理解她，这让她很感动，也就不那么干涉了。”

小美：“我一定努力，谢谢老师，我今天的收获太大了！”

咨询结束时，我把小美的妈妈叫了进来。小美亲口说出了对妈妈的理解，并给妈妈道歉，请妈妈原谅，表示以后会多理解妈妈，尊重妈妈，不让妈妈伤心难过。那一瞬间，妈妈泪如雨下，说：“妈妈盼望这一天不知道有多久了，妈妈真的很高兴。妈妈以后也要多理解你，改正自己爱发脾气、不会说话的毛病，妈妈也请你原谅。”母女俩抱在一起，幸福的眼泪浪花一样绽放。

从那以后，尽管母亲还是有很多做得不好的地方，但是小美总是能够理解妈妈，她真正地拥有了尊重的品格，她们母女越来越亲密了。

每当看到孩子们的进步，我都会敬自己一杯葡萄酒，那一片感动的霞红，爽口润滑。

理解可以塑造尊重和爱，超越一切伤害。

孩子教练作业

1. 理解力训练：

■ “说你多少遍了，先写作业后玩儿，你怎么就是记不住呢？”

■ “放学这么久了才回来，有没有把我的话放在眼里？”

用客观解读的方式理解父母的话，直到你发现父母的话里积极的含义，不讨厌父母的话为止。

2. 怀疑父母的方法，但不要怀疑父母的爱，这样就可以从心里接纳父母了。

3. 永远记得，尊重父母是孩子的天职。

4. 可以反抗和抗争，但要理性。借用文中的方法。

第8次对话

让孩子不再“特性”，培养孩子个性的品格

有个性的人能够活出真正的自己，在众多的人中你可能第一眼看到的就是他，他有更多机会展现自己。有健康、独特个性的人显得更有魅力，也往往成就突出。所以，每个人都想成为有个性的人，酷，而且时尚。

但更多的有个性的人却不讨人喜欢，学习、工作、生活都一塌糊涂，让我感到非常忧虑。

高中男生小东就是后一种有个性的人，他妈妈花了几千元给他买了一款新的苹果手机，他才答应来找我咨询。三天前，小东的妈妈和我通过电话，小东的个人资料就在我的咨询记录上：在班上几乎没有知心的朋友，听不进别人的意见，总认为自己是最正确的，他把这叫作有主见；和老师作对，说老师土，不时尚，没个性，太普通，捉弄老师，他把这叫作胆量；他喜欢打扮，也比较会搭配，爱穿名牌，他觉得这就是个性；经常谈论一些明星的话题，但却不了解这个明星，经常露怯；他觉得父母更是"生得伟大，活得憋屈"，每天"千篇一律"，没味道，也不把父母的话放在眼里，很不尊重。他觉得这些都很酷，有"个性"。

和有个性的同学沟通并不困难，他们爱说话，表达观点，证明自己，或者是为了说服甚至征服每个人。

个性是美好的品质，不是自以为是

我："老师喜欢有个性的人，你认为自己是一个有个性的人吗？"我微笑着问，因为微笑传达的是善意。

小东："当然啊，老师没看出来吗？眼光太差了。"小东耸耸肩，以看似非常轻松和潇洒的口吻说。

我："也许是老师的目光还不够敏锐。你能说说你的个性具体表现在哪些方面吗？"

小东："我有胆量，别的同学上课偷着看课外书，我直接拿在手里看。"

我：“够厉害，不把老师放在眼里。”我调侃道。

小东：“老师拿我没办法，也不管我。”他显得很得意。

我：“看得出你很有胆量，也有很强的征服欲，够厉害。你认为这就是个性吗？”我先称赞他，再提出疑问。

小东：“老师你太老土了，有胆量、有征服欲还不是个性，那什么才是个性？”

我：“我们先不说这是不是个性。小东，老师和你讨论一个话题：如果一个人不要命地飙车、闯红灯算不算是有胆量？”孩子们正确的思想是引导出来的，所以，我没有直接回答他。

小东：“当然算是有胆量啊？”

我：“同时也很鲁莽是不是？”

小东：“有点儿。”小东中招，被引导到我的思路中。

我：“你觉得鲁莽也是个性吗？”

小东：“老师您不能这么比方。”他开始警惕了。

我：“老师再给你举另外一个例子。日本侵略中国、屠杀中国人，也算是有征服欲吧，这种征服欲你说是有个性还是没人性？”我来了一个更狠的例子，让他必须正面回答，因为他觉得自己有个性。

小东：“这当然是没人性。老师您别绕我，有话直说。”

我：“好的，那老师就直说。老师认为胆量和征服欲用在不正义的地方就不是令人赞美的个性，你觉得呢？”

小东：“您觉得我的胆量和征服欲用得不是地方，是吗？”他开始反击，但底气不足，我感觉到他在内心已经认同了我的说法。

我：“好像是。还有什么例子能证明你有个性吗？”我要更多地了解他，同时也让他更多地了解自己。

小东：“有。我真实不说假话，我们同学买了一个背包，问我好看不好看，我直接告诉他像个马粪包子。因为黄不拉唧、圆不拉唧的就像马粪包子，我怎么想怎么说。”

我：“说完之后你自己很痛快吧？”

小东：“没有什么痛快不痛快的，他太没有眼光了，我就是实话实说。”

我：“我知道你在实话实说，我以前也和你一样。你考虑过他的感受吗？”我把老师改成我，同时语气变得非常温和，尽量让他减少被质疑的感觉。

小东：“我们年轻人没有你们成年人那么麻烦，想那么多。”

我：“我同意，年轻人应该直爽一些，但是如果你的直爽让人感到受伤害，这算是个性吗？”

小东：“老师你总是上纲上线的。这个不算，我再说一个。我有思想，我觉得做人应该有主见，不能对谁都言听计从，该听自己的就得听自己的。”他对自己的个性有了动摇和怀疑，极力要证明。

我：“很好，有主见、独立是有个性的表现。举个例子，说说你是怎么做的？”

小东：“我父母不让我玩游戏，可是我学习又不好，闲着没事干，不玩游戏干吗，总比出去惹事强吧，所以他们说他们的，我玩我的。”

我：“我有一个朋友，整天抽烟、酗酒，还爱发脾气。我们大家都劝他，不要抽烟、喝酒，少发脾气，伤身，但是他却说，享受一天算一天，还管那么多。后来他得了肺癌死了。你觉得这个人是有个性还是固执、懦弱？”

小东：“老师您真狡猾，又想让我上套，这和我有关吗？”

我：“当然有关，不听关爱你的人的真诚劝告，一意孤行，都是固执、懦弱，而不是有个性。”

小东：“老师我问您，我的同学抽烟、喝酒、说脏话、不断更换女朋友，想干什么就干什么，很多人都羡慕，这应该是有个性吧？”

我：“看起来你对什么是个性还真有很大的误解。你觉得个性是好的品质还是坏的品质？”

小东：“应该是好的品质吧？”

我：“抽烟、喝酒会伤害身体，伤害身体的品质是好的吗？”

小东：“那当然不是。”

我：“说脏话玷污自己心灵也败坏语言环境，是好的品质吗？”

小东：“不是。”

我：“不断地更换女友是在玩弄女孩、践踏爱情，是好的品质吗？”

小东：“不是。”

我：“你说这些是个性吗？”

小东：“不是。”

我：“这叫肤浅和幼稚。”

小东有对抗，但听取和吸收的更多，因为我带着真诚和探讨的态度在和他对话。

知道什么不是个性，才会真正拥有个性

小东：“我说不过您。您看我很会穿衣服，都是名牌，而且非常时尚，这是个性吧？”

我：“老师看出来了，的确都是名牌，而且搭配得也相当好。但老师只看出了时尚，没看出个性。”

小东：“时尚的还不是个性的吗？”

我：“如果你不穿这身衣服还时尚吗？”

小东：“不好说。”

我：“所以，时尚的是你的衣服，不是你。时尚的衣服满街都是，有钱就可以买到，所以不是个性。”

小东：“那您说什么是个性？”在不服的口气中带有请教的味道。

我：“什么时候你不穿名牌衣服也让人感到很时尚时，你就是有个性的。”

小东：“说得简单，有人能做到吗？”

我：“当然有人能做到。”

小东：“什么样的人能做到？”

我：“知道什么不是个性的人。”

错误的对立面存在着正确，如果孩子听不进关于正确的道理，可以让孩子了解什么是错误，使他自己从中探寻正确。

小东：“你认为什么不是个性的啊？”

我：“鲁莽、爱发脾气、自以为是、依赖名牌、奇装异服、说一些别人听不懂的话、扮酷、虚荣、蔑视权威和规则、抽烟、喝酒、说脏话、不断更换恋人、不尊敬父母等都不是有个性。”

小东：“不是有个性是什么？”

我：“是肤浅任性，是小孩子的把戏。你仔细观察就会发现，那些把肤浅和任性当成个性的人几乎都比较幼稚、固执、不讨人喜欢。也就是说，凡是没有经过理性思考的、会产生不良后果的、有损你的身心健康的、影响你的荣誉和尊严的、违反社会规范的、令人讨厌的、影响人际关系的都不是个性，都只是幼稚和任性。”

小东：“这么复杂，那什么是个性？”

小东变得虚心，每个孩子都有认识事物的渴望。

有品格才有个性

我：“你有没有在你的同学中发现这样的人，他有穿名牌的经济条件，甚至家庭条件非常好，可是他只穿普通的衣服，不过很整洁、得体，甚至能把50块钱的衣服穿出500块钱的味道，大家都很欣赏他，他也为此很骄傲？”

小东：“有，不多。”

我：“这样的人当然不多，因为这样的人自信，不需要名牌装饰自己，相信自身就是最有价值的。你觉得这样的人是不是很与众不同，有个性？”

小东：“是，很酷。”

我：“不用华贵的名牌装饰自己，但依然能够展现非凡的气质，这就是个性。”我的语气激扬坚定，我感觉到他也向往这样的个性。

小东：“还有什么是能够展现个性的？”

我：“这个世界上最难征服的人是自己还是别人？”

小东：“谁都知道，是自己。”

我：“征服自己的人勇敢、有个性，还是放纵自己的人勇敢、有个性？”

小东：“当然是征服自己的人勇敢、有个性。”被我带动得开始兴奋。

我：“你在课堂上当着老师的面看书，是在征服自己还是在放纵自己？是勇敢还是懦弱？”

小东：“不知道。”他习惯性地回答。我温和、期待地看着他。我们目光相对。

小东：“老师您的意思是说，征服别人是因为自己不够强大？”我内心欢喜，孩子们不是缺少思想，而是缺少引导他思想的人。

我：“是的，你的确有思想。所以，正义的勇敢、战胜自己的勇敢才是真正的勇敢，才有个性。”

小东：“老师，还有吗？您再说说，很有意思。”他感受到了自己的错误认识，也体会到了思考的欢乐。

我：“还有很多。比如，很有韧劲，就是不服输，也不抱怨，闷头做事，不把自己该做的事做好绝不罢休。别人会不会敬佩这种坚韧？”

小东：“肯定会。”

我：“这种人的表现如果用一个词来总结，叫什么？”

小东：“应该叫坚韧。”

我：“对，是坚韧。这种坚韧的品格就是个性。还有，不盲从，不轻易被蛊惑去抽烟、喝酒，上网吧、夜店，不管你怎么做都很难诱惑他、说动他，这样的人是不是很有个性？”

小东：“是。我有个同学就是这样，平常大家在一起玩得比较好，但是像您说的我们要去夜店、打游戏他根本不去，很坚定。”

我：“对，不盲从、坚定的品格才是有个性。还有，只喜欢自己的女友，不管遇到多么漂亮的女孩，别人怎么怂恿，都不变心。这样的男孩是不是让人感觉踏实，令人佩服？”

小东：“有这样的人，我们比较佩服，也觉得有点死心眼。”

我：“这是对爱情的忠诚，这种忠诚的品格就叫个性。”

小东：“尽管我有很多不足，但是我比较干净，不管去哪里都不乱扔东西，宁可在手里拿着或者装在包里，不管同学们怎么嘲笑我，我都坚持这么做，这算不算有个性？”小东终于知道什么是真正的个性了。

我：“这当然是有个性，很好的个性，因为你有公德意识，说明你的心是干净的。”

小东：“那我能算是有个性的人吗？”小东变得谦虚。

我：“你变得谦虚了，这也是个性。”

小东：“谢谢老师。”

我：“老师想告诉你，不要为了做有个性的人而去有个性，那样的个性是虚假的、不真实的。经过上面对什么是个性的探讨，我想你心中对个性也有了基本的认识，你来说说还有哪些行为应该是有个性的行为。”

小东：“我试试吧。我以前有个同学，身体特别棒，是体育生，但是他不显摆，也不欺负同学，这算不算是有个性？”

我：“不恃强凌弱，低调、克制，当然有个性。”一旦孩子们被思想征服，就很愿意配合。孩子们很容易被爱的态度和真正的教育思想影响，因为他们想成长。

小东：“我们班有个女生，是我们班长，处理矛盾非常公平，自己有错误敢当着同学的面道歉，同学们都很服她，这应该是有个性吧？”

我：“很好的个性，公正、勇于认错。还有吗？”

小东：“没有了，想不起来了。”

我：“已经很好了，你已经举出不少了，恭喜你。小东，你试着总结一下，真正的个性有哪些特点，可以吗？”我真诚地欣赏，这样的欣赏是塑造。

小东：“第一，真正的个性都是好的品质；第二，真正的个性都是令人敬佩和喜欢的；第三，真正的个性都是对自己有益的。”他说得那样有条理，我心生欢喜。

我："非常好。真正的个性是人生最宝贵的资源，因为它是你与众不同的品格、思想、信念，是你的行为的动力，有什么样的个性就有什么样的人生。"

小东："个性对人这么重要？"

我："当然，有个性的人也就是有品格的人，这样的人无论是在顺境还是逆境，伟大的个性品质都会警醒和激励他们。在顺利、成功的时候，不得意、不轻狂、不傲慢，那是因为你具备谦逊的个性品质；在受到挫折的时候，不叫苦、不退缩、不抱怨，坚定地前进，那是因为你具备坚韧不拔的顽强意志。"

小东："老师，您今天给我上了与众不同的一课，给我的触动很大，本来想应付一下就完了，没想到被老师折服了，收获很大。尽管有些我还不太明白，一下子也做不到，回去我要好好想一想，再消化消化，等您有空再向您请教。"

我："哪里，老师没有折服你的能力，你是被思想本身折服了。"

小东："老师，您太谦虚了，您真的很厉害。"

我："今天你能有这样的收获和感悟老师已经很开心了。相信你经过思考和体验，会有更多的感受。老师很高兴认识你，非常欢迎你再找老师聊天。"

那次对话以后，小东变得很谦虚，也很用心，经常和父母一同过来找我聊天。两个月以后，小东的进步很明显了，展现了他真正的个性：只要认为是对的，就坚决执行。他向父母和老师道了歉，请他们原谅自己以前的不成熟，同时认识到父母千篇一律的生活是一种耐力和智慧。以后要有真正的个性，那就是尊敬父母和老师，凡事多思考，不再自以为是。

小东父母说，小东回家经常夸我，时间一长见不到我就会想我，叫他们约我。听到孩子的心声，我感觉那么幸福，一天的疲惫瞬间化为乌有。

孩子教练作业

1. 根据个性与特性的特点，确认自己所追求和拥有的是个性还是特性。把自己的特性和任性列出来，贴在自己看得见的地方，每天提醒自己。

2. 找一两个你最需要的个性品质进行自我塑造。如果你比较懦弱，就塑造自己的坚强；如果你依赖，就锻炼自己的独立；如果你喜欢抱怨，没有自信，就塑造自己的乐观和自信。

第9次对话

正确地看待逆反，培养孩子理智的品格

逆反的目的是长大，获得自主的权利，自由地成长。但是鲁莽和冲动的逆反不仅会伤父母的心，也会败坏孩子们自身的品行，因为“获胜”的孩子们开始变得盲目、自大、放任、没有理智。我痛心地看到，逆反之战的胜利，让孩子们付出了和失败同样巨大的代价。

初三男生小飞的逆反表现得直接、强烈，他固执、冲动、无畏、敏感、挑剔，警觉性很高，随时准备自卫和还击。只要母亲一开口说话，就嫌母亲唠叨、烦人，说母亲是单细胞动物，完全没脑子，根本不考虑母亲的感受。不断换手机，不答应就大吵大闹，威胁父母不学习、离家出走等。他母亲第一次来找我的时候，满脸的泪水，这泪水是伤心和自责，伤心孩子怎么这样对待自己，自责自己对孩子太溺爱、没有原则。又一位可怜的母亲，小时候溺爱，没有让孩子学会服从和尊重，大了又要强力管教，本末倒置，真是让人心酸啊。

从他们母子进入咨询室，我就一直在观察，小飞给我的第一印象——烫手的山芋。他一脸的不满，看母亲时眼睛是斜的，无论坐和站与母亲的距离都很远，本能性的。反抗性、攻击性、自我性表现得淋漓尽致，所有的表情、肢体动作和话语都在证明一个词——逆反；都在传达一种信息——别惹我，我很烦。

母亲在他面前不敢大声说话，说话之前，要看他的脸色，害怕自己说错话惹到他。又要承担教育责任，又不敢说话，这位母亲好辛苦啊。

我不知道今天的对话会是什么结果，但我知道一定不会轻松，因为逆反的同学有两种类型，一是公正逆反型，二是敏感逆反型。和公正逆反型同学聊天，会比较顺畅，因为这类同学渴望公正、直爽，如果能够得到理解和认同就会有找到知音的感觉，把所有的压抑和苦恼向你倾诉。但是敏感逆反型的同学会很多疑，怀疑我和父母串通好了来对付他；自以为是，认为成人根本不懂他们，很蠢笨，并为捍卫自己的面子而固执、无礼。根据小飞妈妈的讲述，他是这两种情况都有。

所以，我的第一个策略是认同他，客观地分析逆反对于成长的意义。果然，他很快放下了戒备。我的第二个策略是帮他分析逆反的利与弊，让他学会思考，而不是一味地教育和改变他。同时，我征求他的意见：“小飞，老师会用问答的方式和你聊天，因为这样的方式会让我们有深度的思考和对事物的认识，你愿意吗？”他说可以。然后我又说：“有些提问可能比较犀利，但是针对问题而不是针对你，你能够接受吗？”小飞迟疑了一下，说没问题（开始我真担心小飞会拒绝，那样只能做表面的交流。我做过很多这样的交流，结果是白白浪费时间），这让我看到了希望。

在和父母的较量中，全胜可能就是全输

我：“你知道老师对适当的逆反是支持的，但是，如果逆反是为了控制父母却有些不妥。你怎么看？”

小飞：“我觉得挺好的啊，否则他们会把你弄得喘不过气来。”

我：“是的，很多孩子甚至因此变得懦弱和抑郁，这也是我支持适当逆反的原因。”我真诚地说，对逆反的孩子来说，真诚是最好的教育方式之一。

小飞：“这是我愿意和您聊天的原因，您懂我们。”

我：“谢谢。同时也希望你思考，在和父母的较量中，如果你大获全胜，反过来控制了父母，让父母对你无可奈何，到最后，你很可能输得很惨，付出很沉重的代价。你知道是为什么吗？”

小飞：“老师您别蒙人了，我现在很好，很轻松，怎么付出沉重的代价了？”

我：“老师不蒙你，也不会蒙任何人。”我庄重地说，庄重会让逆反的孩子有敬畏心。

小飞用尊重的眼神看着我，等着我往下说。

我：“我们来分析一下，为什么你在和父母的较量中大获全胜可能会输得很惨。为了要彻底战胜父母，获得超额平衡，你会非常敏感，父母的好意经过你的推测也是歹意；父母无关痛痒的话会被你当作找事儿；父母的关心被你看作讨好，会不会这样？”我看着他，看他会不会有敏感的反应。

小飞：“对呀，他们就是这样，总找我的毛病，凡事都想他们说了算，硬的不行就哄劝讨好。不是我多心。”看得出，他已经对父母形成了惯性评价，唉，父母在教育他的过程中曾经多么地不理智啊。不过我相信，通过提升孩子的自我认知和品格，可以弥补教育的不足。

我：“是的，过去父母总是在找你的毛病，想控制你，但是现在完全颠倒过来了，你总是在找父母的毛病。这可能是你要付出的第一个代价——不理智。”

小飞：“那又怎么了，胜利哪有不付出代价的。”

我：“老师不反对你的观点，老师继续帮你分析好吗？”

小飞：“没问题。”感觉他还是有一点点不爽，但是我的分析又对他很有诱惑。分析孩子的问题而不是批评孩子的问题，更有助于孩子成长，孩子也有兴趣。

我：“每当你对父母发怒，并且发现父母被你镇住了，他们说话、做事变得小心了，不敢对你提出要求了，你是不是暗自得意？”

小飞：“当然啊，您知道从奴隶到将军的感觉有多爽吗？”

我：“当然知道。但老师要告诉你，不管大事小事你经常向父母发火，愤怒成了你解决问题的工具和方式，你会养成冲动、易怒的习惯，损伤你的情绪智能。这是你要付出的第二个代价。”

小飞：“不发脾气别人拿你当㞞包，我会活得很憋屈。”

我：“我们当然不能憋屈地活着，但也不能鲁莽地活着，对吧。为了应付和控制父母，你会绞尽脑汁，调动所有的心理能量谋划应对策略，甚至不择手段，只要能够达到目的。你知道这会让你付出什么样的代价吗？”

小飞：“这说明我聪明啊。”摸了摸鼻子，嘴上很硬，但已经有些不自在了。

我：“小飞，聪明是对智慧的模仿，算计人的聪明可能会让你变得阴险、狡猾，这样会败坏你的品性。这是你要付出的第三个代价。”

小飞：“你上纲上线，我不信你那一套。”小飞开始紧张、出汗。

我：“为了减弱父母的影响，你会贬低父母在你心中的形象，不顾及父母的感受，轻视、嘲弄父母。把父母看作你的敌人，没有怜悯、同情。”我的语气一直很平和，但是很有力量，我相信这样的方式会让孩子的内心受到撼动。

小飞：“那是他们不注意自己的形象，不能怪我。”

我：“父母可能会不注意自己的言行，但是你变得冷漠了，这是你要付出的第四个代价。”

小飞：“那也是他们造成的。”

我：“是的，没有经验的父母都会犯错，控制你、干涉你，让你感到压抑、没有自我和自由。但是你却否定了父母对你真诚的、发自内心的爱，你越是觉得父母根本就不在乎你的感受，你越是感受不到父母的爱，你对爱的感受力就越弱。对爱缺少感受能力，你会很难获得归属感和安全感，很难获得幸福。这是你要付出的第五个代价——爱的感受能力迟钝、匮乏。”

小飞：“那是因为我在他们身上感受不到爱。”（小飞的语气已经不那么强硬了。）是的，很多孩子不能感受到父母的爱，尽管父母付出的非常多，这是教育的悲哀。

我：“你要付出的第六个代价是，你可能会丧失内在的纪律感。”

小飞：“什么是内在的纪律感？”小飞有了好奇心。

我说：“内在的纪律感就是你发自内心地愿意合作，遵守规则和纪律，不论是家里的还是学校的。”

小飞：“有什么了不起吗？”

我：“相当了不起。老师问你，你渴望自由吗？”

小飞：“当然啊，我最渴望快乐了，我逆反也是为了要更多的快乐。”诱发孩子想要的东西，然后通过他的渴望让其有新的感悟和收获。

我：“老师问你，你喜欢父母的要求和学校的制度、规定和纪律吗？”

小飞：“不喜欢。”

我：“但是，只要你在家庭中生活，在学校中学习，你就逃不开要求和限制对不对？”

小飞：“是，所以，我要快点长大，到社会上就好了。”

我：“社会就没有习俗和法律的要求和限制吗？”

小飞沉默不语，又无奈又有些感悟的表情。

我：“因为规则、秩序是大自然的法则，如同地球围绕太阳转一样，是人与人之间获得均等的权利和自由的最好保证，只有规范和法则才能确保每个人都能够得到公平的对待。如果你完全不把父母放在眼里，无视父母的权威和正当的要求，在你的内心就种下了蔑视纪律和权威的种子，无论家庭、学校和社会的规则都会让你感到束缚、干涉、不自由，所以你就无法感到快乐。”

小飞继续沉默，若有所思。

我：“这一切会影响你的心智和品性，成为你的一部分，并且在很长的一段人生的时光里伴随着你，是你成长的绊脚石，使你付出沉痛的代价。你说你是赢了还是输了？”

小飞：“那我也不能任由他们宰割吧？”

我：“老师并没有说你逆反是错的，只是过了头，有些鲁莽和冲动。原本是你为了获得自尊、自主的正当的斗争，结果变成了伤害父母和自己的不正当的搏杀。你说是不是？”

小飞：“那您说我该怎么办？”小飞的语气软了下来，有了请教的口吻。

明智的逆反需要评估逆反的目的是否有害

我：“你的每一个行为都是有目的性的，同时你的心灵会调动所有的能量协助你全力达到这个目的，哪怕这个目的是错误的。是不是这样？”

小飞：“是。”

我：“所以，你首先要评估自己行为的目的是正确的还是错误的。”

小飞：“怎么评估？”

我：“你原来的目的是获得自己应有的权利和自由，达到和父母间权利的相对平衡，不完全被父母控制，自己也有话语权和选择权，对吧？”

小飞：“是。”

我：“但是，在和父母较量的过程中，你发现父母也可以被自己控制，你尝到了甜头，无形中你就多了另外一个目的：控制父母。”

小飞：“是。”

我：“这个目的有没有让你膨胀、虚荣、忘乎所以，对你和父母都造成很大的损害？”

小飞：“现在看好像有。”

我：“这样的目的是正确的吗？”

小飞：“不是。”

在咨询中，当小飞认识到这个目的的性质后，感到自己做得有些过分，并向父母道歉。这个时候，父母的眼里流下了感动的眼泪。我趁热打铁，让小飞的父母拥抱他，他们找到了久违的爱的温暖。

明智的逆反需要适当的方式

接下来我和小飞又分析了逆反的方式，也就是什么样的逆反既可以达到自己想要的目的，又不伤害父母的情感。

在咨询中，小飞跟我说，他也曾经和父母温和地提过建议，可是父母根本就不把他的话放在心上，怎么说都没有用，最后，受伤的还是自己。我相信小飞说的是真实的，因为很多逆反强烈的同学都跟我说过类似的话。同时很多父母也和我说，他们担心不成熟的孩子会滥用权利和自由从而毁掉自己，还有为了要捍卫自己的权威他们是不会轻易接受孩子的建议的。没有办法，孩子们选择了对抗。“枪杆子里出政权”成为这些孩子不得已的选择。

我：“小飞，请你想一想，大多数人都会选择用错误的方式解决问题，本质的原因是什么？”

小飞：“想不出来，老师您告诉我吧。”

我：“当你说想不出来让我告诉你时，你已经找到了答案。”

小飞：“我更糊涂了。”

我：“你想要现成的答案，除了时间短想不出来之外，是不是也说明你希望用简单的方式解决问题？”

小飞：“是，我一直都喜欢用简单的方式，感觉比较轻松。”

我：“这就是人们用错误的方式解决问题的本质，在我们遇到问题的时候，我们本能地希望可以简单、直接、快速地解决问题。是懒惰和求轻松的心理在作怪，对不对？”

小飞：“您说得太对了。”

我：“现在请你想一想，接下来该怎样处理和父母之间的矛盾冲突呢？”

小飞：“不求简单轻松，多想办法。”

我：“很好，能说说具体的办法吗？”

小飞：“现在他们不想再控制我了，我也不控制他们。我多听他们说话，也经常把我的想法告诉他们，尊重他们，有问题商量着解决。”

我：“恭喜你。”

不久小飞的父母来电话表示感谢，说小飞像变了一个人似的，对他们尊敬、温和多了，找到一家人的温暖感觉了。

从小飞的个案我再次坚信，敢逆反的孩子，敢成长。因为逆反是自我意识的完善，是独立思想的标志，是在向家长证明“我长大了”，有自己的见解、想法、选择、要求，我要主宰自己的命运了。逆反就是在成长，只要及时和有效地引导、教育，逆反会成为孩子巨大的成长的力量。

爱的祈祷，家庭作业

还有很多同学咱们没有见过面，但是老师也在想着你们，为你们祈祷着。如果你们仍然处在逆反的痛苦旋涡中，和父母正在进行着不分高下、难分难解的较量，请你想一想你是否也在用简单、错误的方式解决问题。尽管父母首先需要改变，但是很多因素局限着他们，如思维刻板僵化、学习能力弱、文化少、工作繁忙、思想意识老旧、要面子、担忧你们的未来、害怕丧失权威等等。如果一味等待着父母改变可能需要机会和很长的时间，要么就是出现一些非常糟糕的事件，才能让父母们在短时间内觉醒，如你辍学、离家出走、得了心理疾病、轻生等。而这些对你和父母都是相当不利的。所以，你可以选择主动改变，引导父母成长，成为父母心灵的“导师”。

不管父母多么地固执、不懂教育、权力控，但是有两点是不容置疑的，一是他们对你的发自内心的爱和付出，如每天早出晚归赚钱供你读书，不管多累也要给你做饭、洗衣，送你上学，给你买名牌衣服但自己却穿得很普通，等等；二是他们总有做得正确的地方，比如在给你买衣服的时候会尊重你的意见，或者他们鼓励你交朋友等等。这两点就是他们的“软肋”，可以激励他们成长的地方。你所要做的就是真诚地感谢父母对你的爱和付出，要具体，如说“妈妈，你每天早起为我做早餐辛苦了，我爱你”。也许妈妈会说让你不高兴的话，如“那你还不听话”，你要有回应的准备，你可以笑着说“两回事”。

接下来你要欣赏父母做得正确的地方，这对父母来说很重要，他们为了你会尽可能做正确的事，也就是让你高兴的事。如，你可以对父母说“谢谢你让我自己选衣服，你们把我当大人看的感觉真好”。这样，父母会更多地在意你的感受，把你当大人看。

当然，不要急于求成，有些父母还是有很多限制，很“顽固”的，你要做的就是寻找父母更多的优点和正确的方面去欣赏和感谢。老师可以向你保证，一定会有效果的。因为老师曾经无数次给同学们出过这样的建议，反馈都很好。

在这里，我希望同学们多拿出一些耐心和智慧，用正确的方式解决问题，这会成为你们人生的财富。

老师期待着你们的好消息。

家长教练作业

1. 逆反的孩子有活力，有思想，所以不要为孩子的逆反而苦恼。

2. 当孩子抵触我们的时候，想一想是不是和您的态度和方法有关？

3. 不要带着情绪和命令的口吻和孩子说话，而是要以理解和尊重的态度和孩子对话。

第10次对话

让孩子摆脱敏感的困扰，培养孩子敏锐的品格

敏感是压力的产物，就像饿得发慌白天出来觅食的小老鼠，总是处于紧张的状态；敏锐是经过培训的小老鼠，可以快速、顺利地通过迷宫，找到美味的甜点。

初三女孩小雯这几年一直被敏感这只小老鼠折磨着，她觉得没人喜欢她、在意她，无缘无故地紧张、焦虑，尤其在家里爱发脾气。经常失眠，一闭上眼睛很多糟糕的想法就往她的脑袋里钻。

她觉得班主任老师不喜欢她了，因为班主任老师不像以前那样只要她一举手就会叫她回答问题；她觉得自己最好的同学也对她时冷时热，下课的时候和别的同学去玩，和她打声招呼就把她一个人扔在教室里了；她担心她的最好的同学会和别人说她的坏话，有了新朋友忘了她。

她说她的父亲很少带她去玩，回到家里和她应付性地聊几句就回自己的房间“斗地主”或者忙工作去了；她最不能忍受的是她的母亲，她觉得母亲总是找她的毛病，比如吃饭的时候母亲嫌她吃得慢，蔬菜吃得少；她说母亲总嫌她的学习成绩不够理想，尽管她很努力，在班里一直是前十名。

坐在我面前的小雯漂亮、瘦弱，她总是低着头，不敢直视我，偶尔抬起头看我一眼马上又把头低下，她水汪汪的大眼睛里明显流露着不安。她很在意自己的发型，经常有意无意地摆弄自己的头发，担心自己给别人留下不好的印象。

小雯变得敏感的原因是在她很小的时候，父母因为忙于工作、事业，加上经济条件不好，将两岁多的她送到了离家不远的一所小型民办幼儿园。幼儿园的老师脾气不好，经常骂孩子们，而小雯生性胆小（实际上是父母照顾不当造成的），经常被老师吓得直哭。幼儿园里的孩子们大多比较淘气，有个比她大的男孩经常欺负她。这一切渐渐地使小雯形成了紧张、敏感的性格。

在我的教育咨询经验中，过去尽管很重要，童年时的经历影响了人们的心理和性格，但我更看重的是现在的家庭环境和孩子的认识方式。因为我们不能回到过去改变那些不愉快的经验，但我们却可以通过教育和自我训练使孩子形成新的认知模式和情感倾向，消除敏感的困扰，获得敏锐的人格特质，拥有安全、快乐的情感体验。

敏感不是心理疾病，只是一种压力下的思维方式

小雯：“老师，我这么敏感、容易紧张，是不是有心理问题啊？”

我：“敏感不是什么心理问题，是思维的问题。这种情况每个人都有，尤其在压力大、缺乏安全感的时候，人就会变得敏感。”敏感的孩子最担心自己有心理问题，我必须肯定是思维问题，并告诉她这很正常，这会让她感到踏实和有勇气。

小雯：“老师，我似懂非懂，您能细点儿说吗？”她的眉头放松了些，我能够明显地感到她有欣慰的感觉。

我：“好的，老师就拿发生在你身上的事儿来说吧。你看到自己最要好的同学最近和另外一个同学走得比较近，你就觉得她可能会疏远你、说你坏话。‘你就觉得她可能会疏远你、说你坏话’是不是你内心的想法，也就是思维？”

小雯：“是，我经常有很多这样那样的想法。”

我：“你担心朋友疏远你、说你坏话是不是不自信，也就是缺乏安全感？”

小雯：“是，我很害怕失去朋友。”

我：“缺乏安全感会不会让你感到紧张、压力很大？”

小雯：“非常紧张，经常出冷汗。”

我：“现在你明白敏感是思维的问题而不是心理的问题了吧？”

小雯：“明白了。但是我更紧张了，这是不是说明我脑子有病？”敏感的孩子总是会给自己找毛病，怀疑自己。

我：“你总是担心自己有问题是吗？”

小雯：“是的。”

我：“这就又关系到敏感的另一个方面，也就是敏感的特点。敏感的第一个特点是反应快，并相信自己的第一反应，就像刚才老师说敏感不是心理问题

而是思维问题，你马上觉得自己脑子有毛病。第二个是没有证据的猜疑，就像你觉得朋友在说你坏话。第三个特点就是很在意别人的评价，害怕别人不喜欢你。第四个特点是无缘无故地担心，凡事总往坏处想，比如你担心上课会注意力不集中，考试会焦虑等。”

小雯：“老师，您说的这些问题我都有。”

我：“你又开始担心，觉得自己问题太多很难解决了是吗？”

小雯：“是的，您觉得我还有希望吗？”又可爱又可怜地问。我不敢想象，小雯那些焦虑的日子是怎样度过的，但这更激发了我帮助她找回平静和快乐的决心。

把敏感训练成美好的人格特质——敏锐

我：“当然有希望啊，老师也有过类似的经历。老师因为工作的需要经常要到学校去作讲座，但前些年，老师讲课能力还不够，不能把咨询中的经验和收获很好地在讲座中展示出来，所以，每当作讲座之前，尤其是到一些比较好的学校去作讲座之前，很紧张，担心自己讲不好学校不满意、老板批评、同事们看热闹。越是这样越是紧张，浑身燥热，睡不着觉。”

小雯：“哦，老师，您后来是怎么好的？”

我：“每个人都拥有为自己解决问题的能力。经过学习、琢磨和自我观察，我发现敏感不是不可救药、一无是处的东西，它在保护我们，让我们变得警觉，只不过是劲儿使大了，过了头，变成了防御。通过训练，可以把敏感变成敏锐，不仅不会给我们添乱还会增长我们的智慧。”

小雯：“真的吗？我觉得我没有您那么聪明，恐怕不行。”她不断地怀疑自己，而我必须给她信心和力量。

我：“我想你比老师聪明。敏感的人有一个共同的特点，那就是比较聪明、有灵性和创造性。历史上众多的艺术家、音乐家、哲学家、政治家大多都是敏感的人。所以，你要为拥有敏感的特质而高兴。”

小雯：“哦？”她眼睛闪亮了一下，她可能是第一次觉得自己有伟大的潜质。

我：“我看到你好像挺兴奋的。”

小雯：“嗯，有一点。你的话好像让我看到了一点希望。老师，什么是敏锐啊？”

我：“我知道，敏感给你带来了很多麻烦和痛苦，你急于摆脱它。”

小雯：“我每天像活在地狱里一样，真的快受不了了。”

我：“如果说敏感是慌乱的小老鼠，敏锐就是冷静、善于观察和勇敢自信的雄鹰。敏锐的人根据事物的本身作判断，而不去臆想和猜测，比如没有证据不会猜疑别人是否会说自己的坏话；根据事物发展做判断，而不是无缘无故地担忧。比如自己平常上课注意力都能集中，下一节课不会无缘无故地不集中。”

小雯：“哦，是这样。”

我：“思维是有特点和规律的，就像可以看见的乱发一样，耐心梳理就变得顺滑了。”

小雯：“可我太敏感了，能行吗？”

我：“如果我们拿着锋利的宝剑不去惩奸除恶，而是每天对着自己晃来晃去当然会紧张的。你有很好的资源，只不过是不会用而已。如果你能够把敏感训练成敏锐，你不仅不会紧张、焦虑，还会因为发现自己的聪慧而惊喜，并拥有美好地人格特质。”

小雯：“怎么训练呢？”很期待地看着我。

敏锐训练——观察自己的想法

我：“还拿你担心自己最要好的朋友会疏远你、说你坏话为例。当你看到你最要好的同学找她的新朋友玩并说悄悄话时，你的第一反应是什么？”

小雯：“她可能不喜欢我了，是不是我做错了什么？她们会不会说我坏话、议论我？”

我：“猜疑让你变得紧张、焦虑了是吧？”

小雯：“是。”

我：“这就是你进行的自我训练——猜疑，不断地使自己更加敏感，而你真正需要的自我训练是——变得敏锐。现在我们就实际演练一下。请你闭上眼睛，放松，想象你看到自己最要好的同学和你打完招呼就去找她的新朋友了。画面越清晰越好，但是你不要按照自己过去的思维习惯思考，而是要听老师的指示来做。现在你有了这样的想法：‘她可能不喜欢我了，是不是我做错了什么？她们会不会说我坏话、议论我？’停在这个想法上面，不要往下走。然后提醒自己‘我有了这样的想法’，并观察有了这个想法的自己。如果你做到了，请举手示意一下。”

小雯：“老师，我能让自己停在那个想法上，但是我无法观察到有想法的我自己，好像有点恐惧。”

我：“老师第一次这样做的时候也有些恐惧，我居然可以‘看到’思考的自己。后来老师不断练习，发现做观察的自我非常奇妙。现在我们再来练习一次。”

我像上次一样指导，小雯试着做。四分钟后，小雯举手示意。

我：“感觉怎么样？”

小雯：“非常奇妙，我好像真的看到自己在思考了。”

敏锐训练——检查和质疑自己的想法

我：“非常好。闭上眼睛，继续按照老师的指示练习。现在想象你是一个检察官，你的自然反应，也就是你第一时间出现的那个想法是要过关卡的人，你要对他进行检查和质疑。还是那个想法：‘她可能不喜欢我了，是不是我做错了什么？她们会不会说我坏话、议论我？’”

小雯：“好。”

我：“请你这样问自己：‘她首先和我打过招呼了，这是不是说明她还是很重视我？她是不是有结交新朋友的权利？我不也是有其他的好朋友吗？'思考这些问题的答案，体会心里的感受。"

小雯认真、专注地想象、思考。

我："告诉我你的答案是什么？感受是什么？"

小雯："我的答案是她应该还是重视我的，她也有结交新朋友的权利，我也有其他的好朋友。感觉不紧张，挺平静的。"

我："你做得很好，接下来你再问自己：'她们说悄悄话就一定是在说我的坏话、议论我吗？她们会那样无聊吗？如果她们要说我的坏话、议论我会让我看到吗？为胡思乱想和不能确定的事担心值得吗？'继续思考这些问题的答案，体会心里的感受。"

小雯认真、专注地想象、思考。

我："告诉我你的答案是什么？感受是什么？"

小雯："她们不应该那么无聊，也不一定在说我的坏话，为不能确定的事担心不值得。感觉比刚才还要好一点儿，感到眼前亮起了一串灯。"

我："那是敏锐和自信的灯。"

敏锐训练——客观地看待事实

我："非常好。现在我们已经使用了两个把敏感训练成敏锐的方法，接下来，我们进入'训练大法'的第三步，客观地看待事实。拿你觉得妈妈不喜欢你、嫌弃你为例。想一想妈妈在说'你吃得慢、蔬菜吃得少、学习成绩不够理想'之前有没有说过什么关心你的话？"

小雯："有。她怕饭菜都冷了会让我胃疼，不吃蔬菜营养不够，前十名考不上重点高中。"

我："你是不是只记住了妈妈嫌弃你的话，而忘记了妈妈关心你的话？"

小雯："是，我的大脑里只有妈妈嫌弃我的话。"

我："知道这是为什么吗？"

小雯：“因为在我想象中妈妈不喜欢我。”

我：“是的，所以你只关注那些看上去能证明妈妈不喜欢你的话，而忽略了妈妈关心你、在意你的话。这就是你没有客观地看待事实，而只关注你想要的证据，明白了吧？”

小雯：“嗯。”

我：“如果很冷静客观地看妈妈的话，你觉得妈妈是嫌弃你还是关心你？”

小雯：“应该是关心。但是让人很不舒服。”

我：“妈妈重复、唠叨、不讲方法当然会让你不舒服，但是和嫌弃你、不喜欢你性质一样吗？你的感受一样吗？”

小雯：“不一样。”

我：“妈妈不讲方法只会影响你的情绪，让你不高兴，但是如果你认为妈妈不爱你却会影响你的心理和人格。所以，看问题客观冷静是不是非常重要？”

小雯：“是。我的感受越来越清晰了。老师，我还有一个问题，我爸爸很少带我去玩，回到家里只是简单地和我打个招呼，应付性地聊几句就回自己的房间忙去了，这是怎么回事？”

敏感的孩子凡事都需要别人帮助确认，耐心和分享对这样的孩子会是很好的心理抚慰。

敏锐训练——坦诚沟通

我：“你希望爸爸多陪你、多关心你，是吧？”

小雯：“是啊。我的同学们的爸爸对他们都可好了。”

我：“你问过爸爸为什么吗？”

小雯：“没有，这还用问吗？如果他爱我就应该知道怎么做啊。”

我：“你认为别人应该知道你的想法，是吗？”

小雯：“当然啊。”

我：“你能够经常准确地知道别人的想法吗？”

小雯：“那……不能。”

我：“每个人的心理都是很复杂的，我们不可能总是知道别人想什么、需要什么，所以你的这种认知是需要调整的。而且你爸爸是男人，男人在情感上没有女人那样细腻，尤其你爸爸的情商并不是很高，尽管他的事业做得很好。”

小雯：“那我该怎么办？”

我：“我问过你爸爸，为什么不愿意带你去玩，不愿意在你的房间多待一会、和你多聊一会。你爸爸告诉我，他除了工作比较忙之外，主要的是以前他带你出去玩你都不是很开心，他以为你不想跟他出去。你爸爸也很想和你聊天、关心你，但他嘴比较笨，不知道说什么。他一般也就是问你心情怎么样啊、学习怎么样之类的话，他说你听他说完后直皱眉头，他以为你烦他，所以不敢和你多聊。”

小雯：“哦。他领我出去玩的时候，总是看什么文化古迹、石碑、博物馆，不停地告诉我要有文化、了解历史，烦不烦、谁愿意跟他出去啊？每次到我房间来都一样的套话，怎么聊啊？”

我：“你看你们之间的误会多大啊。这都是因为你们不会坦诚沟通造成的。所以解决敏感、误会的第四个大绝招就是‘开诚布公’，把你的感受、想法说出来，使大家相互了解。”

小雯：“我说不出来。”

我：“你怕被笑话、不理解、拒绝，还是什么？”

小雯：“这些都有，觉得傻傻的。”

我：“看起来我们敏锐的训练还要不断练习才行啊。就你不敢开诚布公地说出你的想法和感受这件事，我们用学过的训练大法再完整地做一次练习。观察这个想法，检查、质疑自己的自然反应，客观地看待事实。开始。”

五分钟后。

我：“好些吗？现在可以试着说说吗？”

小雯：“好了很多，没那么害怕了。试一下吧。”

我：“现在假设我就是你的父亲，说出你对我的看法和建议。”

小雯：“老爸，你带我出去玩的时候，总是带我去看博物馆、石碑，我一点兴趣都没有，所以不开心。你到我房间总是说一样的话，我都听腻了。”

我：“非常好。再说说你的建议和需要。”

小雯：“老爸，我希望你带我去好玩的地方，比如欢乐谷、迪士尼等；你到我房间的时候，说些新鲜的、具体的。”

我：“太棒了！开诚布公会缩短你和爸爸之间的距离，让你们更多地相互了解，而不是相互猜疑。今天回去就找爸爸聊一聊，我相信他会非常开心的。而且，我们刚刚做过的四步回家后要经常练习。”

小雯：“我试试吧。老师把敏感训练成敏锐的四大绝招都是什么来着，我记一下。不好意思！”

我：“没关系。这四大绝招是：做自己的观察者，检查和质疑自己的自然反应，客观地看待事实，开诚布公地说出自己的感受和想法。老师相信你会做得很好，只要你不断练习。”

小雯：“我会努力的，谢谢老师。”

如果你总是敏感地看待人和事，多疑、固执地把一切往坏处想，你会变得愈加脆弱，看不清真实的事实，活在自我臆造的世界里，一生焦躁不安。你将无法把握、理解和处理人和人之间的关系，对人产生恐惧。

所以，你要训练自己，把自己从敏感、惊慌的小老鼠训练成敏锐、坚强、勇敢的雄鹰。人生就是不断地自我发现和训练的过程，相信你自己。

孩子教练作业

1. 做观察的自我。你可以坐在镜子前，看着镜子中的你。你随便想些什么，然后让这个想法停在那里，你看着这个在镜子里思考的你。每天练习。

2. 做自己的检察官，质疑、检验自己的第一反应，只要这个反应是怀疑自己和他人的，让自己焦虑的。问自己为什么要这样想，证据是什么，这个证据是论证过的吗，直到你觉得把事情看得比较透彻、真实。标准是你变得平静甚至有些惊喜。

3. 做客观的自我，客观地看待事物。如，老师对我发脾气并不是想羞辱我，他只是拿我没有办法，是我不断让他失望使他变得愤怒。

4. 做坦诚的我，开诚布公地说出自己的想法。如，老师我知道是因为我经常上课溜号、传纸条您才对我发火的，是我的不对；我觉得非常尴尬，老师您能给我留点面子，不当着同学们的面骂我吗，我会感激您的。

5. 如果你有比较敏感的同学或者朋友，与他分享敏锐训练的方法。以诚挚的心和有效的方法助人是最高尚的。

第11次对话

让孩子远离考试焦虑的折磨，培养孩子强大的心灵力量

焦虑来自于我们的内心，是我们自己创造出来的，如同恶鬼是我们想象出来的一样，我们在用自己的联想和创造能力折磨自己。考试焦虑也是一样。

初三女孩小楠两年来一直被考试焦虑纠缠和折磨着，无论大考、小考她都会感到紧张，而且这种紧张在考试的前几天就会悄悄地袭来，让她如临大敌。尤其面临中考，她更加焦虑了：她的肠胃罢工不消化，没有食欲；她的睡眠也出乱子，开始失眠、做噩梦，早上起来感到很疲劳；她的记忆力和注意力也趁火打劫来欺负她，很多原本记得滚瓜烂熟的课文、公式、单词等也不知道跑到哪里去了；她上课无法专注，看着老师却听不到老师在讲什么；她对周围的事物也很敏感，同学们写字、翻书的声音有时都变得很刺耳。她盼望得到父母的关心，但父母关心她的时候又让她感到心烦。

她平时学习很努力、用功，很少出去玩，也不和父母去旅游，学习时间抓得很紧。因为她比较敏感，总是觉得同学们比自己更用功，担心自己学得不够好考不过同学们。临近考试的时候她经常不想上学，希望自己得病，想躲开考试的折磨，因为考试的时候她会更加焦虑。她心跳加速，出冷汗，手发抖，大脑一片空白，仿佛一只被凶恶的猎狗追赶的小兔子……

多年的家庭教育经验使我发现，考试焦虑的学生都是比较脆弱的，主要有三个原因：一是父母过于溺爱，没有让孩子经历过艰苦的历练，内心不坚强，不会理性思考，喜欢幻想和想象，思维消极；二是父母过于强调学习和考试的重要，使孩子认为考试成绩大于一切，考不好就没有价值，得不到认可，所以害怕失败；三是学习目标严重错误，在父母、老师的眼里学习的目的就是为了考试、就业，所以考试成绩不好就等于不能够考上好的高中、大学，不会有好的工作和未来，考试成绩等于未来的人生，给孩子造成了巨大的心理压力。

解决孩子考试焦虑的问题，一是要锻炼耐挫折能力，二是训练孩子的理性思维，重新定位学习目标和考试的意义。理性思维和重新定位学习目标和考试的意义等两个问题，可以通过沟通和对话解决。下面就是我和小楠的对话，请父母参考。

焦虑并不可怕，只要你知道它是什么

小楠：“老师，每当要考试的时候我就紧张焦虑，浑身冒冷汗，手脚冰凉。最近要面临中考了，我更紧张了，一想到考试就会紧张。老师我该怎么办？”

我：“老师也有过类似的经历，不过不是在上学考试的时候，而是在工作后第一次到学校作讲座的头两天晚上。当知道公司安排我到北京的一所学校作讲座时我很兴奋，我一直期待着能够去学校作讲座。但是高兴很快就过去了，随之而来的是紧张和焦虑，整整失眠了两天，饭也吃不好，好像活在地狱里一样。那个经历非常深刻，至今难忘。”

父母需要善于暴露自己的弱点，拉近和孩子的距离，让孩子感到自己的问题没什么，很多人都可能会遇到，而且也可以通过自己的努力和他人的帮助得到解决和超越。但不要过多地在孩子面前暴露自己丑陋的一面，如易怒、自私、粗鲁等，对孩子形成不好的影响，降低自己的威信。

小楠：“哦，老师也有这样的经历。我们班上一到考试就紧张的同学也不少。后来您是怎么做到不紧张焦虑的？”小楠紧蹙的眉头开始放松下来。

我：“尽管我被折磨得受不了了，但是我不甘心和爱好探究的心理却被激活了。我问自己，焦虑是什么？它从哪里来？为什么这么折磨人？当我找到答案后，我就不焦虑了。你问过自己这样的问题吗？”

小楠：“没有，焦虑的时候满脑子胡思乱想，没有工夫问自己。”

我：“现在你的头脑不那么混乱吧？可以尝试着问问自己吗？”

小楠：“可以。”

我：“非常好，问问自己：焦虑是什么？它从哪里来？”

小楠闭上眼睛，努力地在思考。我静静地看着她漂亮白皙的脸，暗下决心，一定要帮助她，让她获得青少年应有的活力和快乐。珍爱孩子的父母，必须有一颗柔软的心，不要逼孩子学习、拿高分，把孩子弄得精神紧张，备受煎熬。学习的目的是成长和快乐，而不仅仅是考试，考试只是手段而已。

过了一会儿，小楠睁开眼睛："我不知道焦虑是什么，但我知道我一担心考试考不好的时候我就会紧张焦虑。焦虑应该是因担心而来的。"

我："你说得很对，焦虑是因担心而来的，焦虑就是因担心而产生的持续的紧张和恐惧情绪，对不对？"

小楠："对，您一说我也想到了。"

我："很好，你的领悟能力很强。那么老师再请你思考，担心是思考的结果还是想象的结果？"

小楠："是想象的结果。我总是在脑子里想象自己考试出问题的画面，选错题、记不住定义和单词，会做的题因为紧张一下子不会做了，等等。越这样想，越紧张、焦虑。"

我："也就是说，考不好不是一个事实，只是你想象出来的一个怪胎，是你自己创造的。"

小楠："是的，是我想象出来的。"

我："想象是应对未来的心理能力，我们可以通过心中的想象制造出真实的东西，比如你在心中想象一个纸船的样子，然后你就会根据这个样子折叠或者粘贴出一个这样的纸船。在你的想象中呈现的东西往往会被你认为是真实的东西，所以当你想到考试的时候你会焦虑，你就把这个想象当成了已发生的事实，令你更加紧张。"

小楠："看来我是没有利用好想象，以前我总是用想象来吓唬自己。听您这么一说，我感觉踏实多了。"

黑暗中的事物容易让人恐惧，因为我们看不清它的面目。

想象美好的事物，让自己平静快乐

我："是啊，我们人类是很神奇的生物，具有极强的想象力和创造力，人类所有伟大的创造最初几乎都来源于想象，但同时人类的很多痛苦也来源于想象。所以，我们要善于使用想象，要利用神奇的想象造福自己而不是危害自己。既然这样，你是不是也可以不通过想象创造焦虑，而是通过想象创造信心和快乐？”

小楠：“应该是。老师我要跟您学习这样的想象能力，我好久都没有感受过快乐了，我好渴望啊！”

我：“放心，一定会的。因为每个人都是自己心灵智慧的产物，我们可以创造紧张的自己、卑贱的自己，也可以创造潇洒的自己、高贵的自己。”小楠调整了一下坐姿，不那么颓了。当你的语言充满力量就会给孩子带来鼓舞和信心。

小楠：“我以前也试过想象美好、成功的情景，但是很模糊，而且很快糟糕的景象就出来，把美好的赶走了。老师，这是为什么？”还是满脸的疑虑。

我：“把手伸给老师，我们做一个体验。老师握着你的手，告诉你老师会把勇敢精神和丰富经验的能量传递给你，你相信吗，能够感觉到吗？”我握着她的手，慈爱且坚定地看着她，她也信任地看着我。

小楠：“我相信，我感觉到了温暖和力量。”我在她的眼睛里看到了坚定的神情。

我：“如果对面是你父母你会相信吗？”

小楠：“不相信，他们没有您的智慧和能力。”

我：“不是老师有什么智慧和能力，而是相信让你拥有了力量。你相信什么，什么就给你力量。”

小楠：“只要我相信我能够考好我就会有好的想象是吧？”

我：“是的，只要你对美好的事物、对考试充满信心，美好的画面就会出现。”

小楠：“我好期待，我能做到吧？”

我：“我感觉你的不自信随时会流出来，惯性的力量太强大了，所以，我们要做积极的想象训练，让美好成为一种习惯。”

接下来，我帮小楠做了一个想象力的训练。

想象力训练之美好的未来

■深呼吸，放松身体，集中注意力，排除杂乱的思维的干扰，想象自己变得很坚强、勇敢，不再因为考试焦虑而坐卧不安；而是很平静放松，就算是在紧张的时候也能正常学习、吃饭、睡觉。每天三次，坚持十天，画面越清晰越好。

■深呼吸，放松身体，集中注意力，排除杂乱的思维的干扰，想象自己在考场上正常发挥的样子，越清晰越好。比如想象出自己的穿戴，书桌的样子。而且画面要连贯，从你安静自信地走进考场，到开始答题，每一个步骤都要尽可能地清晰。每天三次，坚持十天。

■深呼吸，放松身体，集中注意力，排除杂乱的思维的干扰，想象自己在考场上超常发挥的情景。想象你的注意力很集中，头脑特别灵活，记忆力非常好，想要自己想起什么就能够想起什么，你按照自己的计划答题……你渐入佳境，完全忘了在考试，只是投入地在答题。每天三次，坚持十天。

■深呼吸，放松身体，集中注意力，排除杂乱的思维的干扰，想象自己考入理想学校的开心样子。每天三次，坚持十天。

小楠练习得很认真，15分钟后，我看到了一个仿佛重生了的小楠："陆老师，您真是太厉害了，在想象中我的焦虑完全消失了。如果早遇到您我就不会被焦虑这个魔鬼折磨那么久了。"

我："不要急着感谢老师，还有更好的训练呢。现在，你再想象考试正常发挥甚至超常发挥的情景，看一看是否清晰？"

小楠闭上眼睛，三分钟后。

小楠："非常清晰，不仅不焦虑了，而且很兴奋、开心、自信，从来没有过的感觉，太好了。"我看到她的眼里泛着激动的泪光，那是生命本身的欢乐之光。我多希望每个孩子的眼中都有这样欢乐、自信的光啊。

我："回去按老师的要求经常练习，让自信和美好的想象成为一种习惯，利用大脑的神奇创建美好的未来。”

小楠：“好的，我一定每天练习。利用大脑的神奇创建美好的未来，让自己更加自信、快乐。”我非常高兴她重复我的话，这样的重复是深刻的认同和力量。

在孩子需要帮助的时候，不管多么正确的道理都是无用的，孩子需要方法和智慧解决问题。切记！

训练抽象思维，塑造理性、自信的自我

小楠：“实际上我应该相信自己的，我很用功，记忆力也不错，平常答题准确率也很高，老师和同学们都说我如果不紧张，考试成绩肯定错不了。”她的语言第一次显得流畅和自信。

我：“老师问你，你刚才的话是不是事实？”

小楠：“当然是事实啊。”

我：“这个事实来自想象还是理性思考。”

小楠：“来自理性思考。”

我：“你说得很对，敏感的人活在自己内心的思想的乱麻中，他们不是根据事实本身在做理性思考，而是根据自己的猜想在思考，结果活在表面的和自认为的世界中。这是造成敏感的另一个重要的陷阱。”

小楠：“我总是往这样的陷阱里跳。实际上，我们老师和同学还有我父母都说我学习基础很扎实，如果考试的时候能够正常发挥，成绩一定错不了。但是经过两次考试失利后我就开始怀疑自己的实力，也怀疑他们是安慰我，我觉得别人看我的目光都有问题。然后就开始了各种糟糕的想象和胡思乱想，焦虑就又把我死死地按在地上了。”

我：“然后，你就不相信自己的实力和能力了，你就变得更加敏感和脆弱了，胡思乱想、负面想象、担心焦虑，形成了一个可怕的自我折磨的怪圈。”

小楠：“是的，我有时候真想把自己的脑袋掏空，让自己平静一些。老师，

我怎么才能够不胡思乱想呢？”

我：“你是不是对所有未知的和陌生的都感到不适应和紧张，而只对那些看得见的、有结果的才有把握？比如说妈妈告诉你她已经把文具盒装在你的书包里了，但是你一定要亲自打开书包看见文具盒才放心？”

小楠：“是，有结果的和看得见的才让我感到踏实。老师，这是为什么啊？”

我：“因为你不善于利用抽象思维预测未来。”

小楠：“老师您说得太抽象了，我不明白。”

我：“你还记得自己小时候做算术题吗，妈妈问你‘1加1等于几’你可能不知道，但是如果在你面前放上两个具体的东西，比如苹果，然后问你1个苹果加1个苹果等于几个苹果，你就会知道等于两个苹果。这是为什么？”

小楠：“我知道，小孩子没有抽象思维，必须通过实物来运算。”

我：“对，也就是具象思维。老师问你，成熟的苹果一定会落到地上，是抽象思维还是具象思维？”

小楠：“是抽象思维。”

我：“你看到苹果落到地上了吗？”

小楠：“没有。”

我：“那你为什么相信苹果一定会掉到地上？”

小楠：“因为苹果熟透了就会掉到地上。”

我：“这是物理事实也是规律，这些都是抽象的理性思考对吧？”

小楠：“对。”

我：“那么，你不相信自己真正的实力，不相信自己会在升学考试中考出好成绩，你运用的是猜想还是理性思考？”

小楠：“猜想。老师，您是说我的抽象思维有问题？”敏感的孩子就是这样，必须有耐心。

我：“你的抽象思维没有问题，而是你不习惯用抽象思维预测未来，你的抽象思维只会用于学习中，不能用到解决学习以外的问题中，尤其是你对事物的判断中。”

小楠：“您是说我的抽象思维还挺好的。”

我：“当然啊，否则你的学习成绩是不会这样好的。”

小楠：“哦，太好了。”

在和敏感的孩子沟通的时候，一定要小心谨慎，避免“暗示”孩子有什么问题，在孩子对自己怀疑的时候，必须找出足够的证据证明他是正常的或是优秀的。

我：“在生活中我们大部分人都习惯于想象和猜测未来，而不是根据自己的实际水平理性预测未来，也就是在抽象中推算未来。如果想象是积极的，你很幸运，你会有自信；如果想象是消极的，很不幸，你会胡思乱想，变得自卑，尽管你拥有能力。”

小楠：“老师、同学和我父母都劝我说你有实力没问题，但我总是不相信自己的实力，原来都是因为我不会根据我的水平理性预测未来。”

我：“是的。老师问你，一颗宝石，在保存完好的情况下，会在半年之后变成垃圾吗？”

小楠：“不会。”

我：“为什么？”

小楠：“因为宝石的性质很稳定，不会轻易变化。”

我：“这是猜想还是抽象的理性预测？”

小楠：“抽象的理性预测。”

我：“你的学习状态很好，成绩也很好，你觉得自己是宝石还是垃圾？”

小楠：“当然是宝石。我知道了，我的学习一直也很稳定，不会无缘无故地变得很差，所以就会考出好成绩。”

我：“当你这样理性预测未来的时候，你还会因为担心而感到焦虑吗？”

小楠：“不担心，也不焦虑，很自信。”

我：“这就是抽象思维的力量，因为抽象思维会让人和事实本身连接，产生理性思考。”

小楠：“但是老师我还是有疑问，尽管可以这样抽象地理性预测，但是总有未知因素和不确定的东西啊，怎么办？”

我：“你说得对，推导的结果不一定就是确定的结果，因为有未知因素的影响。但是老师问你，熟透了的苹果就会自己掉下来这个规律会变吗？”

小楠：“不会。”

我：“就算你把它绑在树上实际上它的蒂已和树脱离了，它尽管没掉到地上但还是掉下来了对吧？”

小楠：“对。”

我：“这是不是可以说明尽管会有不确定的因素，但规律本身不会变。”

小楠：“是。”

我：“平时学习用功、扎实、方法得当的学生就会考出好成绩，否则只能名落孙山这个规律会变吗？”

小楠：“不会，那要是出现我不会做的类型呢？”

我：“你们平时学的类型是不是都是一样的？你不会大多数的人也不会，对不对？”

小楠：“是的。”

我：“那你还有什么好担心的？”

小楠：“那毕竟还是有人会吧？”

我：“是的，肯定有人会，但是还是在规律中。因为那个人平时留意了很多类型的题，思维非常敏捷，如果你像他那样练习你也可以做到。”

小楠：“应该是。”

我：“就是这样，相信自己，从经验中找证据，理性预测自己将来升学考试的结果，锻炼自己抽象思维的能力，增加自信。”

小楠：“好的，我现在就很有自信了，谢谢老师。”

我：“老师相信你，因为你有很强的学习能力。回去以后，如果敏感脆弱的毛病又来纠缠你，让你担心、焦虑你该怎么办？”

小楠：“一是及时发现是不是又在做糟糕的想象，如果是，马上做积极美好的想象；二是立刻纠正胡思乱想，用理性思维代替胡思乱想。”

我：“恭喜你，这是两把自我拯救的利剑，不仅可以让你摆脱考试的焦虑，也可以让你的心智更加成熟，内心变得理性、坚强。永远记住，所有的脆弱都是想象和胡思乱想的结果，只有对未来充满希望，理性地思考和分析你所面对的一切，你才能够拥有真正的自信和快乐。”

一个月后，小楠来电话，兴奋地告诉我，中考结束了，成绩非常好，考进了她梦寐以求的高中。她说，她几乎没有焦虑，刚进考场的时候，还是有一些习惯性的紧张，她马上意识到这是负面的思维和消极的想象在作怪，她立刻进行逻辑推理，当她平静下来之后，又想象自己考试得心应手的样子和获得好成绩后的开心、快乐，她很快找到了状态，变得安定和自信了。

永远记住，人有无限的心理智慧，我们可以创造焦虑，也可以创造平静和快乐，我们是创造一切的主人。

家长教练作业

1. 很多家长因为孩子的学习成绩而感到焦虑，影响自己的身心健康，也无形中对孩子产生压力。写出自己为什么焦虑，焦虑的结果是什么。

2. 利用本文中的方法训练孩子想象美好的未来，专注于当下，让孩子能够理性自信地面对考试。

第12次对话

教孩子智慧地应对批评，培养孩子接纳的品格

批评是对人的“否定”。被批评的时候，你仿佛是弱小的蚂蚁被扔到了热锅上，担心、不公、愧疚、懊丧等纠缠着你，让你紧张、焦虑、烦闷、愤怒……所以，几乎所有的人都不喜欢被批评。

小金同学是自尊心比较强的人，不喜欢被批评，但有的时候又管不住自己，上课注意力不集中，偶尔说话，作业完成得不好，对自己的某些小动作和话语不太在意，也就是不够成熟。所以，难免经常被批评。

在被父母批评的时候，小金同学觉得父母根本不懂他，不给他申辩的机会，给他强行“定罪”，让他非常压抑、愤怒，有打人的冲动，因而讨厌父母，强烈抵触、不和父母沟通……

在被老师批评的时候，小金同学觉得老师太自以为是了，而且小题大做、不公正，根本就不给他留面子，故意整他，让他感到自尊心受伤。他很想大哭、骂人，不想见老师，甚至想着要捉弄老师……

在被朋友批评的时候，小金同学觉得朋友太小气了，过去那么久的事了还放不下，而且不理解他的好心，让他难以忍受，冲动地和朋友断了交往，珍贵的友谊随风飘零。

本该用来享受生活、学习、娱乐的时间，却要用来躲避批评，不被批评成了生活中的重要事件，浪费了孩子们大量的时间和精力，真是让人痛心啊。

所以，请批评者思考，批评的目的是为了伤害和打击孩子，还是为了让孩子自我改进，塑造孩子接纳的品格。

对批评的看法，可以决定面对批评时的感受

我：“小金，你来见老师前，有没有担心老师会批评你？”

小金：“有一点。”

我：“是啊，现在不爱批评人的老师不多，因为批评也是必不可少的教育方法。”

小金：“嗯。但是我觉得批评没有用，让人很反感。”

我：“是啊，批评是一门很微妙的艺术，把握不好是会伤人的，起不到教育的作用。”当孩子的某些观点是正确的，要给予适当和及时的认同。

小金：“每次被批评我都很难受，但是还得硬着头皮听着。”

我：“人的本性更喜欢被认同和赞赏，所以，批评自然会让人很难受。”我也不喜欢粗糙的批评，我知道那种感受。

小金：“他们不会批评为什么还要批评个没完？！”小金的脸上带着愤恨和不解。

我：“本质上来说，不会批评真的不要总是批评。但是，老师问你，如果一个人没有双脚只能用拐杖，你不让他用拐杖他怎么走路呢？”

小金：“老师，我明白您的意思，但是我们就得被他们用拐杖戳死吗？”非常犀利的反问，我喜欢会思考的孩子。

我：“当然不，他们的拐杖能不能戳死我们不完全取决于他们，也和我们有关。”

小金：“老师，您别说了，我知道。您是不是想说你不犯错误不就完了吗，他们不就不戳你了吗。这样的话我都听了 N 多遍了。”有些不屑。

我：“听了这样的话你有什么感受？”

小金：“这不是废话吗，谁不知道啊！我也想不犯错误，可做不到啊。”他的坦诚和大胆让我暗自高兴，我知道只要我把握得当，我们的沟通会很顺畅。

我：“是啊，每个人都会犯错误，只要想成长就一定会犯错。所以，你觉得老师会说这样的话吗？”

小金：“不知道，也许不会。但是您会说什么？”他将信将疑。

我：“老师不会说这样的废话，老师会问你，你为什么会对批评那么反感、愤怒，甚至想还击？”

小金：“很简单啊，他们伤害了我。”

我：“你觉得被攻击了，被羞辱了，是吧？”

小金：“当然啊。”

我：“被攻击就一定会受伤吗？”

小金：“您被攻击会不受伤吗？”他一脸的不相信。

我：“也许啊。”

小金：“我不信。”

我：“其实很简单，如果你不把批判当作攻击你会受伤吗？”

小金：“可那就是攻击啊，怎么可能不当作攻击呢？”

我：“别急着下定论，老师给你列出一些选项，看你怎么看待批评和批判你的人。

■如果你把批评看成是故意找你的麻烦，是批评者不喜欢你，你的可爱和优点被无视，你就会觉得受伤；

■如果你认为批评者自以为是、什么都不懂、根本不理解你，你就会瞧不起批评者，更不会把批评者的话放在眼里；

■如果你认为批评者是在发泄自己的情绪，就会让你感到愤恨，愤恨的情绪主导了一切，你要做的可能就是逃避、鄙视或者报复；

■如果你认为批评者没有公正可言，违背了你内心公正的标准，批评者就变成了邪恶的人，在你的心里这样的人也许应该下地狱；

■如果你认为被批评就是否定你的价值和重要性，就会触发你的慌乱，让你感到价值和重要性被削弱的不安全感，你会怀疑自己，痛恨否定你的人；

■如果你认为面对批评忍气吞声会招致更多的批评，你就会为表现自己的不可侵犯而奋起战斗，不管批评者的意图和轻重；

■如果你认为自己并没有错，是批评者滥用权力干涉你、控制你，你就会觉得难以忍受……”

小金：“我觉得都有。老师，您真厉害，您怎么这么了解我们？”语气从刚才的不屑转变成了敬佩。获得孩子的敬佩就获得了教育和影响的力量。

我：“不是老师厉害，是经历得多了，就有了思考和经验。你再把这七项读一遍，看一看有什么感受？”

小金认真地读，刚才惊喜的表情变成了难过。

小金：“很难受，觉得他们很可恶。我的大脑里甚至有被批评的画面。”

我：“如果你这样看待批评和批评你的人，你当然会难受。但是刚才我看到的是你的惊喜，并没有难受，你刚才在想什么？”

小金：“我刚才在想老师怎么知道得这么多，忽略了他们对我的态度。”

我：“还有，老师想问你，老师在被批评的时候为什么不会觉得是被攻击？”

小金：“不知道。您别卖关子了，您一定知道答案。”

我：“不是老师在卖关子，老师想引发你思考。在没有想和不知道之间有很大区别，如果你认真地想一想也许就知道了。”父母最忌讳的是当孩子说不知道的时候表现出愤怒，要耐心地鼓励孩子去思考，因为不知道是不愿意思考的结果。

小金：“也许他们会觉得批评是为了他们好，还有就是觉得自己真的做得不对。”

我：“你回答得很好。你看，只要思考‘知道’就代替了‘不知道’，你就打开了慧眼。”对于孩子的配合和思考要及时强化。

小金：“谢谢老师。”不好意思但窃喜的样子。

我：“能够坦然面对批评的人，他们会以积极的方式看待批评，就会有不一样的心理感受，你看一看，是不是？

■他们知道老师批评他们的目的是对他们负责；

■他们知道父母很爱他们，只是父母担心他们的未来；

■他们没心没肺或者他们很勇敢、坚强；

■他们的心胸比较开阔，知道成长的秘密就是被了解自己的人关注和指出不足；

■他们能体谅老师的难处和压力，因为家长、学校和社会向他们要成绩，而且他们还可能会被淘汰；

■他们很乐观，总是以积极的心态面对批评，知道父母和老师不是针对个人而是就事论事，尽管父母和老师的情绪有些‘恶劣’。”

小金：“如果这样看待批评，还真不觉得有多么难受。”

我:“现在你明白老师说的‘他们的拐杖能不能戳死我们不完全取决于他们，也和我们有关’这句话的含义了吧？”

小金:“明白了，很奇妙。转变看法，积极地看待就可以了。”

我:“非常好，你的认知能力很强，老师为你高兴。”

小金:“但是我已经习惯那样看他们了，尽管明白了这个道理，但还是怕做不到。”

我:“你说得很对，道理和现实运用还是有很大的差距的。但是如果经常使用会不会成为习惯，就能够做到了呢？”

小金:“那是，我试着改变对他们的看法。”

我:“每天都要试。而且最管用的方法是，当你因为被批评而感到难受和气恼的时候，你马上应该做的是什么？”

小金:“往好里想。”

我:“老师喜欢你。永远记住，你的看法可以改变批评对你的影响。”

经常和孩子聊一些有哲理的、能够让孩子善于思考的话，如：如果我们把批评看成了恐怖的魔鬼，我们就赋予批评伤害自己的力量；如果我们把批评看作可爱的天使，我们就赋予批评反思和提升我们的力量。

什么样的人喜欢批评人？
——深入地了解父母和老师

我:“小金，有一个问题，如果你能想明白，会提升你对人的认识能力，你愿意获得这样的能力吗？”我努力激发孩子对认识的渴望，让他找到成就感。

小金:“当然愿意，什么问题啊？”

我:“你觉得什么样的人愿意批评人？好好想一想。”

小金低下头，玩着手中的笔，认真地想着。那一刻，我看到小金是那样地可爱，思考让他变得专注和投入。

小金：“爱较真的人，要求高的人，爱挑剔的人，脾气不好的人。”

我：“还有爱你同时担心你的人，对不对？”

小金：“是，基本上就是这些人。”

我：“你分析过这些人的共同特点吗？”

小金：“不好意思老师，没有分析过。”

我：“现在你来分析一下这些爱批评人的人都有哪些特点？”

小金：“表面上看他们是在负责任，但是却在伤害我们。他们共同的特点是不是不知道会伤害我们？”

我：“是的。都是好心办坏事。为什么会好心办坏事？”尽可能让孩子不断地思考，产生探究的愿望。

小金：“冲动，没想明白就做了。”

我：“非常好。冲动的人又有什么特点？”

小金：“不冷静，不成熟。”

我：“是的，不冷静、不成熟的人是不是比较脆弱？”

小金：“是的，我发现他们很容易生气，鸡毛蒜皮的小事他们都不开心。”

我：“这样的人首先伤害的是谁？”

小金：“是自己。哦，老师，我明白了，他们伤害我之前就已经把自己伤了。”

我：“你说这样的人是应该恨还是应该爱？应该报复还是理解、关怀？”

小金：“应该理解和关怀。”

我：“为什么？”

小金：“因为他们不容易，尤其我妈其实很爱我，为我付出了很多。”小金满脸的愧疚。

我：“如果父母和老师是因为爱和责任而犯的错误，应不应该原谅？”

小金：“应该原谅，我以前没想过这么多，只觉得自己受伤，没想到他们也很难过。”

我：“除了原谅，还应该抱有怎样的态度呢？”

小金：“理解和感谢。”

我：“太好了，你是善于思考的孩子，每个人只有通过感受和思考才能够成熟、有思想。”

小金：“谢谢老师，以后我会尽可能考虑他们的想法和感受，有耐心。”

容易受伤害，因为太脆弱，只看到伤害，没看到爱。

批评你的人作为观察者的重要性

我：“从理论上看，我们应该理解和感谢父母、老师，但是有的时候父母和老师如果做得很过分，你还能够做到理解和感谢吗？”

小金：“可能很难。我们数学老师很挑剔，因为我数学不好、上课不认真听讲总批评我，不断找我的毛病，那么多同学都看着呢，感觉很没面子。怎么办？”

我：“是啊，在这样的情况下还抱着理解和感谢的态度的确很难，很多同学都受不了。老师也时常在想，如果换作是我会怎样，可能也很受伤。”

小金：“老师您都受不了，我们不就更完蛋了？”他调皮地笑着。

我：“但老师的自我疗伤能力很强，很快就会满血复活。”

小金：“满血复活，太给力了！快说，您有什么大绝招？”

我：“老师问你，你平常出门照镜子吗？”我不紧不慢地问，对话的节奏很重要。

小金：“照镜子啊。”

我：“你为什么照镜子？”

小金：“欣赏自己，看一看有没有不合适的地方。”

我：“如果有不合适的地方，自己却没有发现，比如衣服上或者脸上有脏东西，会很尴尬，是吧？”我也偶尔喜欢在镜子里欣赏自己。

小金：“是的，有好几次因为没有照镜子，结果衣服上有饭粒被同桌笑。”

我：“这样说来镜子的作用是什么？”

小金：“能让我们看见自己看不到的地方。”

我：“如果这样说，老师的批评像不像一面镜子？”

小金：“像。但是不想照，太刺激，受不了，哈哈。”

我：“是太刺激，但是，也很重要，对不对？”

小金：“对，很重要。”

我：“如果抛开批评给你带来的不好的感受，冷静地想一想，你觉得父母、老师的批评给你带来了哪些益处？”

小金：“以前我一直觉得自己没有什么缺点，父母和老师的批评让我看到自己很多的不足。”

我：“比如呢？”

小金：“嗯，不专注、脆弱、不会理解他人、好高骛远。”

我：“很好，批评让你认识到了自己。你想过没有，为什么我们往往看不到自己的不足呢？”

小金：“可能是我们对自己的表现不在意。”

我：“你说得很对，我们做事的时候，专注力在事情上，我们没有能力既做事情又观察自己。在这里老师和父母为什么能够看到我们的不足，他们扮演的是什么角色？”

小金：“是观察者的角色。”

我：“是的，是观察者，同时也是评价者。对于我们看不到的死角，在他们的眼睛里却一目了然。”

小金：“是，老师您这样一说我全明白了。我们身上的死角只有别人才能够看到，帮我们指出来。”他一副豁然开朗的样子，让我很开心。

我：“如果没有人观察我们，评价我们，为我们指出不足，会怎么样？”

小金：“我们会自以为是，完全不知道自己的不足，会养成很多不好的习惯。”

我：“而这些坏习惯又会影响我们的一生。如果这样思考，会不会很快从被伤害的感受中走出来，内心里会生起理解和感谢的念头呢？”

小金：“会，我以前根本就没有这样想过，所以，对他们只是抱怨和恨。”

我："认识到了自己的不足，也不愿意改变，就是为了对抗，为了告诉他们你不会听他们的摆布？"

小金："是的，我怕他们得寸进尺。还有就是他们只会批评，把你批评得头昏脑涨，但却不像您这样告诉我们怎么思考，怎么改变，想改也不知道怎么改。"他说的大部分是事实，让我感到莫名的揪心。那些在批评中挣扎的孩子们啊……

我："他们也是力不从心，当然这是他们的责任。在这样的情况下，你觉得你的责任是什么？"

小金："看到他们的重要性，理解和接纳他们，甚至感谢他们，改正自己的不足。"

我："如何改正自己的不足？"

小金："让自己善于思考，善于找方法。"

我："非常好，这样你就可以不依赖别人而自我成长了，自己拯救自己。"

小金："谢谢老师，真希望能经常和您聊天，向您请教。"

不负责任的人不会批评你，个别虚伪的人可能会让你感到所谓的温和。批评我们的人，不是我们的敌人，而是你最公正的朋友。

接纳的品格，就是自我成长的智慧和坚强

我："小金，你觉得和老师对话、交流，有哪些收获？"

小金："收获太大了。"

我："你能总结出几条来吗？"让孩子总结的时候，不要让孩子泛泛地说，要让他有条理地说，可以让孩子有更清晰的思路，善于归纳总结。

小金："嗯……第一，对批评的看法不同面对批评时的感受就不同，要往好里看。第二，我们要感谢和理解批评我们的人，他们也不好受，也会受伤。第三，没有他们的批评我们就很难发现自己的不足。这些都是我以前没有想到过的，今天真是赚大了。"

我：“我觉得还应该有第四，通过这三个收获，你还收获了什么？”

小金：“哦，我知道了，那就是让我学会了思考和认识别人。”

我：“要做一个独立和快乐的人，必须学会思考和认识他人。而且，思考乐趣无穷。”

小金：“是的，我感受到了，很有成就感，恨不得想更多。”

我：“好啊，那就让思考的盛宴再继续一会儿。你以前不愿意面对批评是因为你比较脆弱，批评像刀一样刺激了你心里最柔弱的地方，现在，你为什么敢面对批评了？”

小金：“因为我变得坚强了，没那么脆弱了。”

我：“你是如何变得坚强的？”

小金：“用理解和思考，让我增加了功力，我的易碎玻璃心变成了钢铁侠。”

我：“我们内心的软弱、虚荣和恐惧也是最需要淬炼的部分，如同身体最脆弱的部分一旦被碰触到会感到剧烈的疼痛。但是你经常用思想锻炼那个地方，那个地方反而会变成最能够经受打击的地方。”

小金：“以后，我一定要好好地用思想淬炼自己，让自己变得更加强大。”

我说：“一定会的。这就是思想和精神的力量，人是多么神奇的生物啊。要了解自己的神奇，善用自己的神奇，我们将战胜好多困难啊。”

小金：“以前我不善于思考，也懒得想那么多，现在我终于尝到了思想的甜头，太美妙了。”

我：“人生是积累经验和学习智慧的过程，如果单凭我们个人的亲身经历和学识，我们的人生会很浅、很短、很苍白，会因为经验和智慧的匮乏而面临很多的挫折和失败，所以……你来接。”

小金：“所以，我们必须听有经验的人说什么，怎么看我们，对我们的期待和建议是什么。”

我：“通过这样的思想和经历，我们就塑造了自己接纳的品格，让自己变得理智、谦逊，快速成长。”

小金：“是的，我现在好像都听到了自己成长的声音了。”

我：“好样的，你还是诗人。”

小金：“见笑了，都是您的影响。”

我：“哪里，智慧都在你的潜意识里，我只不过是让你发现了她们而已。”

小金：“谢谢老师，您今天的话，会让我一生受益，相信我，我一定会不断淬炼自己，让自己有接纳的品格。”

我：“老师相信你，因为思想和思考会是你最好的老师和朋友，每天陪伴你，帮助你。”

拒绝批评也是拒绝成长、拒绝磨砺，好钢只有在烈火中才能展现出锋利，接纳的品格就是这样煅造出来的。

家长教练作业

1. 亲爱的家长朋友，如果你吃过榴莲，请回忆，第一次吃榴莲的场景，没有吃过榴莲，一定要买一个榴莲，体验从购买到吃进胃里的全过程。

和孩子分享这个过程：批评是榴莲，拿着扎手，闻着发臭，但吃到嘴里回味无穷，甜透全身。接受批评和接受榴莲是一样的，接受你想要的，丢掉你不想要的。

2. 鼓励孩子给父母或者老师写一封信，真诚地表达感谢，同时写出对父母和老师的看法，如：请求父母或者老师考虑他的情绪和需要，在适当的场合批评他，等等。让孩子成为有独立见解和渴望尊重的人，而不是逆来顺受的人。

第13次对话

远离“有毒”的表扬，理智地自我欣赏

每个人都喜欢被表扬，这是人被认同的渴望。但是，如果你得不到表扬就不开心，没有做事的力量，你就已经“中毒”了——表扬的“毒”。

每天早上，我都会比妻子早起一点做早餐，当妻子幸福地吃着早餐，并说“亲爱的，很好吃，谢谢”时，我感到很开心。我也问过自己，如果妻子不表扬我，我还会不会早起做早餐呢？答案是“会”，因为我做早餐的目的不是为了得到表扬，而是对自己和妻子的爱；而且，我知道为了表扬做事会很累，也很肤浅。

正因为有这样的感受，我不希望孩子们为了表扬而活着，疲惫而浅薄。所以，当我接到初三女孩憧憧妈妈的电话后，毫不犹豫就答应和她的女儿聊一聊。

憧憧的妈妈说，憧憧的班主任因为意外车祸在家休养，新来的代理班主任是一个比较严厉的老师，不喜欢表扬同学，是个赞美的吝啬鬼。无论憧憧怎样表现，代理班主任老师都不愿意开金口表扬她，让憧憧很失望。最重要的是，最近憧憧学习数学的动力不足，不愿意上数学课，数学成绩直线下降。代理班主任老师教数学，她觉得代理班主任老师不喜欢她，一次也没有表扬过她，不会调动她的积极性，所以她就打不起精神来。

憧憧的妈妈很着急，憧憧自己也有些慌了，但就是找不到学习的感觉。以前，憧憧的数学成绩很好，她的班主任教数学，总夸奖她，她喜欢班主任老师，也喜欢数学。

不依赖表扬，善于自我欣赏

在咨询中我了解到，憧憧从小就聪明可爱，无论在学校还是在家里，憧憧都是在赞美声中长大的。表扬成了她生命中重要的营养液，她已经习惯了表扬的浸润，没有了表扬，就没有了生命的营养。她是靠表扬来支撑自己的价值和活力的。在这方面，她还是小学生的心态，不能独立思考，不能通过自己的判断来确定自己的价值，获得内在报偿感。

我：“如果做一个比喻，没有了老师的表扬，你觉得缺了什么？”

憧憧：“我说不好，感觉打不起精神。”

我：“是不是仿佛缺了一个支撑你的支架，让你感觉到没有力气站稳。”

憧憧：“是。”

我：“还像什么，是不是像鱼离开了水？”

憧憧：“老师，您说得太对了，就是那种感觉。”

我：“你知道吸食毒品会成瘾吗？”

憧憧：“知道。可我没有吸食过毒品呀。”

我：“但是你离开老师的表扬就没有做事的劲头，觉得不舒服，这说明了什么？”

憧憧：“我对表扬成瘾了？”

我：“是的，你已经对表扬产生依赖了，也就是你被表扬控制了。”

憧憧：“听起来好像挺可怕的，表扬还能控制人。”

我：“是的。老师问你，你是在为自己做事，还是为表扬做事？”

憧憧：“听您这么一说，我好像不是在为自己做事，而是为了表扬做事。那我不是失去了自己了吗？”感觉她在冒冷汗。

我：“是的，得不到表扬就没劲做事的那一刻。”

憧憧：“真的好可怕。我该怎么办？”

我：“长大。”

憧憧：“我已经长大了，是初中生了。”

我：“你的依赖表扬的心没长大。你知道长大的标志是什么吗？”

憧憧：“不知道。”想了好久。

我：“那你说说长大了的人有哪些特点？”

憧憧：“他们有力气，有自己的权利，不依靠他人。”

我：“你说得对，长大了的人很独立，也就是不依赖他人，他们能够做自己的评价者和决定者。”

憧憧：“我明白了，要自己欣赏自己，不依赖别人。不管能否得到表扬都要做自己该做的事。”

我：“你说得很好，老师为你高兴。我们做事是为了责任，而不是为了表扬。”

在人的一生中，我们最可靠的求助者，永远的忠实者，就是我们自己。衡量一个人是否成熟，就是要看这个人是否独立和拥有自助的能力。

表扬会使人依赖于他人，这只是我们对表扬的初步探讨，在接下来的沟通中，我又和憧憧练习区分的能力，就是要了解哪些表扬是有益的，应该接受的，哪些表扬是“有毒”的应该小心接受的，哪些人的表扬是别有用心要敬而远之的。

表扬有很多“毒副作用”，要学会判断

我：“憧憧，你知道吗，表扬除了可以绑架你，让你失去自我之外，还有很多毒副作用。”我要尽我所能帮助她分析表扬的毒副作用，让她对表扬有深刻的认识，不再为表扬所累。

憧憧：“真的吗，为什么没有人给我们讲这些，该有多少人中毒受害啊。”从憧憧的话语中，我感受到她心灵的美好。

我：“是的，中毒的人很多，所以，老师希望你不再中毒，并且能够有能力帮助他人。关爱和帮助他人，是高贵的品格。”

憧憧：“老师，我也要做这样的人。”孩子们的本质是美好和高贵的，所以他们喜欢同样美好而高贵的事物。

我：“好啊，这样的人多一些，我们的社会就会美好一些，快乐一些。回到主题上来吧，既然老师已经提示你表扬有毒，那么你根据自己和周围人的表现说一说哪些表扬可能会有毒。”

憧憧：“老师，在您开始和我说表扬有毒时，我一边听一边在想哪些表扬会有毒，我都中过哪些毒。首先我觉得被夸漂亮也有毒。”

我：“非常好，你详细地说说。”

憧憧:“我有一个同学，长得比较漂亮，特别喜欢打扮。我们大家都夸她漂亮，她的心思根本不在学习上，每天都琢磨着打扮自己，上课也总照镜子，和男同学传纸条。我们上学必须穿校服，她就在小装饰上下功夫，每天变换花样。周六周日总是约同学玩，展示自己漂亮的衣服。一旦发现谁比她打扮得好，被同学们赞美，她就酸酸的不高兴……”

我:“也就是说，她单纯地打扮自己的外表，而不去修饰自己的内心，靠外表提升自己的价值，结果变得虚荣和浮躁，是吧？”

憧憧:“是的，她就是中了被夸漂亮的‘毒’，不能接受自己不漂亮。”

我:“她不明白漂亮的相貌是父母和大自然赐予的，并不是通过自己的努力获得的，没有什么值得骄傲的。”

憧憧:“也就是说，值得骄傲的应该是通过自己努力获得的。”我经常被孩子们的思想和思考的潜质所感动甚至震惊，引发孩子们去思考，每个孩子都会成为有思想的人。

我:“是的。过于爱打扮的人把漂亮当成生活的主要资本，她的内心因此会变得空洞、匮乏，一旦出现比她更漂亮的人，她就会浑身不自在，想尽办法压倒对方，否则她就会觉得自己不受重视，自己的美不够出众。所以，她会想尽办法打扮自己，甚至不惜以丑为美，浪费了人生大量宝贵的时间。很多这样的人直到又老又丑也不会发现，真正的美源于内心，是从心里流淌出来的品格。”

憧憧:“老师，遇上您真是幸运，前一段时间我还想要好好打扮自己呢，现在看真危险啊。”

我:“适当的装扮是可以的，女孩嘛，哪个不爱美。但是没有品格的美是不经看的，只要你的内心纯洁、善良，你的外表自然很美。”

憧憧:“如果这么说，我还是挺美的。”她俏皮地说。

我:“从这方面说，你挺美的。还有你觉得会让人中毒的表扬吗？”当孩子思想的河有了流动的冲劲时，应给她更大的空间让它流淌。

憧憧:“老师您能提示一下吗？”她眨眨眼睛说。

我："比如评价性的表扬。"

憧憧："嗯……你很聪明这类的吗？"

我："是的，非常准确。"

憧憧："以前很多人这样夸过我，没觉得什么不好啊。"

我："老师咨询过一个初三女孩，女孩的家境很好，在北京某重点中学读书。她最棘手的问题是自己有学习的想法，也知道临近中考该冲刺了，但就是不能静下心来读书、学习。她的顾虑是，如果自己努力了成绩还上不去就证明自己不聪明，她的聪明的光环就保不住了，而从小到大她一直是被夸聪明的。给别人留下聪明的印象太重要了，她不能冒这个险，宁可中考失利。"

憧憧："有这样的事儿？"

我："是的，经常被夸聪明的人会变傻。"

憧憧："为什么？"

我："因为他们会耍小聪明，而不是真正地去思考，老师见过很多这样的同学，包括成年人。永远记住，聪明是对智慧的模仿，但不是智慧。"

憧憧："您这一说我想起来了，当别人夸我聪明的时候，我又高兴又紧张，害怕露怯，拿不准的就不敢尝试了。"

我："就是这样。还有另一种口号式的表扬'你是最棒的'，你'享受'过吗？"

憧憧："没享受过。听着好像有点怪怪的。"

我："是的。这是虚伪的赞美方式，会导致被夸奖的人误认为自己很强大，尽管他很弱小；误认为自己很了不起，尽管他很普通。"

憧憧："您还有故事吧？"

我："是的。老师咨询过一个自以为很棒的初中女孩，那天，她气冲冲地坐在我面前，说她不想上学，已经在家休息一周了，原因是团干部没有选上，班长也没有选上，三好学生也没有选上，她认为老师和同学们都不公平，没有看到她的优势，只看到了她的不足，她边流眼泪边拍着胸脯说'我是最棒的'。"

憧憧："老师，您见过的孩子好多啊。她为什么会觉得自己是最棒的啊？"

我：“因为从小母亲为了鼓励她就经常夸她是‘最棒的’，小学的个别老师也夸她是‘最棒的’。她就在心里认为自己是‘最棒的’了，凡事都要出风头，但是往往失败，可她从来没有反思过自己有哪些不足需要调整和提高。在她心里，她就认为自己是这个世界上‘最棒的’，并且要用各种手段来证明，越是这样，老师和同学就越是觉得她有问题，疏远她……”

憧憧：“她在追求不真实的自己。”我很高兴憧憧能够看出那个孩子的本质，这是她思想成熟的开始。

我：“你说得很对，你在尝试分析事物的本质。被夸‘最棒的’会让我们远离真实的自己，变得膨胀。很难接受他人的批评和意见，失去尊重和信任。自己有雄心壮志却不愿意付出行动，最后被‘最棒的’棒子打个半死。”

憧憧：“看起来，有毒的表扬还真不少，不学会区分就会中毒。”

我接下来又和憧憧分享了四种有毒的表扬：

第一，夸大的赞美——“你将来能成为伟大的作家。”

这个世界上可能有夸出来的作家，但是绝没有被夸出来的伟大的作家。伟大来源于对自己清晰的把握，对人性深刻的洞察，坚定的信念，持之以恒的努力和对整个人类的爱。

父母或者老师为了鼓励或者强化孩子写作文的某些优势，而夸奖孩子将来会成为“伟大的作家”是很不负责任的行为。这个学生可能会偏科，只喜欢文科；也可能觉得自己有写作天赋而变得懒惰，不想学习其他科目，每天梦想着当“伟大的作家”，甚至在上课的时候写小说。这样的同学老师对他的作文很难下评语，因为任何比较客观的评语对他来说可能都是粗浅的、无知的、不公平的。这样的同学可能会说：“我们语文老师根本就没有文化……”

第二，对结果的赞美——“你总是得第一名（你总是能考出好成绩），你真了不起。”

人生有很多可以避免的痛苦，其中之一就是对结果过于关注。对结果过于关注使我们忙于竞争，不择手段；一旦结果和期待有差距就难以接受，非常懊恼、痛苦，并且在结果没有出来以前，会坐立不安。经常对结果进行赞美，就会人为地制造人生的痛苦。

第三，对完美的赞美——“你总是能把事情做得很好。”

完美可以存在于想象中，但千万不要认为可以实现。完美根本不存在，存在的只有因为追求完美所带来的无尽的烦恼。

“你总是能把事情做得很好”“你总是追求尽善尽美”等都是在把被夸奖者推到完美主义者的悬崖上。追求完美的人喜欢挑剔，在所有美好的事物中都能第一眼发现缺陷，而不是像其他人那样发现美丽，破坏自己的心境也破坏别人的情趣；完美主义者往往可能只是在心中设计完美的蓝图，但却不愿付出努力，因为他的目标太完美而难以实现；完美的人往往也是自卑的人，他们对自己总是不满意，总觉得自己如果不能做到完美就会遭到轻视……

第四，有意控制你的表扬。

还有一类人最需要同学们提高警惕，这样的人知道你的弱点——有依赖性，不自信，渴望得到表扬。在这样的情况下，善良正直的人会鼓励和支持你，发展你的社会感和做事的技能，但个别有心术的人会借此控制你。

我曾经接触过这样一位老师，深谙御人之术而不是教育科学，他经常赞美和夸奖到他的机构参加培训的学生，夸他们是伟大的、有思想的、与众不同的、有个性的。这些学生大部分是后进生，在家里和学校很少被认同，他抓住孩子们的饥渴心理，不是通过自己的教育影响力和孩子们建立紧密的联系，而是通过没有原则的表扬紧紧抓住孩子们的心，目的就是让孩子们参加他收费很高的培训班。这些孩子被老师夸得愈发地幼稚、盲目、膨胀，回到家里和学校令父母和老师非常头痛，因为他们变得难以管教。

如何识别意图利用表扬控制你的人呢？

和有毒的表扬一样，他们的表扬是空洞的、不具体的、评价性的。最可怕的是他们的表扬是夸大的，如“你有深邃思想”“你与众不同”；给你一个激动和虚幻的未来，如“你将是一个伟大的人”“你会成为领袖”；最能够控制你的可能是抬高你，尤其是当你被他的假象蒙骗尊敬他甚至崇拜他的时候，他会说类似“老师不如你，你比老师有智慧，你比老师更有才华”。你所有的判断力都被他吹嘘到九霄云外了，你飘起来了，你觉得老师太谦虚了，太懂你了，太伟大了，你们是两个伟大的人之间的伟大的对话。这么多年来，你是多么渴望被认同，渴望潜能被一双慧眼发现，你一直被贬低的价值终于得到了承认啊。这一切，不可思议地就在眼前发生了，你觉得他就是你的救星、恩人，你失去了自己，成了他的奴隶，你在被愚弄中忘情欢乐。

这样的表扬，也可以叫作忽悠。对这样的人，一定要敬而远之。

憧憧：“老师，我被您分析得直冒冷汗，表扬居然这么可怕。那么怎样判断哪些是有毒的表扬呢？”

我：“有一个比较简单的方法，那就是利用你的直觉，当你听到别人的表扬后你感到得意、膨胀而手舞足蹈，或者心虚、纠结而怀疑，还有就是我们前面提到的让你十分依赖，你就要考虑这样的表扬是否有毒了。”

憧憧：“哦，看起来不是很难，应该可以做到。”

我：“当然，尤其是你们女孩的直觉是很发达的。”

我希望每个孩子都有这样的鉴别和判断能力，让有毒的表扬在思想的阳光下无处遁形。

有些情况下，“有毒”的表扬也要接受，接受表扬者（老师、父母、同学等他人）的善意和爱意，而不接受他们的“毒”——“表扬”。因为这些人是无心的，他们真的喜欢你，爱你。

拥抱有益的表扬，塑造理智的品格

憧憧：“老师，表扬也一定有好的，真正能够对我们有帮助的吧？”

我：“那是当然。比如在前面的对话中我也表扬过你，有感受吗？”

憧憧：“有感受，您的表扬让我很平静、开心，有力量。”

我：“说说，我对你的哪个表扬？”

憧憧：“刚才您表扬我说‘你说得很对，你在尝试分析事物的本质’。”我为孩子的细腻感到高兴。

我：“你很细心，我的这种表扬是最有益的表扬，实际上应该叫作认同。是对具体事实的认可和敬意，这样的表扬是有益的。”

憧憧：“哦，难怪听着那么自然、舒服。还有，您刚才又表扬我了，您说我很细心。”孩子们自我感悟和成长的能力真是令人感动。

我：“是的。这样的表扬会对你有什么好处？”

憧憧：“会让我更用心，细心。”

我：“有毒吗？”

憧憧：“没有。”

我：“是的，这样的表扬会强化你的优秀的品质，是对品质的强化，是有益的另一种表扬。”

憧憧：“还有哪些有益的表扬？”

我又耐心地和憧憧分析了哪些是有益的表扬。

有益的表扬：

■针对做事过程的表扬：“回到家你第一件事就是写作业，而且妈妈看到你字写得也很规整，运算很认真，为你高兴。”

针对学习过程的表扬，有助于我们专心学习，享受过程。

■针对做事态度的表扬：“尽管这次考试成绩不理想，但老师看到你最近一直用心听讲，认真做作业，你努力了。”

我们在学习上容易放弃不仅是因为成绩不好，还因为我们的努力没有人看到和欣赏。

■针对具体事件的表扬：“老师看到你的同学对你说了难听的话，但是你冷静地和他讲道理，做得好。”

人生是由大大小小的事件组成的，每个事件对我们都是挑战和锻炼。有的时候，同学们不知道对事件处理得是否正确，这样的方式是否该坚持，但通过老师或者父母的认可，让同学们坚信自己的做法是正确的。

■针对具体行为的表扬：“妈妈发现你放学按时回家已经有一周了，而且把鞋放到鞋架上，衣服也挂好了，很整洁。”

对具体行为的表扬，也就是对具体行为的强化，让我们乐于这样行为。

■针对良好习惯的表扬：“你每天坚持早上起来运动、背课文，这是难得的好习惯。”

良好的习惯，是人生最宝贵的财富。那些能够欣赏并鼓励我们保持良好习惯的表扬，都值得感激。

■针对品格的表扬：“你勇敢地承认自己的错误，并分析了错在哪里，敢于负责任的人值得敬佩。”

希望有美好的人生，必须具备美好、高贵的品格。对品格的表扬可以让同学们有良好的价值感和做人的坚定信念。

■激励的表扬：“你努力克服自己的厌学情绪，在上课前调整状态，在课后向老师请教，坚持下去你一定会有好成绩的。”

……

所谓有益的表扬，就是能够促进你心智成熟、行为完善的表扬。有益的表扬不会让你狂喜，它更像涓涓小溪，慢慢流进你的心里，不断滋润你的心灵。

孩子教练作业

1. 在心中默默赞美自己，如自己的坚持、细心、宽容、谦让、对他人的尊重和关心等，塑造积极的自我。要欣赏细节和具体的方面，但切记不可在同学面前自吹自擂。

2. 以同样的方式真诚地欣赏你的同学和朋友，帮助朋友和同学塑造积极的自我。

3. 随时和同学、朋友、父母练习区分有益的表扬和有毒的表扬。

第14次对话

让孩子走出自责的阴影，培养孩子反思的品格

自责如同用鞭子抽打伤口，只会让伤口难以愈合、更加疼痛，因为自责只能让人看到自己曾经的不足，并放大这个不足，加深自卑和焦虑。所以，自责对人的进步是没有任何作用的。如果说喜欢推卸责任的人让别人难过，喜欢自责的人则让自己难过。

高三男生小文已经被自责所带来的内疚折磨得失眠、健忘、无法备战高考了。小文从小升初后就开始自责，因为过于紧张考试怯场没有发挥好，差几分没有考上北京某著名高校附中，但他很想到这个学校学习，父母托人找关系还花了很多赞助费才来到这所高中。为此，小文很自责，觉得自己本来可以凭实力考上的，那样就会为家里省下那笔钱了。小文也曾经责怪过父母，觉得自己考试失利是父母平时逼得太急，总在自己耳边唠叨说一定要好好发挥等给自己增添了压力。但反过来小文又觉得父母很辛苦，也是一片好心，不该责怪父母，并因为自己责怪父母而痛恨自己。

到了这所中学后，又觉得自己不是正常考进来的，感到和同学们不一样，有差人一等的感觉。对这个想法小文也不满意，觉得自己不该这么想，但是这样的想法却经常不知不觉地冒出来。这样小文在上课的时候因为满脑子乱七八糟的想法就像跑火车一样，所以听课效率很差，无故走神，小文又责怪自己注意力不集中……总之，只要有做不好或者不如意的事，不管是主观的还是客观的原因，小文都责怪自己。一连串的自责让小文愈加地内疚，不喜欢自己，学习成绩也一直在中等上不来，让他和父母非常着急、担忧。

当小文的父母讲述孩子的情况时，我一边专心地听着，一边为孩子感到难过。有多少这样的孩子每天在自责中痛苦地煎熬着啊……

自责是内疚的牢笼，不是上进的动力

我：“有没有想过为什么喜欢责怪自己？”

小文：“有，在我的脑子里经常浮现小时候父母和老师批评我的话：‘好好想想，为什么总犯错误，是不是不往心里去？好好反省一下。’让我觉得必须把老师和父母的批评放在心上，犯了错误必须谴责自己，否则就不能进步，不是好孩子。”错误的教育会给孩子造成多么大的心理黑洞啊。

我：“是啊，谁不想做好孩子。所以你就相信只有自责才能够让自己变成好孩子？”

小文：“是啊，小时候，他们在我眼里什么都能做，很了不起的，当然会相信他们的话啊。”

我：“现在你没有质疑他们的观点吗？”

小文：“没有，没想过。”孩子们的思维在压迫式的教育下是多么地狭窄和软弱啊。

我：“责怪自己的时候你会对自己说什么？”

小文：“我会对自己说：‘你怎么那么笨？这么简单的事都做不好’、‘你本来应该做好的’。”这是典型的让自己自卑和焦虑的思维方式。

我：“对自己说了这些之后有哪些感受？”

小文：“会变得紧张、焦虑，大脑一片空白，浑身冒冷汗，什么事都做不进去了。”

我：“那种感觉很糟糕。看来自责对你没有任何帮助，是吗？”

小文：“至少会把老师和父母的话放在心上，认识到问题的严重性啊。”孩子已经被错误的观念洗脑了，形成了错误的认知惯性，不能独立思考，唉……

我：“很高兴，你是对自己有要求的人（我无奈地认同他，我希望能够用不断的认同帮他树立一些自信）。但是，现在来看自责是让你进步了还是让你受到伤害了？”喜欢自责的孩子主要是错误的思维方式在作怪，所以，我要不断地诱发他思考。

小文：“好像伤害更大。”

我：“都带来了哪些伤害？”

小文：“紧张，不能集中注意力，失眠，记忆力不好，内疚，恨自己，觉得自己没用。”

我：“既然这样为什么还要自责呢？”每一次递进的追问都会让他对自责的本质有更深的认识。

小文：“我对自己不满意，我觉得自己很无能，我必须责怪自己使自己坚强起来，少犯错误。除此之外我不知道怎么办。”

我：“你现在感觉自己是越来越坚强、自信了，还是越来越脆弱、无能了？”

小文：“越来越脆弱、无能了。”他无奈地说。

我：“自责是让你放大了自己的缺点还是找到了解决问题的方法？”我盯着他的眼睛，严肃而凝重，希望他能够深刻思考。

小文：“放大了自己的缺点，觉得自己什么都做不好，总犯同样的错误。”

我沉默，给小文一点思悟的时间。

小文：“陆老师我懂了，我本来希望通过自责让自己变得坚强，改正错误，但自责却让我越来越不自信，越来越紧张，因为自责不能使我看到自己的优点，反而总是盯着自己的缺点。”他的思维开始转变，新的思考模式萌芽了。

我：“就是这样。知道南辕北辙的故事吧？”

小文：“知道，我走错了方向。”

我：“是的，你的目标是正确的——改善自己，变得坚强、自信。但你没搞清方向，用错了力。你原本要寻找的是积极的动力，没想到得到的却是消极的动力，就像口渴寻找淡水，喝到肚子里的却是海水，让你更加饥渴无力。”我在适当的时候做有力的阐释，让他对事物的本质有更深的感触。

小文：“我也有这样的感觉，但是说不明白为什么，现在我懂了。”

我：“如果让你自己给自责做个比喻你会怎么说？”

小文：“自责像牢笼，把本来想高飞的鸟锁住了。”孩子有多好的思维潜质啊。

我：“非常好的比喻，看来你真正明白其中的道理了。”

多元和灵动的思维可以让孩子看到自己心灵和世界的丰富。

反思可以让你平静地认识自己

小文："老师，我知道自责是不对的了，以后也不会自责了。但是，用什么方法提高自己呢？"

我："你每天问过自己哪些该做哪些不该做吗？"

小文："没有。"

我："你每天问过自己哪些事做得好，哪些事做得不好吗？"

小文："没有。"

我："你分析过自己为什么会犯错误吗？"

小文："没有。自责的时候满脑子都是自己的不足，想象以后的错误，没有心思分析。"连续的三个问题，会让他产生紧迫感，在他心里产生比较大的震动，使他思维的僵土变得松软。

我："现在你回想一下昨天都做了哪些事，哪些该做哪些不该做。"

小文："该做的是写作业、跑步，不该做的是玩游戏时间太长、和妈妈顶嘴。"

我："你再分析一下为什么玩游戏时间太长？为什么和妈妈顶嘴？"每一个问题都环环相扣，可以让他的思维适当地紧张，利于思考。

小文："玩得太嗨了，不愿意停下来。和妈妈顶嘴是因为觉得妈妈太唠叨、不讲道理。"

我："你这样回忆、分析的时候内心感到紧张、焦虑吗？"

小文："多少有点内疚，但没有感到紧张焦虑。"

我："和自责时的感受不同，是吗？"

小文："是不一样，不烦躁，能冷静地分析自己。"

我："你觉得这种方式有没有使你能更清晰地认识自己、了解自己？"

小文："应该能。"

我："这是正确地认识自己的方式，叫反思。"

小文：“反思……”小文在细细地品味，体会。我不打扰他，这样的空间最有利于孩子自我省思，内化。

过了一会儿。

小文：“老师，是不是以后我再犯什么错误时可以不自责，多反思就可以了？”小文喝了口水，平静但开心地问。

我：“你开悟了，老师为你高兴。你现在感到的是平静、兴奋还是烦躁、焦虑？”

小文：“当然是平静、兴奋啦。”

我：“为了使你能够更深切地体会自责和反思的不同，你总结一下自责的时候你会用什么样的语句跟自己说话，反思的时候你用什么语句跟自己说话？”我这样问是为了训练他的总结能力。

小文：“自责的时候我会对自己说‘你怎么这么笨’‘你本该做好的’‘这么简单的事儿你怎么也做不好’。反思的时候我该说‘为什么没做好，原因是什么’。”

我：“你再来说说，自责和反思有什么不同？”

小文：“自责是否定自己，反思是分析自己。自责让自己难过，反思让自己平静。”

我：“看来你抓住关键了，以后就会逐渐形成反思的习惯。”

小文：“谢谢老师。以前要有人这样教我该多好。”

其实犯错误是成长的必然，如果让孩子明白这一点，他所犯的所有错误就都会是成长的养料。

想好“下次该怎么办”可以使你变得自信、快乐

我：“其实只要你有虚心学习、求教的渴望，你会发现身边有很多有经验和智慧的人。”

小文：“我明白您的意思了，以后我会虚心向父母、老师请教的。”

我："老师越来越喜欢你了。老师记得你说过上课注意力不集中，为此自责烦恼，现在你反思、分析一下原因是什么？"

小文："原因很多，有的时候是因为不懂，听不进去分心了；有的时候是因为担心听不懂，心里紧张，就越是听不懂了……"

我："你有没有发现你越是能够平静地分析自己，你对自己了解得就越多？"对孩子新的能力需要及时和中肯的赞赏，让他产生愉快的情绪体验，乐于运用。

小文："发现了，我好像从来就没有这样了解过自己，很爽。"

我："分析了自己分心的原因后，知道该做什么吗？"

小文："应该找到办法，把问题解决掉。"

我："很好。现在你会给自己提供什么样的方法呢？"

小文："提前预习，能听懂就能听进去了，就不会分心了。"

我："这是非常简单可行的方法，也是老师要给你提供的建议。听懂了，注意力就集中了，自然也就不会因为听不懂而紧张了。以前为什么没有想到呢？"

小文："心里很乱，静不下来。就算想到了也做不到，所有的时间都用来自责和逃避了。"

我："你看，有一颗平静的心是多么地重要，反思是多么地重要。平静可以让你怎么样？"

小文："可以让我想到方法，也能做到。"

我："当你想好'下次该怎么办'了之后，心情怎样？"

小文："很开心，也有了自信。"

我："想好'下次该怎么办'是不是可以用在所有的给你带来麻烦的事情上？"

小文："是的。反思可以让我变得平静、有智慧、善于解决问题。"

后来，小文和他的父母都向我反馈过情况，说小文渐渐地不再自责，已经养成了反思的好习惯，有些事情也能够提前想出解决方法了。他的内心逐渐变得平静、快乐，学习成绩也明显提高了。

只有反思才能使你更清晰和全面地了解自己、认识自己，发现自己的潜能和智慧。苏格拉底说："没有经过反思的人生不值得活。"反思可以让你的人生更有深度、理性和谨慎，焕发出神奇的魅力。

孩子教练作业

1. 如果你也正在自责，想一想，自责给你带来了哪些麻烦和伤害？

2. 请回忆自责和反思有哪些不同？

3. 把自责转换成反思，体验有什么不同。

自责：

"我对不起……"

"我本来可以……"

"我或许应该……"

"我不应该……"

"我怎么这么笨？"等等。

反思：

"我错在了哪里？"

"当时我在想什么？"

"我用过哪些解决的方法？"

"有更好的方法吗？"

"下次遇到这样的情况怎么办？是不是应该提前做好准备？"

4. 相信在你的身边有很多在自责中挣扎的同学们，利用你学到的方法帮助他们插上飞跃的翅膀。

第15次对话

让孩子不再计较，培养孩子宽容的品格

黎巴嫩文坛骄子纪伯伦说：“一个伟大的人有两颗心：一颗心流血，一颗心宽容。”宽容作为人类重要的美德具有神奇的力量。

高中女孩小茵找不到平静和快乐，她是一个喜欢挑剔、抱怨的人。原因是，她爸爸是一个喜欢抱怨的人，小的时候，她的爸爸总是挑她的毛病。

她觉得父亲没有文化，死板，穿得太土，说话没有水平，所以不愿意和父亲沟通，更不愿意和父亲一起出门上街或者游玩。小茵和母亲的关系相对好一些，因为母亲对她比较溺爱。但她嫌母亲太唠叨、虚荣、爱管闲事，所以母女之间也经常吵架，时好时坏。她最不喜欢数学老师，她说数学老师说话嗓门太大，像鸭子在叫，而且不会搭配衣服，小短腿，还穿瘦裤子。小茵没有知心的朋友，她觉得她的同学要么是只会学习的傻子，要么清高、虚伪，要么爱臭美、乱谈恋爱……总之，很少有合她标准的人。

她觉得自己有思想，与众不同，经常与人争执，并总是想赢对方，所以很少有人愿意和她聊天。而且她得理不饶人，有一次她的同学无意间对她说了一句难听一点的话，她觉得受到了伤害，并且认为这个同学太没有素质，坚决不接受那个同学的道歉。小茵也知道背地里说别人的坏话不好，但是她控制不了自己，并为自己找理由说看到不公平的事就必须说出来。但她自己并不开心，爱生闷气，因为她看什么都不顺眼，包括自己。她对自己的要求比较严，她觉得自己不够漂亮、不够瘦，但实际上她比较漂亮，也不胖。她觉得学习不够好，不是前三名，但她在重点班并且一直在前十名。这样，她总是把眉头皱成一个隐约的川字。小茵的父母通过朋友的介绍，带孩子找到我，希望我能和孩子聊聊，让她乐观起来。

通过六个问题测量一下你是否宽容

小茵：“老师，您觉得我是一个不宽容的人吗？”我们聊了一些无用的但是能够让她放松下来的问题后，她问我。

我：“我们不要轻易下判断，老师来问你几个问题，然后再说，好不好？”我没有给她一个明确的答案，毕竟我们还不够了解，同时也是为了避免她在心里抱怨我给她贴标签。她抱怨的情绪一旦出来，对话的效果就会大打折扣。

小茵：“什么问题？”

我：“能够让我们大家更清晰地认识自己的问题。”

小茵：“那好吧，您说。”

我：“第一，你是经常第一眼就能看到别人的缺点和不足吗？”我的每一个问题都是提前准备好的，都可以让她通过回答来明白自己是否是爱抱怨的人，给自己一个答案。

小茵：“是。”

我说：“第二，你喜欢对别人的缺点和不足做判断与评价吗？”

小茵：“经常。”

我：“第三，你对别人的要求一般都很高吗？”

小茵：“有点高。”

我：“第四，一旦别人的言行不符合你的要求和标准，你就会感到很不舒服并急于说出来吗？”

小茵：“是很不舒服，也忍不住想说出来。”

我：“第五，你会看不起不如你的人吗？”

小茵：“会。每个人不都这样吗？”

我：“第六，你会得理不饶人吗？”

小茵：“会，下次就没有人敢找我的麻烦了。”

我静静地看着她，想象和感受她内心的纠结和烦恼，等待这些问题对她心灵的冲击，等待她给自己一个答案。

小茵：“看来我是一个不宽容的人。”

每个孩子都必须拥有认识自己的能力，尤其是像小茵这样的孩子，否则，她的自我就难以健康地成长。尤其是我们强加给她的标签，会强化她的抱怨。

不宽容是为了证明自己比别人优秀

我：“每个人都有抱怨的时候或者阶段，陆老师也有过。”通过合理化，让小茵宽慰一些，内心燃起希望的灯。

小茵：“我喜欢挑剔、抱怨，有的时候甚至刻薄。我知道自己不讨人喜欢，我也挺难受的，但是我拿自己也没有办法，总是习惯性地挑别人的毛病。老师您帮帮我吧。”

我：“老师很高兴你敢于承认自己的不足，并且愿意改进。成长的愿望是非常强大的精神力量，你一定可以成为一个宽容的人。”

我及时把握她自我反思和成长的愿望，积极认同鼓励，让这个小苗苗壮起来，她进步的力量也会因此而增强。我知道，如果我缺少保护她成长愿望的意识，不重视，甚至打击，她就会对我和自己失去信心。

小茵：“老师，您说我很有希望？我以前很努力地让自己宽容但是就是做不到，您一定有妙方吧？”小茵的漂亮眼睛突然变得明亮了，她看到了希望。充满希望的眼睛多么地美啊。

我：“谈不上妙方，但是老师对自己和你有信心。”

小茵：“太好了，谢谢老师。”

我：“应该的。如果你想打开一把锁，是不是要找到这把锁的钥匙？”

小茵：“是啊，每把锁都有自己的钥匙。”

我：“抱怨就是你的心锁，同样需要一把钥匙，对不对？”

小茵：“我怎样找到这把钥匙？”

我：“这把钥匙是在你的思维里。”

小茵：“在我的思维里？”她不解地问。

我：“是的。老师问你，你抱怨的时候是不是为了想证明什么？”我直指问题的核心，让她看到她真实的内在需要，并对这个需要产生思考和质疑。

小茵：“是，我想证明我比别人有思想，与众不同。”

我：“为什么要证明自己与众不同？”

小茵：“我说不清。”说不清就是症结所在。

我：“如果你站在旁观者的角度看这个问题，也就是你把这个要证明自己与众不同的人看成是别人，假如是我，你会看出我为什么这么做吗？”

小茵：“哦，我知道了，如果是别人我想他是觉得自己不够好，要证明给别人看，让别人高看他。”

我：“你是不是觉得自己不够优秀才要不断地证明自己？”

小茵：“是，老师，您说得太对了，我就是这么想的。但没想到会让我抱怨。”

我：“因为抱怨是最直接的证明自己与众不同的方式，很容易引起别人的注意。”

小茵：“哦，原来是这样。但也容易引起别人的反感。”

我：“很高兴你能这么快地把它们串起来，有这么深的认识。”

小茵：“谢谢老师。可是我就是觉得自己不够优秀，怎么办？”

我：“长和短是怎么区分出来的？”

小茵：“比较一下就知道了。”

我：“那么优秀和不优秀是怎么区分出来的？”

小茵：“也是比较出来的。老师我知道了，不比较就不会觉得自己不优秀了。”她反应很快，有灵性。

我：“你觉得老师优秀吗？”

小茵：“老师很优秀啊！”

我：“我也觉得自己很优秀，因为我不和别人比。我认同自己，每个人都有他的独特之处。”

小茵：“也就是说，我认同自己，不和别人比，多看自己的优点，就不会抱怨了。”

我：“是的，因为你认同自己的价值，有了安全感。你的优点很多，学习成绩也不错。说说你都有哪些优点？”我让她说出自己的优点，就是让她对自己的价值有新鲜和深刻的体验。

小茵：“我爱读书，知道得多；我反应比较快，我的记忆力也很好，我很讲原则。”

我：“当你这样认同自己的时候，你还觉得自己不优秀吗？还会抱怨吗？”

小茵：“我觉得自己还是挺优秀的，至少现在我不想抱怨。”

强化孩子的优点会让她变得自信和从容。

宽容与否是由你内心中的原则决定的

我：“你这样说是担心回到现实中，不知道会遇到什么样的问题，难免还是用抱怨解决问题？”我抓住她的心理脉络，深度挖掘。

小茵：“老师，又被您发现了。还有哪些方法可以使我变得更宽容吗？”每个孩子都喜欢和尊敬有洞察力的老师，只要我们不滥用。

我：“实际上解决问题的方法很多，你把老师测试你的那六道题搞清楚，你就可以成为真正宽容的人了。”

小茵：“哦，您测试我的时候我也有感触，感到您是在启发我。”测试的时候，就是让她从不同的角度认识自己的时候。

我：“很高兴你有这样的想法。我的这六道测试题实际上也是你看待他人的六条原则，凡是与这六条原则不相符的你都不能接纳，或者按照你的原则对待，对不对？”

小茵：“是这样，我是原则性很强的人。”

我：“原则性很强的人最不能接纳没有原则性的人和事儿，是正直的表现。但是如果你的原则是苛刻和不合理的，就变成了挑剔。你认同吗？”我要拆穿她用所谓的讲原则来蒙蔽自己，不再因此受害。

小茵：“认同，有的时候我好钻牛角尖。”她很果敢地承认。

我：“老师喜欢你敢于承认自己不足的品性，这也是有原则的人好的一面，敢于承认自己的不足也是你的原则，对吧？”

小茵：“是，谢谢老师。”

我：“实际上我们已经找到解决问题的方法，因为你的不宽容是由于你内心中的原则决定的，你想想解决问题的根本方法是什么？”

小茵：“应该是改变我心中的原则吧。”

每个人都是根据自己的原则做事，有什么样的原则，成为什么样的人。所以，要审视和检查自己的原则，是否是健康和有益的。

宽容的第一条原则——接纳和欣赏

我：“首先我们来看第一条——你经常第一眼就能看到别人的缺点和不足。你知道这是为什么吗？”

小茵：“不知道……好像是习惯了。”

我：“是不是别人的不足会让你感到不舒服？”

小茵：“我感到厌恶。”

我：“我知道，你也不喜欢自己身上的不足。这些都让你不能接纳。”

小茵：“是的，我害怕纵容自己。”

我：“所以你形成了一个潜在的原则，只要是不好的就要厌恶，是吧？”

小茵：“是的，我觉得这个原则会让自己变得更好。”

我：“在某种程度上你的这个原则是对的，但老师问你，这个世界上有生下来就成熟、优秀的人吗？”

小茵：“没有。”

我：“人是如何变得成熟和优秀的，是不是在不断发现和完善自己的幼稚和不足的情况下变得成熟和优秀的？”

小茵：“是，每个人都会犯错误。哦，好像每个人都要在错误中长大。”

我："那我们要不要接纳每个人的不足？"

小茵："要接纳。"

我："我们的第一个原则要不要从挑剔变成接纳？"

小茵："要。如果我接纳了别人的不足，也就能够看到别人的优点了吧？"

我："那是当然。我们看别人的时候大多是两种目光，要么接纳、欣赏，要么挑剔、排斥。"

小茵："哦，是这样。但是遇到太虚伪、不真诚的人我怎么接纳啊？"

我："如果你了解他们虚伪和不诚实的目的是什么你就接纳了。现在请你想一想，如果一个人果真像你所说的那样虚伪和不诚实，但是他的目的是保护自己，就像弱小的狐狸说老虎是它的朋友一样，你能理解吗？"

小茵："是这样啊。那他不能用别的真诚的方式保护自己吗？"

我："真诚的方式当然是最好的，但这个方式对于你们这些年轻的同学来说可能很难把握，很容易伤人。因为你们爱冲动、直率。同时我认为同学们也都在摸索保护和表达自己的方式，在这个过程中如果不成熟、有差错你觉得是否正常？"

小茵："您这样一说我明白了，觉得正常。原来我可以这样看人。"

我："是的，我们对自己和他人的认识决定了我们对待他人的原则，也就是应该接纳还是挑剔。"

小茵："经您这么一说，那些本来接纳不了的事情，也就没什么了，心里也不那么别扭了。其实我爸也有很多优点，他很爱我，很顾家，很节俭。"

我："非常好，这就是宽容的第一个原则——接纳和欣赏，这样会使你和他人都感到快乐。"

小茵："原来让自己和他人快乐并没有想象的那么难。老师您的方法太好了，我感觉到自己在成长。"

孩子的成长没有想象的那么难，只要你给的教导是能够触发孩子的思考和感悟的。

宽容的第二条原则——正义或公正

我：“恭喜你，当我们能够体验到自己在成长的时候，那种感觉是非常美妙的。接下来我们继续体验这种美妙的感觉，说一说我提问过你的第二个测试问题——你喜欢对别人的缺点和不足做判断与评价。你这样做是觉得自己善于观察、明察秋毫，还是觉得自己是有正义感的人？”

小茵：“都有吧，我看别人的缺点很准，有的时候觉得自己挺厉害的，有的时候也算是有正义感，觉得他们不应该那样。”

我：“善于观察、有正义感都是很好的品质，但是老师请你思考，你会乐于被别人评价和判断吗？”

小茵：“不愿意，会很不舒服。”

我：“你的评价和判断就一定准确吗？”

小茵：“不一定。”

我：“你考虑过他们的局限和烦恼吗？”

小茵：“没有。”

我：“你知不知道每个人都会犯错误，并且需要在过错中汲取经验和智慧而成长，包括我们在内？”

小茵：“没想这么多。”

我：“最重要的是，正义针对的是人的道德品质，你觉得你不喜欢的人在道德品质上有问题吗？”

小茵：“没有，都是习惯上的小毛病。”

我：“那能说是正义的吗？”

小茵：“不能。”小茵在我一连串的诘问中思考和难过，鼻尖有了汗珠，亮亮的。

我：“不正义的就是不宽容的，这就是宽容的第二条原则——正义或公正，现在知道该怎么做了吗？”

小茵："知道了。其实您在帮我分析第一条测试时我就有感受了，如果我不是经常看别人的缺点，多看他们的优点，我就不会有胡乱判断和评价他们的冲动了。而且我现在很惭愧，以前一直觉得自己是很有正义感的。唉！"小茵开始自我剖析，这是成长中必须具备的能力，这种能力只有通过引导和诘问才能够诱发出来。我很开心地喝了一口红茶，很美的酒红色。

我："没有必要叹息、自责，没有完美的人，每个人都会犯错误，而且每个人都是在不断的试错中长大的。你已经开始有正确的认知了，应该高兴才对。"

小茵笑了。

宽容的第三条原则——尊重差异性

我："我们来看第三条测试题吧——你对别人的要求一般都很高。因为你是对自己要求比较严的人，所以你把别人都看成和你一样，也应该对自己有比较高的要求，对吗？"

小茵："是，每个人不都应该对自己有要求吗？"

我："是的，每个人都要对自己有要求，但是每个人对自己的要求都是不同的。老师不喝饮料，觉得不健康和幼稚，那么老师能要求所有的人包括儿童都不喝饮料吗？"

小茵："不能，他们想不了那么多。"

我："老师喜欢读大师的书，就要求所有的人必须读这些书吗？老师不喜欢旅游，觉得走马观花浪费生命，内心不充实走到哪里都是虚无，就要求所有的人都不要旅游，你觉得这些可行吗？"

小茵："好像行不通，每个人都是不一样的。"

我："那么你按照自己的能力要求别人对吗？"

小茵："不对。不能希望别人和我一样，不能把自己的要求强加给别人。我能做到的，别人做不到；别人能做到的，我也不一定做得到。"小茵轻轻地抿了一口茶。之前，我一直觉得在她的心里有一根紧绷的弦，现在好像放松下来了。

我：“是的，每个人都有自己的活法，和属于自己的能力，并且每个人也都要为自己的行为负责。所以，宽容的第三条原则是差异性原则，也就是尊重人的差异性。每个人都是与我们不同的独立个体，每个人都是自己的主导者。你觉得呢？”

小茵：“我知道了，以前我太理想化、太自我了。”

我：“没关系，老师也经历过这样的过程，重要的是我们需要思考和成长。”

小茵：“今天我体会到什么叫思考了，我以前从来没有想过这么多问题。”

固执就是思维的局限，只有通过多视角的思考才能够打破。

宽容的第四条原则——尊重他人的价值和标准

我：“下面再说第四道测试题——一旦别人的言行不符合你的要求和标准，你就会感到很不舒服并急于说出来。这样你有没有觉得自己太强势，把自己当成了规则的制定者和发布者，把自己的标准看成了唯一正确的标准？”

小茵：“好像是，很多人说我强势和自以为是。”

我：“有的人喜欢用点头表示礼貌，有的人喜欢用握手表示礼貌；你觉得说话要直接、大声，别人习惯说话要婉转、轻柔。每个人都有自己做事的标准，并且这个标准只适合他自己。就像你的同学穿 33 码的鞋，你穿 35 码的鞋，你的同学非要你穿她的鞋，因为她觉得你穿小一点的鞋更好看，你会穿吗？”

小茵：“不会，太挤脚。”

我：“对了，每个人的标准只适合他自己，我们不能把我们的意志强加给别人，这就是宽容的第四条原则——尊重他人的价值和标准。”

小茵：“我知道，以后不会把自己的标准强加给别人了。”

我：“很好，你也会得到别人的尊重的。”

孩子和成人一样，犯错是因为知道得少。

宽容的第五条原则——理解

我：“现在应该到第五道测试题了——你会看不起不如你的人。这是出于一种什么心理呢？”

小茵：“我看不惯他们的言行，觉得他们太懒惰、粗俗，觉得厌恶。”

我：“有人能保证自己的言行都令人欣赏吗？你能吗？”

小茵：“没有人，我也不能。”

我：“你在镜子里见过你厌恶他人时的表情吗？你自己喜欢这样的表情吗？”

小茵：“我没有在镜子里见过这种表情，但我见过别人有这样的表情，很不喜欢。”

我：“仔细想想这样的表情代表着什么？”

小茵：“现在我知道了，心胸狭窄、挑剔。”

我：“所以，我们的表情也同样令人讨厌。更重要的是你瞧不起的那个不讲卫生、说脏话的人，你想过他的感受吗，他自己开心吗、自信吗？”

小茵：“应该不会开心、自信。”

我：“你想过他为什么会有这样不好的习惯吗？”

小茵：“没有。您这一提醒我好像明白一些了，是不是他的家庭环境造成的？”

我：“你说得非常对，是他的家庭环境不够好，他的父母没有教育好他，他也是‘受害者’。所以，你觉得我们第五条宽容的原则应该是什么？”

小茵：“应该是理解。”

我：“你说得很对，宽容的第五条原则是理解。我们人和人之间的矛盾、冲突都是因为我们的理解力低下造成的。”

小茵：“我知道了，我以后会尽量去理解别人。老师，还有最后一条，您快说说吧，今天真是太值了。”

理解是尊重和友爱的基本前提。

宽容的第六条原则——同情与爱

我：“恭喜你，老师也觉得很值。第六道测试题是你会得理不饶人。想想你为什么会这样？”

小茵：“我感受不到对方的心理需要，太麻木了，只想着如何战胜对方、报复对方。”

我：“你感受不到别人的内心，这是缺少什么的表现？”

小茵：“是同情心吗？”

我：“是的，是同情心。那么同情心又来自哪里呢？”

小茵：“我有感觉，但说不出来。”

我：“是不是爱，对同学、父母、老师等同胞的爱？”

小茵：“是。”

我：“那么宽容的第六条原则是什么？”

小茵：“是同情与爱。老师，您说的我都记下了，回去我会好好复习、思考，您今天对我的帮助真是太大了，我以前以为宽容是软弱和没有原则呢，现在才知道宽容是坚强的和有原则的。我一定会成为一个宽容的人。”

我：“是的，宽容的第六条原则是同情与爱。老师相信你，有什么需要尽管和老师联系，我们共同探讨。而且还有其他宽容的智慧，你自己去思考和摸索吧。”

不宽容即暴力，是对他人的暴力也是对自己的暴力。

宽容是自由的天空，不宽容是心灵的监狱。《不列颠百科全书》对宽容的解释是：“宽容是容许别人有行动和判断的自由，能对不同于自己或传统的见解，有耐心、公正与容忍。”

宽容是人的重要品格，宽容的人是多元的和未来的。

家庭教练作业

家长作业：

1. 对照下面六条，父母看看自己是宽容的人还是挑剔、刻薄的人？

第一条，你经常第一眼就能看到别人的缺点和不足吗？

第二条，你喜欢对别人的缺点和不足做判断与评价吗？

第三条，你对别人的要求一般都很高吗？

第四条，一旦别人的言行不符合你的要求和标准你就会感到很不舒服并急于说出来吗？

第五条，你会看不起不如你的人吗？

第六条，你会得理不饶人吗？

2. 父母根据上面六条，改正自己的不足，做宽容的人，给孩子做榜样。

孩子作业：

1. 孩子要熟悉和理解宽容的六条原则：

宽容的第一条原则是接纳和欣赏；

宽容的第二条原则是正义或公正；

宽容的第三条原则是尊重差异性；

宽容的第四条原则是尊重他人的价值和标准；

宽容的第五条原则是理解；

宽容的第六条原则是同情与爱。

2. 在现实生活和人际交往中逐一实践这六条原则，不理解的地方和好朋友或老师、父母讨论，并写出感悟收获。

第16次对话

让孩子认识什么是真正的束缚，培养孩子自由的品格

自由像天使一样美丽，讨人喜欢；束缚长得很丑，大家都躲着她。所以，束缚常常在自由不注意的时候，偷偷地打扮成自由的样子来到你面前。如果你不具备明辨是非的眼睛，你选择的自由往往可能是束缚。

北京某中学初二男生小亮有个性、时尚，觉得自己很有思想，喜欢追求自由，在学校里是出了名的。在老师眼里，他是个刺头。父母也很头疼，觉得他懒惰、任性、自以为是、不愿意听从管教等。他经常迟到，不按时完成作业，不参加集体活动，多次因为“奇装异服”、长头发和前卫怪异的发型和老师发生冲突。他认为老师多管闲事、死板。这次，班主任老师因为他的头发太长、不符合学校的要求，要他马上回家剪掉，否则就不允许他上学。但是，他宁可不上学也不剪头发，因为他要捍卫自己的主张，不忍受他人的干涉，要做一个自由的人。

小亮的父母为此烦恼不已，因为他们不知道如何与孩子谈论自由，让孩子乐于合作。包括小亮答应父母来找我咨询，都是逼迫和讲条件而来的，小亮答应只来一次，而且必须给他买最新款的苹果手机。

是啊，自由如天上的鸟、海里的鱼、草原上的骏马、心中的想象，没有拘束、阻碍，轻松快活地展现自己。自由是人类存在的最完美的状态，谁不向往呢？

被束缚是生命的基础

小亮：“老师，我觉得一点自由都没有，很郁闷。”小亮懒散地坐在沙发上，手里拿着可乐，抱怨和不经意地问。我看得出，他没有期望有什么收获，主要是想宣泄一下。

我：“是啊，自由是心灵中最清新的风，没有自由当然憋闷。”小亮坐直了，放下了手中的可乐。我想他是被我的接纳和诗一样的语言触动了，我不是他想象中死板的老师。

小亮：“你也渴望自由？”

我：“当然，我很渴望自由。”

小亮：“那您有自由吗？”他很想了解我。了解我就是在了解自己。

我：“在很多方面我很自由。”

小亮：“你是成人，没人管，当然自由。”

我：“这只是一方面，也许自由没你想的那么简单。所以，说说看，你怎么觉得不自由的？”我埋下一个伏笔，因为他有了解的渴望。同时，满足他宣泄的愿望。

小亮：“在学校里老师管着，在家里老妈管着，干什么都不行。什么都管，和谁交朋友要管，穿什么衣服要管，头发也要管。这不是没事闲的吗！”

我：“这让你感到不自在，被束缚，你希望老师和父母给你更多的自由，是吧？”在关键的时候，说出他的渴望，会让他觉得你懂他，拉进你和他的关系。

小亮：“是啊。这都什么年代了，还把三座大山往我们身上压，还让不让人活？这不是剥夺我的自由吗？”

我：“自由是每个人的应有的权利，我们必须争取。”我这样说不是为了讨好他，而是在捍卫人的正当追求和权利，是客观的。我不会讨好他，否则他会轻视我。

小亮：“老师您太好了，还是您懂我。”我感觉到他有些感动，并收起了懒散的坐姿。

我：“小亮，你争取自由是正确的，同时你想过什么是自由吗？”我先认同，后引导，让他乐于发现自己的“偏见”。

小亮：“不被父母和老师干涉、强迫，做自己想做的事就是自由呗。”大多数的孩子都这么理解自由，是对自由的误解。

我：“你的意思是说自由就是不被束缚？”

小亮：“是啊，老师你是不知道被束缚、干涉的感觉有多难受啊。”

我没有直接回答，站起来，叫小亮和我一起来到窗边。我要利用自己的生活经验和阅历启发性地教育他。在我们身边的事物中，蕴涵着很深刻的教育智慧。

我:“小亮，你看窗外那棵大树，你觉得它难受吗？”

小亮:“它怎么会难受呢？它又没有人管、没有人烦。”

我:“我认为它不如你，你现在在和我谈心，没有人管你。而且我相信很多时候没有人管你，比如，你在放学的路上，和同学们一起玩的时候等。但是，它从有生命那天起就一直被管着，一刻也没有停止过。”

小亮:“老师您净蒙人，谁会管它，管它干吗？”他满脸的诧异和不信任。

我:“没有人管它它活不到现在，长不了这么高大，也不会这么茂盛。”我不给他答案，让他思考，同时我用严肃告诉他我不会忽悠他。

小亮:“是园林工吗？”果然，他开始顺着我的思路想问题了。

我:“不是，尽管园林工人会给它浇水、照顾它。在野外、山里，没有园林工的地方树木也会长得很高大对吧，看看大树的根部，你想一想，谁在管它？”

小亮:“哦，您说的是土地。”他认真起来，仿佛悟到了什么。

我:“是的，是大地母亲在拥抱着它，让它的根深深地扎在自己的怀里，给它提供营养，大风来了的时候紧紧地拉着它。小亮，没有大地母亲的束缚这棵树会活到现在吗？”

小亮:“要是按您这么说，不能。”在他的脸上，我看到了严肃。

我:“是的，被束缚是生命的基础。”

如果我和家长对孩子说，“你还没自由？想干什么就干什么，根本不把父母和老师的话放在眼里”，这不是沟通和对话，而是指责，会把气氛搞僵，最后弄得不欢而散。所以，要心平气和、严肃地和孩子交流，引发他思考人类的终极问题——自由，让他产生思想的萌芽。

要欣赏他渴望自由的思想，然后共同探讨自由的真谛。

没有束缚就是自由吗？

小亮：“但大树是死的，人是活的，不一样啊。”

我：“你觉得不一样在哪里？”

小亮：“大树没有思想和感觉啊，它不知道被束缚有多难受啊！”我看到的他不是在狡辩，他在区分人和植物的不同，后者会让他得出真正的结论（我对他的评价会决定他的状态——狡辩或者成长）。

我：“大树比我们有思想，大树的思想是宇宙和自然的规律。”

小亮：“太高深了，我不懂。”他的确不太懂，但是会让他好奇和敬畏，对我和思想本身。每个青春期的孩子都需要这样的敬畏，一是乐于受教，二是启迪思想。

我：“我们先不谈这些，以后慢慢聊。老师想问你，被束缚就难受，不被束缚就不难受吗？”我要让他思考自由和束缚之间的关系。

小亮：“当然啊，凡事都得听别人的，按别人的规矩办能不难受吗？”

我：“我觉得不一定。你们中午到学校食堂打饭的时候，如果大家都蜂拥而上、挤得乱七八糟，你觉得好受吗？”

小亮：“那当然不好受。”

我：“怎么才能好受？”

小亮：“排队啊，谁也别乱挤。”

我：“排队不就是遵守规则、接受束缚吗？”

小亮：“这这……老师您给我下套。”必须给孩子下思想的“套”，孩子才能够通过辨正明晰是非。

我：“一会儿你就知道是老师给你下套还是你给自己下套了（我又埋下了一个伏笔，我感觉到他的好奇心被激发了）。不管怎样，我们可以从打饭排队这件事中得出这样一个结论——不是所有的束缚都会让人难受，也有让人好受的束缚对不对？”

多年的教育经验告诉我，在与孩子沟通对话中，不要对抗，不要和孩子较真，用强势的语言证明自己是对的，而是要通过语言智慧让他们发现自己不成熟的思想和认知，把生活中的具体事例呈现给他们，让他们有所体会和感悟，这样的体会和感悟是自我成长的重要力量。

爱好和欲望是最大的束缚

小亮：“但我就是不想被束缚，我必须活出自己。”

我：“你确定自己不想被束缚吗？”让年轻的孩子们一下子对自由和束缚有真正的认识并不是一件容易的事，我有准备，所以耐心很足。

小亮：“当然啊，谁束缚我，我就和他对抗到底。”

我：“太好了，记住你说的话，谁束缚你你就和他对抗到底。但是我想说，你非常渴望被束缚，而且也正在被自己束缚。”出其不意的话最能够引起孩子的注意和思考，但需要高度提炼，而不是胡搅蛮缠。

小亮：“老师，您又蒙人。我渴望自由，又不渴望束缚，为什么束缚自己？”

我：“你看不到空气，但空气依旧包围着你。同样，没有人会想到自己竟然渴望被束缚，当你觉得自由自在的时候反而正是被束缚抓得紧紧的时候。”

小亮：“老师，您说得太玄了，能简单点吗？”他戏谑的口气中带着信任和请教。

我：“你喜欢喝饮料（小亮进来时就带着的那瓶可乐，到现在已经喝了一半了），如果不让你喝饮料让你喝白开水可以吗？”

小亮：“不行，我在家里、学校从来不喝白开水，没味儿。”

我：“不喝饮料会怎么样？”

小亮：“难受。”

我：“你已经离不开饮料了是吗？”

小亮：“差不多。”

我：“可怜啊，活的人被死的饮料束缚了。”

小亮：“我怎么被饮料束缚了？”

我：“你离不开饮料，不喝饮料就感到难受，你把自己和饮料绑在一起了，不就是活的人被死的饮料束缚了吗？”

小亮：“现在的中学生大部分都喝饮料啊，又不是我一个人喝。”尽管小亮在找借口，但是语气已经弱了下来，他已经意识到了自己认知的肤浅。

我：“这就说明你们都被饮料控制了，也就是说都被自己束缚了还不知道。”

小亮：“按您这么说，吃肉、抽烟、喝酒的人都被自己束缚了？”他不仅认同了，还开始拓展了。

我：“小亮，老师很高兴你有举一反三的能力。是的，这样的人都被自己的爱好和欲望束缚了，但还不知道，并且乐此不疲地主动要求被束缚，口中还大喊着要自由。尤其那些不健康的饮料、烟酒，都在无形中控制着你们，损害着你们的身体健康。你越喜欢它们，就被它们控制得越深，一天不用都不行，这就是老师说的你渴望束缚的原因。”

小亮：“尽管我不想被您说服，但是您的角度还是蛮有意思的，从来没听人说过。”说服和教育的前提是让他对我的话语感到惊奇和尊重。如果他尊重你，你说什么，他都乐于接受。

我：“老师不想说服你，只是想和你交流、探讨。实际上每个人都可以有让人眼前一亮的看问题的角度，只要你用心思考和感受。你想拥有这样的能力吗？”

小亮：“当然啊，那多牛啊。”我唤醒了他的成就感。

我：“通过前面的交流，你总结一下什么样的人容易被束缚？为什么？”我开始把思考主动权交给他，教育是点燃的艺术。

小亮：“不知道什么是自由的人容易被束缚，因为他渴望自由。”他郑重其事地说，他不再把自己当成肤浅的小孩子了。

我：“你总结得很好，不知道什么是自由的人就像看不到脚下的陷阱的人一样，容易掉下去。因为他想要的自由实际上就是束缚，他就是在给自己下套。还有欲望和爱好越多的人越容易被束缚。”

小亮：“您是说我欲望太多吗？我也没什么欲望，就是不想被束缚啊。”

我：“就是因为这句话，你被‘我就是不想被束缚’这句话束缚了，你明白为什么吗？”

小亮：“不明白，这就是一句话啊。”

我：“是的，这只是一句话，但这句话的力量太大了，因为在这句话中包含着你目前最大的愿望和欲望——不被束缚。你说过，你不太喜欢做事，多少有点懒，这样你就被渴望轻松的想法束缚了，对吧？”

小亮：“是，写作业和干活的时候就感到很累、很烦。”

我：“而且你越是不想做事，不想被劳动束缚，你的身体就越是没有力量，做事的技巧就越弱，你就越是害怕做事而渴望轻松对不对？”我把清晰的因果呈现给他。

小亮：“对，我做不好就想躲。”他对自己有了较深的认识。

我：“你不想被规则和劳动束缚，你接受束缚的能力是增加了还是下降了？”

小亮：“那肯定是下降了。”

我：“你会更加适应束缚还是害怕束缚？”

小亮：“害怕束缚。”

我：“越是害怕束缚就会越是怎么样？”

小亮：“越被束缚。我又被您给圈进来了，但是我很高兴。”我很欣慰，小亮的认知有了新的方向。

我：“为你而骄傲，你的认识能力提高了。”我及时鼓励，不要让他宝贵的学习情绪轻易溜走。

小亮：“谢谢老师，您让我脑洞大开。”

我：“你不想被束缚，你适应束缚的能力也会下降，对你稍加管理你就会感到被干涉、被束缚，你就会觉得和自己的愿望不符，你就会努力反抗，对不对？”

小亮：“是，很多时候都是这样。但老师，你不是说每个人都有自由的权利、都要追求自由吗？”

孩子的每一个问题都要受到重视，因为每一个成长的问题都关乎思想和品格。

遵守规则，接受束缚，拥有自由

我：“是的，每个人都要追求自由。老师问你，法律是不是束缚人的，而且是强制性的束缚？”

小亮：“是。”他每回答一次“是”，都会让他在内心中无形地接受束缚。

我：“没有法律行不行？”

小亮：“不行。”

我：“为什么？”

小亮：“被人抢了、偷了、打了不是没有人管了吗？”

我：“你说得对，如果那样社会就会混乱，大家都不安全。所以必须有法律的束缚来保护每一个人，你才可以安全地上学、看电影、旅游、交易等，你才是自由的。现在，你明白自由和束缚的关系了吗？”

小亮：“好像明白了，自由首先要接受束缚。”如果沟通信息量比较大，或者是陌生的话题，最好让孩子总结，总结的过程也是复习的过程，让他加深认知，让新的和智慧的思想替换旧的不成熟的观念。

我：“你说得很好。接受束缚就是遵守规则，家庭中的规则叫家规，学校中的规则叫纪律，国家的规则叫法律，它们都是保护每个人的自由的。从这样的角度看违反规则的人是渴望自由的人还是反对自由的人？”我让他明晰束缚的无处不在和递进层次。

小亮：“这么说违反规则的人也是反对自由的人。”

我：“那你不按学校的要求剪头发是追求和保护自由，还是反对和破坏自由？”

小亮：“好像是反对和破坏自由。但是我们不能有自己的想法和个性吗？”小亮还有困惑和不甘心，我有了一丝不耐烦。我第一时间意识到了，我马上提醒自己一定要保持耐心，警惕自己的不耐烦。教育最需要耐心。

我：“当然要有。我看到过很多同学他们的服装和发型都很时尚、漂亮，但老师为什么没有让他们修正，没有找他们的麻烦？”

小亮：“因为他们在打擦边球，没有违反学校的规定。”

我：“就是这样，在规定内做你想做的任何事，你就获得了你想要的个性和自由。”

小亮：“老师，您说得很好，从来没有人这样给我讲过，我收获很大。但是，我担心一下子做不到，因为我给自己的束缚太多了，怎么办？”当孩子改善自己的愿望出来时，教育才有力量，方法才管用。在这之前，不要给孩子什么方法。

我：“你不是说过谁要是束缚你你就和他对抗到底吗，现在，拿出这个决心，和自己的欲望、畏难情绪对抗到底。从简单的做起，如不喝饮料，摆脱饮料的束缚。”

小亮：“老师，我知道了，我回去先把头发剪短一点，然后慢慢和自己对抗，谢谢您。”

一周后，小亮和他父母来看我，向我表示感谢。小亮的着装和发型尽管还很个性，但却不那么扎眼了，显得很有活力和朝气。小亮的妈妈说他能够接受父母和老师的要求了，不觉得被束缚很难受了，有的时候还能够为自己接受规则找到比较好的理由。如他现在不觉得自己一定要留长头发才是自由的，自由和头发的长短无关，自由和对自由的理解有关。最后，小亮开玩笑地说：“以前傻不拉唧的，跟堂吉诃德似的，追着自己认为的自由，揭开那个面纱一看，原来是麻烦。现在倒觉得轻松了，因为不那么计较是不是被束缚了。”

自由是不被自己的欲望和恐惧束缚，不被自己的不良习惯束缚，不被自己的错误想法束缚。自由就是内心有秩序感、平静、愿意遵守规则，并在遵守规则时不感到被束缚，获得快乐和安全。

家长教练作业

1. 父母之间、父母和孩子之间要经常讨论什么是自由，增加对自由更深的了解，便于用在生活的细节中。如排队等公交车是束缚还是自由？不闯红灯是束缚还是自由？抽烟、喝酒、玩游戏是束缚还是自由？

2. 引导孩子想一想，什么样的人自由，什么样的人不自由，并写下来。

如迷恋游戏，不玩就心烦意乱；不吃麻辣烫、洋快餐就浑身难受等，这样的人是自由的吗？写出来。

第17次对话

引导孩子揭开面子的真相，培养孩子自尊的品格

面子和自尊一个是李鬼，一个是李逵。面子是打着自尊的幌子做背离自尊的事。

从前，有个人家里很穷，他和老婆只有一条裤子穿，可是这个人却很要面子，怕别人说他穷，每天出门之前都要用家里仅有的一块猪肉皮擦嘴，让嘴上油汪汪的，好像刚刚大吃一顿的样子。一天，这个人用猪肉皮抹了嘴出门了，正在外面和朋友吹嘘的时候，他儿子急匆匆跑来，说："爸爸爸爸不好了，你抹嘴用的猪肉皮被猫叼走了！"这个人一听勃然大怒："你妈干什么呢？为什么不去追啊？"儿子委屈地说："我们家就一条裤子，你穿着呢！"

也许你会觉得故事中的人太可笑了，但是我要告诉你，这个故事写的就是你和我。因为大多数中国人都是爱面子的，爱面子已经成了中国人的顽疾。只不过故事中的人是用猪肉皮擦嘴，你和我用好一点的其他什么皮擦嘴而已，都是为了给别人看。这个顽疾传染的能力比SARS病毒还要快、还要广，因为它在家庭、学校、社会的每一个角落传播，很多人都是这个病毒的携带者。最可怕的是爱面子这个病毒在青少年中的传播，它会成为青少年心中的黑洞，把孩子们心灵中宝贵的品质吸掉，成为行走的躯壳。这个宝贵的品质叫自尊，是健全人格的基础。

高中女生小蕊非常爱面子。她学习不好，但是她尽力表现出自己是很聪明的，只是不愿意学习而已。所以，她会用弄一些脑筋急转弯，学一点名人名言，找别人说话的漏洞，玩一些小魔术等小把戏来证明自己的聪明，获得同学们的赞扬。她喜欢攀比，别人有什么她也一定要有。看到同学骑高档的山地自行车，她也买了一辆，但是只骑了三次就扔在家里不管了，因为她觉得骑自行车上学太累，同学们看到她有就可以了。她也喜欢攀附，看到有个同学说自己有个当大官的亲戚，大家很羡慕，她也说自己有个亿万富翁的舅老爷。

她爱表现自己，班里有什么文体、娱乐活动她第一个冲在前面。她喜欢找借口，凡是能够暴露她的不足的事情，她一律推却，只是为了表明她是优秀的女孩。她很爱美，会用大量时间化妆，穿一些能够展现身材、吸引眼光的衣服。在学习和做事上很被动，不提醒和督促不会自觉、主动行动，不监管就糊弄。她用了很多的精力在面子工程上，学习越来越差。有的时候自己的小把戏也会被拆穿，让她感到很不爽，但是，她仍然乐此不疲地追求着面子。她的父母为此很着急，劝说她来和我聊一聊。

面子不是自尊，是自卑和虚荣

小蕊：“老师，是他们（父母）让我来的，我没有什么心理问题，他们有问题，你和他们谈吧。”她首先竖起了面子的大旗。

我：“老师当然要和你的父母谈，老师也没觉得你有什么心理问题，只是爱面子而已。爱面子是文化和认识问题，几乎每个中国人都爱面子，老师也不例外。”我把她的问题普遍化和正常化，避免让她丢面子。

小蕊：“是吗，我爸我妈也爱面子，尤其是我妈特爱面子，我都是跟他们学的。”她果然不那么小心了。

我：“你的同学中爱面子的人多吗？”

小蕊：“太多了。老师，爱面子有什么不对吗？”很多同学感觉到自己有不足的地方，但是说不清。

我：“老师喜欢爱问问题的同学，因为问题会促使人思考。在解答这个问题之前，老师问你为什么那么爱面子？”

小蕊：“我的自尊心很强，我非常害怕同学们瞧不起我。老师，您不知道，现在的很多同学都是势利眼、瞧不起人。尤其我们学校，同学们的家庭条件都很好，个个都很牛，所以你要在方方面面显得很了不起，他们才会高看你，至少不会贬低你。”

我：“所以，你就拼命地把面子的这把伞撑得大大、花花的，炫耀和保护自己。”我不得不无奈地承认这个事实。

小蕊：“是啊，要不怎么办？”

我：“你所展现的是真实的自己吗？”

小蕊：“不是，傻子才展现真实的自己呢。”

我：“你觉得真实的自己不够好，所以你才拿一个假的自己给别人看？”

小蕊：“很多人都这样做啊。”

我：“你觉得这是自卑、虚荣，还是自信？”

小蕊：“我知道自己不自信，虚荣心强，所以才爱面子。”

我：“通过爱面子，你好像有了自尊。但是，你认真想过自尊是什么吗？”

小蕊：“自尊就是尊重自己。”

我：“你说得很好，那你爱虚荣、爱表现、硬往自己脸上贴金是尊重自己吗？”适当的刺激会有当头棒喝的作用。

爱面子就会失去自尊

小蕊：“好像不是。但没办法啊，我学习不好，长得也一般，总得在面子上过得去吧。”

我：“你把面子看成了什么？对你那么重要？”我不断地提问，目的就是让她了解面子的真面目，并自己揭开它。

小蕊：“就是我在他人眼中的印象和位置。”

我：“更准确地说，你是不是把面子看成了你的价值和尊严？”

小蕊：“是，老师您说得更准确。”

我：“现在假设你是某机构负责人，我找你办事，我说‘给个面子，我二舅是某厅长’，你会给我面子，但是你会怎么看我呢？”

小蕊：“有点狐假虎威的感觉。”

我：“你会尊重我吗？为什么？”

小蕊：“不会，还有可能反感，因为你打着别人的旗号。”

我：“给面子不等于尊重对吗？”

小蕊：“不等于。”

我：“非常好，你尊重的不是我，是我‘二舅’，或者说是我‘二舅’的职位。从这样的逻辑上说，要面子就会使你失去自我的价值和尊严，对吗？”

小蕊：“应该是。”

我：“小蕊，要面子还会让你失去很多宝贵的东西，这些宝贵的品质都是自尊的基础。”

小蕊：“老师，您能提醒一下我爱面子会失去哪些宝贵的品质吗？”她让我提醒她，而不是告诉她，看得出她多么爱面子。

我：“你是不是越来越不自信了？”

小蕊：“是，我觉得自己没有什么优点，什么都做不好。”

我：“人有一个不好的习性，就是一旦他可以通过简单的方式达到他想要的目的，他就会不断地使用这种方式，就如同盗贼一样。让自己有面子比较容易，穿几件名牌、喷点法国香水、耍点小聪明、花钱大方一点、说自己有富豪的亲戚等就可以轻易地让别人高看你，但自信需要脚踏实地，需要平常的磨炼和积累。你因为面子渐渐地失去了自信。如果你继续要面子，你会失去更多。”

小蕊：“真的吗，我还会失去什么？”

我：“你有没有觉得自己越来越不认识自己了。当你把面子的花伞打开的时候，你有了幻觉，仿佛真的富有了、高大了、了不起了，对不对？”

小蕊：“有一点。”她尴尬地点头承认。

我：“这种情况下你失去了什么？”

小蕊：“我失去了真实的自己，有的时候我都不知道自己是谁。”

我：“爱面子会使你变得越来越虚假。”

小蕊：“哦。”

我：“你有没有觉得自己越来越喜欢推卸责任了？”

小蕊：“是，我怕别人看出我的弱点，不断找借口，推卸责任。”

我：“想一想不断推卸责任你又失去了什么？”

小蕊：“是承担吧。我现在是喜欢逃避。”比刚才勇敢一些了，不那么重视面子了。

我：“不敢担当让你越来越害怕困难，喜欢投机取巧了，你失去了什么？”

小蕊：“失去了坚持的决心，我凡事都坚持不了几天。”

我：“你失去了勇敢和坚韧。而且爱面子还会让你喜欢说假话，让你变得不诚实。”

小蕊：“是。”比较平静地回答。我的提问触发了她的认知，她开始不那么害怕没面子了。

我：“真实的自我、承担、勇敢、坚韧和诚实都是自尊的基础，一个人丧失了这些美好的品质还有自尊吗？”

小蕊：“好像没有了。”

我：“还能获得别人的尊敬吗？”

小蕊：“不能。”

我：“所以，面子不是自尊，也不能让你获得自尊。”

小蕊：“老师，您不断地点破我尽管让我有些不舒服，但是并没有像以前那样难受，觉得面子受损，反而有一种奇妙的感觉。真怪！”

我：“一点也不怪，你本质上想要的不是面子而是自尊，在我点破你的过程中你开始有了自尊感，因为你能够接纳自己的不足，逐步地看清了面子的真面目。”

面子给人带来的是得意，自尊给人带来的是美妙。

自尊是展现真实的自己，相信自己，看重自己

小蕊：“老师，我怎样才能有自尊，让别人喜欢我、尊敬我呢？”

我：“展现真实的自己。”

小蕊：“可我身上缺点太多，优点太少，展现真实的自己会让别人瞧不起的。”

我："你喜欢完美的假的塑料花，还是喜欢真实的不起眼的野花？"

小蕊："当然是喜欢真实的野花。"

我："为什么？"

小蕊："野花有自然的美。"

我："自然的美就是真实的、不做作的美，是不是大多数人都喜欢这样的美？"

小蕊："正常人都会喜欢。"

我："对于人来说是不是也这样，人们喜欢真实的人，不喜欢虚假的人？"

小蕊："是。但也有人喜欢爱吹牛、爱表现的人。"

我："这样的人是不是不成熟，很幼稚？"

小蕊："是。"

我："那你为什么还要在意呢？"

小蕊："对啊，我如果在意他们不是说明我也很幼稚吗？但是现在很多同学都很势利、很幼稚啊，怎么办？"她既开心又担心。

我："老师请你仔细回忆一下，你所说的势利、幼稚的人，他们瞧不起的是什么样的人？是有缺点但看重自己、自信的人，还是有缺点但是不看重自己、不自信的人？"我要打消她的担心。

小蕊："他们看不起的是有缺点但是不看重自己、不自信的人。"

我："为什么？"

小蕊："我知道，但我说不明白。"

我："是不是因为他们不相信自己，不看重自己，表现得软弱、胆怯、懒惰、扭捏、虚伪？"

小蕊："是，这样的人我也看不上。"

我："你喜欢和尊重什么样的人？"

小蕊："就像您说的勇敢、坚韧、诚实、爽快的人。"

我："这样的人是不是自信的和看重自己的人？"

小蕊："是。"

我：“自信的和看重自己的人是不是也有能力改善自己，不断修正自己的缺点，让自己的优点逐渐展现出来？”

小蕊：“是。”

我：“记住，当你自信地展现自己、看重自己，不虚荣、不伪装自己的时候，你身上就会散发出洒脱、坚定和庄严的光辉，别人就不敢小看你，反而尊敬你。”

我有力地说，她感受到了我语言中的力量，放松地笑了。

自尊是自觉、主动，不被动等待别人督促、监管

小蕊：“老师您说得真好，解决了我最关键的担忧和困惑。我还需要做哪些事情让我的自尊感多一些呢？”她渴望地看着我。

我：“塑造自尊品格，让自己自尊感多一些，你要做的事还有很多，今天老师和你谈几点主要的，其他的你回去慢慢摸索。”

小蕊：“好，我今天的收获已经够大了，我不能贪得无厌。”她展现出了很可爱的一面。

我：“老师喜欢你的心态。目前，能增强你的自尊感的是学习，做事自觉、主动，不被动等待别人督促、监管。”

小蕊：“每次我妈唠叨我、催我写作业的时候，我都感到很不舒服，让我感觉自己像一个不知道什么时候该做事的人，懒惰的人。”

我：“这会让你感到自尊心受伤？”

小蕊：“是。”

我：“你会怎么应对？”我需要了解她的应对模式，给予恰当的指导。

小蕊：“时间长了，无所谓了，随她唠叨、督促，我就假装没听见。”她采用的是消极逃避的模式。

我：“这会不会让你的自尊越来越低？”

小蕊：“是。”

我：“如果你能自觉、主动做事，会让你觉得自己是一个什么样的人？”

小蕊：“会让我觉得自己是一个勤快的人，知道该做什么的人，不是凡事都需要别人管的小孩子。”

我：“这会让你感到自尊和自信吗？”

小蕊：“当然会啊。”

我：“是的，自尊就是自己管理自己，做自己的主人，不再被别人像小孩子一样看待，更不能像被犯人一样监管。自觉、主动做自己该做的事，并享受其中的快乐。”我引导她建立积极面对的心理模式。

小蕊：“我是自尊心很强的人，如果早知道这就是自尊，我可能就不会那么被动了。”

我：“是啊，很多人就是因为不知道什么是真正的自尊，而走向了和自尊相反的方向，变得虚荣、敏感、脆弱。”

了解了什么是自尊，就无形地开始建立自尊了。

自尊是按照行为准则做事，有人没人一个样

小蕊：“老师，不随地吐痰、不打小抄是不是自尊？”

我：“当然是自尊啊。”

小蕊：“啊，太好了，老师！我就不随地吐痰、不打小抄。”她像小孩子一样开心起来。

我：“每个人都有自尊的表现和需要，因为人是有尊严的生物。你为什么不随地吐痰、不打小抄？”

小蕊：“我觉得随地吐痰太脏，打小抄让人瞧不起。”她内在的自尊感还是很强的。

我：“也就是说，在这两方面你有自己的想法和要求？”

小蕊：“是。”

我：“你知道这样的想法和要求对你的行为来说是什么吗？”

小蕊："是行为的标准。"

我："准确地说是行为的准则，因为准则是自己对自己的约束，标准是别人对你的约束。有准则的人会根据准则做事，没有准则的人根据心情和环境做事。"

小蕊："老师，我不太明白。"

我："你不打小抄是因为害怕被发现被耻笑还是因为你坚守准则不打小抄？"

小蕊："应该是坚守准则。"

我："你不随地吐痰是因为心情好、有人看着，还是因为不随地吐痰是你的行为准则？"

小蕊："因为那是我的行为准则。哦，我明白了，自尊就是坚守自己的行为准则，不受心情的影响，有人看着和没人看着的时候一样。"

我："你总结得很好，这是培养自尊很重要的因素。"

小蕊："我知道了，以后我要坚守住准则，根据准则做事。"

我："言行合一的人是真正有自尊的人。老师相信你。"

爱面子就是觉得自己的脸不那么好看，拼命地往脸上搽粉，遮住那些丑的部分。爱面子的人白天是人，晚上是鬼，人前人后不一样，因为要做给别人看。

爱面子的人修饰自己的脸，为了别人的看法而活；自尊的人修养自己的灵魂，为了良知和真实的自我。

我们对自己的关注能力是有限的，如果我们把大部分时间和心理能量用在面子上，我们的"里子"就被忽略，当这种忽略形成习惯，我们就成为"装饰人"。爱面子的人，大都压抑、虚伪、焦虑、不诚信。因此，他们活不好现在，也无法拥有未来。

所以，我们要勇敢地撕碎面子这把花伞，做一个自尊的人。自尊就是自信、勇敢、诚实、坚韧、勤劳，不掩饰自己的缺点和不足，不依赖他人，不推卸责任，理性地期待未来。

"我们的动机不是去'证明'我们的价值，而是去实践生活中的各种可能。……相信自己的才智，认定自己有权过上幸福的生活，这就是自尊的本质。"

孩子教练作业

1. 如果你很爱面子，你可以获得暂时的满足，但是你却会失去宝贵的心灵品质，失去未来；如果你要自尊，可能暂时被轻视、嘲笑，但是你可以获得优秀的品格，一生的快乐。你要哪一个？

2. 遵守规则，对他人温和、有礼貌都是自尊的表现。列出五条你认为是自尊的行为表现。

3. 写出要面子的害处。

4. 写出自尊会让你获得什么。

第18次对话

战胜畏难情绪，拥有实现愿望的行动力

因为有愿望，明天才变得绚丽多姿，令人向往。愿望是美好的，因为愿望的实现，让人们体验到甜美的成就感和怒放的信心；但是没有力量实现愿望却是令人痛苦的，因为在每一次的放弃和失败中，人们体验着没有发酵好的酸涩的沮丧。

很多同学在心中都有着很多美好的愿望，希望自己能如愿以偿，但是，在愿望和目标之间，也就是在愿望和愿望的实现之间，却有着一条又宽又深的山谷——行动力的匮乏，隔断了同学们实现愿望的道路，让同学们望而生畏、止步不前。

初二男孩小杰目前就被卡在了愿望和目标之间。小杰有学习的愿望，对于自己现在的学习状态和成绩很不满意，但是却不愿行动起来，也就是大家常说的，有想法，没做法，有目标，没行动，原因是畏难情绪太强。

小杰是班里的后进生，平均成绩在50分左右，在班里稳固地处在倒数10名左右。每天在放学的路上，小杰都想着回到家就马上投入学习，可是每当小杰拿出作业和书本想要学习的时候，畏难和厌倦的情绪就如潮水般涌了出来，很快就把学习的火苗扑灭了，他鬼使神差地打开了电脑……但小杰又不甘心，心想，吃完饭后一定要写作业、背课文和英语单词，可是，吃完饭后，他坐在电视机前又不愿意起来。从小学三年级到现在，小杰一直处于这样的挣扎状态，有愿望但却不能付诸行动。尤其是要考试前，他的愿望会很强烈，甚至给父母写保证书，因为他也想考出好成绩，想听到老师的表扬，看到同学们欣赏的眼神，能够进入自己心中理想的高中。愿望越强烈，小杰越难过，因为他还是学不进去，没有行动力，有时在书桌前呆坐一个晚上。父母尽管很着急、生气，但拿他没办法，又很心疼他。

第一次咨询：恐惧既然是想象出来的，也可以把它想象成可爱的

我：“小杰，你想过没有，是什么在阻碍着你把愿望化作行动？”简单地聊了一会儿后，我单刀直入。

小杰：“不知道，就是觉得烦，不想做。”

我：“好。如果你无法用语言描述，我们来做一个想象体验。现在请你闭上眼睛，深呼吸，尽量放松自己。想象你很想学习，但是一坐在书桌前却学不进去的场景，越清晰越好。现在体验你的困难的情绪，看一下有什么东西在阻碍你。”我以前不懂得运用这样的心灵技术，想用各种方法让孩子说明白，最后孩子都很反感。

三分钟后。

小杰：“我好像看到一条很凶的狗，手里拿着一把古代人用的长枪站在门口，不让我进去，我一往里走，它就叫，要咬我，还要用枪扎我。我感到很害怕，只想逃开。”他清晰地描述出他在学习上的恐惧。说不明白的，可以“想象”得很清晰。

我：“你很怕狗吗？”

小杰：“是的，小时候被狗咬过。”

我：“被枪和刀之类的利器弄伤过吗？”

小杰：“没有。但是我总做一个梦，梦见自己被一个拿着长枪的古代人追，很恐怖，每次都把我吓得半死。老师，我为什么总是做同样的梦呢？”

我：“是因为你有同一个问题一直没有得到解决，那个压力一直存在。什么时候这个压力解除了，噩梦也就不存在了。”

小杰：“哦，是这样啊。”

我：“通过这个想象体验，你知道是什么在阻碍你行动了吗？”

小杰：“好像是恐惧。”画面和故事转化成了概括性的语言，小杰在轻松的

状态下了解到了阻碍自己行动力的主要原因。

我：“是恐惧。在不知不觉中，你把学习看成了可怕的、痛苦的，所以，你产生了比较强烈的恐惧情绪。”

小杰：“这种恐惧很缠人，看不到，但总是能抓住我，让我什么都干不了。老师，我该怎么办，怎样才能不恐惧呢？”看得出，他的感性思维很发达。

我：“我们继续做上面那个想象体验，当你进入想象，想象变得清晰时，想象那条很凶的狗变得很可爱了，它手里拿的不是长枪，而是你喜欢的冰糖葫芦或者雪糕之类的东西……”我没有讲道理，继续让他做体验，因为他的感悟力很好。

三分钟后，小杰睁开眼睛。

我：“有什么不同的感觉吗？”

小杰：“不那么可怕了，我和它玩了一会，我走到门里去了。”他像小孩子一样可爱地说。这类学生的心理年龄偏小，也就是不够成熟。

我：“好，现在找出学习的愿望，拿出作业来，什么都不要想，把心思放在作业上，写作业。”小杰按照我的指导开始写作业，尽管状态忽好忽坏，但还是坚持写了30分钟。

我：“恭喜你，你坚持了30分钟。和以前写作业时有什么不一样？”

小杰：“还是怕、烦，不想写，但是通过把那只凶狠的狗想象成可爱的狗，感觉好多了。不过只要碰到难一点的题那只凶恶的狗就又出来了，我又要和它战斗，很累。”

我：“你能在这么短的时间内就拥有行动力已经很不容易了，这个能力需要不断训练，让它变得强大，你才能不那么累。所以，回去后，你每天都要练习，直到那条凶恶的狗变得越来越可爱。”

在这次咨询中，小杰有了进步，能够勉强进入学习状态，也就是有了初步的行动力。行动力的种子一旦种下，剩下的就是耐心等待。

第二次咨询：带着怀疑和困难，做你该做的事

我：“这一周在家里情况怎么样？”

小杰：“好些，不那么怕学习了，但还是不能很快进入状态。”小杰战胜苦难的方法还很单一，他需要更多的方法。

我：“恭喜你，毕竟有进步，这是好的开始。”

小杰：“谢谢老师。”

我：“你是不是经常有这样的想法：我还没有调整好，等我调整好了就可以学进去了。然后就开始每天等待着，等待自己调整好？”我必须让他了解阻碍自己学习的多种心理因素，好对症调整。

小杰：“是的，老师你说得太对了。”

我：“也就是说，你认为自己还没有调整好，还不能面对枯燥、乏味的学习，你的畏难情绪还很强烈。”

小杰：“是，觉得自己很软弱，很没用。”不会运用心灵智慧解决问题的孩子都会沮丧和自卑。

我：“小杰，你知道吗？在困难面前有畏难情绪是人的天性，我们一生都会有畏难情绪。”我通过描述客观事实让他得到一些抚慰。

小杰：“老师，那可怎么办？难道我一辈子也不能准备好吗？”

我：“用不了那么久。如果学会用心灵的智慧创造性地解决问题，你的行动力和信心很快就会开花结果。”我坚定地说。

小杰：“那太好了，我中考就有希望了，就可以上我想去的那所高中了。”他也变得坚定了。

我：“相信你一定会如愿以偿的。现在，我们就开始探寻心灵的智慧。老师问你，如果有一个东西长在你的身体里，你看不到它，也不能切除它，而它也不会影响你的生命和健康，你该怎么办？”

小杰：“那就只好随它去了。”这是我想要的答案。

我：“对。畏难情绪就是这样一个东西，看不见、摸不到，但又随时出现。畏难情绪就像一条小狗，你越是逗它，它叫得就越欢；随它去，别理它，它就不叫了。”

小杰：“我不理它，可是它总缠着我呀？”

我：“它当然会缠着你，它是困难的信使，来给你报信的。有困难它就会先跑出来，所以没有人能甩掉它。”

小杰：“甩不掉它就没办法做事啊。”他又孩子似的皱起眉头来。

我：“现在，假设你就是畏难情绪，在我面前说‘别和那个叫小杰的孩子聊了，没用的，太难了，算了吧’，你认为我会怎么办？听它的不聊了还是做我该做的事？”我让他换位思考。

小杰：“我想你不会听它的，你会做该做的事。”

我：“我绝对不会听它的。尽管有时我也怀疑自己能否高效地帮同学们解决问题，但是怀疑归怀疑，该做事还做事。也就是带着怀疑和困难做事。而且，你在很专注的情况下写作业的时候，你还会想困难和畏难吗？”我想他一定有过专注和忘我的时候，这会唤起他自信的体验。

小杰：“如果我能很专注地写作业，就不会想别的了。”他一边回想一边说。

我：“是的，这一刻，你的畏难情绪不在了，但是它还会出现对不对？因为它没有消失，只是你没有叫它，它就没出来缠你。就像有一张恐怖的卡片，你把它揣到了兜里带在身上，只要你不把它拿出来就不会吓到你。这是不是说明你可以带着畏难情绪做事？”

小杰：“听上去可以，我现在感觉就很好，不那么怕了，但不知道会不会真的管用。”他半信半疑。

我：“好，现在我们就来实际练习一下。小杰你把作业拿出来，坐好，不要回避和压抑畏难情绪，也就是写不下去和不愿意写的那种感觉。告诉自己每个人都会有畏难情绪，这是非常正常的；再告诉自己只要能进入专心的学习状态，‘畏难’就会觉得没意思自己去玩了……”我必须让他亲身体验，他才会坚信。坚信才有力量。

20 分钟后。

小杰:“老师，您的办法真不错，我真的可以带着困难写作业了。”我从他的眼睛里看到了兴奋的光，我知道他真的领悟了。

我:“你做得很好。带着畏难情绪做事，如果你不带着它，它就是绊脚石，但是你要带着它，它就是你的伙伴。让我们带着困难前进，该做什么做什么。小杰，你知道吗？阻碍我们的实际上不是困难本身，而是我们对待困难的态度。”

小杰:“老师，我知道了，谢谢您。”

我:“好，拿出作业，激发出学习的愿望，带着畏难的情绪写作业，把时间加长一些，现在就做。”

这次，小杰比较快地进入了学习状态，作业写了 35 分钟。接下来，我给小杰留了这样一个家庭作业：让小杰做一张扑克牌大小的卡片，把“我有畏难情绪”这六个字写在上面，装在兜里带在身上。这样做有一个象征意义，那就是“我可以带着畏难情绪做事”。

在咨询中，我们还探讨了下列问题：

阻碍愿望难以实现的是畏难情绪。畏难情绪的特点是：总觉得愿望和目标之间的距离太长，困难太多。并且经常夸大距离和困难，来证明自己不能行动的正确性，让自己有安心的借口。实际上是把用橡皮泥捏成的小人想象成巨大的魔鬼吓唬自己。有畏难情绪的人喜欢找借口，容易被影响，喜欢幻想，这一切又进一步阻碍了行动的决心和勇气。

为此，我给小杰的家庭作业是客观评估困难，不要用放大镜看待困难，甚至要小看困难，轻视苦难。困难和勇气之间是此消彼长的关系，困难被放大，勇气就被缩小；困难被缩小，勇气就增长。有些困难就像气球，你越是替它吹嘘，它就越大。无论多大的气球，用行动的针一扎就破。

愿望越多，目标越高，如果没有行动就会产生巨大的痛苦。愿望如果只存在于心中就变成绝望，因为不习惯于行动，没有行动的技能。愿望是内心的设想和期待，是想做某事或达成某目标的想法，愿望就像一张蓝图，本身并不具备施工的能力，所以，要把正确的愿望当成自己生命的最高指导者，服从自己的愿望，让行动成为自己思想的忠实的朋友，锻炼对自己最高指令的执行力。

我给小杰的家庭作业是：从完成简单的愿望做起，养成有愿望就行动的习惯。如自己想早起锻炼身体，背英语单词，那么就提前 10 分钟。不会缺少很多的睡眠时间，起床时也不会很难，白天上课也不会因此犯困。

最后，我和小杰探讨了有愿望却缺少实现愿望的勇气也是在逃避责任和义务，这样的倾向必须终止，否则，我们就永远也不会真正长大。

通过咨询，小杰不再为学习而感到纠结了，学习和做事的状态找到了，在愿望和目标之间搭起了行动的桥梁，学习成绩和做事效率有了很大的提高。最重要的，这是认识自己和行动的智慧，会使年轻的同学们受益一生。

孩子教练作业

1. 把自己正当的愿望当成最高的指令，无条件地服从，就像士兵服从指挥官一样。

2. 把畏惧和烦躁当作你的朋友，带着它们做事。可以做张大小合适的卡片，写上“我有畏难情绪”放在兜里，每天带着它，提醒自己可以做到带着困难前进。不要等待自己的畏难情绪完全消失了才做事，那样会浪费你很多宝贵的时间。

3. 不管有多烦，多么不愿意做事，都坚定地对自己说：“我可以带着畏难情绪做事。”多练习几次就一定可以。

第19次对话

别让孩子好心办坏事，培养孩子善良的品格

很小的时候就常听父母说“好心办坏事”，但是一直不明白什么叫“好心办坏事”。后来发现很多人都在犯这个毛病，尤其是那些不成熟的学生，其中也包括曾经的我。那么为什么好心会办坏事呢？如何避免呢？

“陆老师，我不想再做好事了，好心没好报。”初三男孩小庆说。

记得第一次听到找我咨询的学生说这样的话时，我很慌乱，当时我心里的第一个反应是好人就是要做好事啊，不做好事怎么了得，难道还要做恶事吗？因为我知道，类似的气话重复多次就会成为他的行为信念，改变他人生的轨迹。

现在，我很平静且面带微笑地看着面前这个可爱的男孩，因为我知道在他身上发生过什么，也相信通过交流他会更喜欢做好事，并且从中感到快乐和高尚。我一直坚信和验证着，良好的教育和引导，具有强大的塑造力和影响力，足以修正孩子们观念和行为的偏差，使孩子们更善于思考，更加明智，最后形成属于自己的正确的观念，好心办好事，拥有善良的品格。

你的想法会改变你的人生，要谨慎对待

我：“小庆，你一定是受到了什么委屈，说说看。”我首先认同他，然后鼓励他说出来，这样他会更愿意和我交流。

小庆：“今天早上，在学校门口我遇到了我们班的一个同学，他说有急事要我帮他存自行车。晚上放学的时候，我们也是一起出来的，他的自行车不知道怎么倒在地上了，他怪我没有给他放好。我早上把自行车放得好好的，他不感谢也就算了，还冤枉人，真衰死了。老师您说我以后还能做好事吗？”很多时候，孩子们是在根据情绪做事，而不是准则做事。

我：“是够衰了，把你一天的好心情都破坏了。老师猜想你‘好心没好报’一定不是第一次了，所以才得出‘不想做好事’这样的结论，对吗？”我能够从他委屈的小脸上看到他内心的苦恼和困惑。

小庆：“是，老师。如果是第一次我也就忍了，不会这么在意。”他感觉找到了知心朋友。

我：“把那些让你感到很衰的事都说出来，别憋在心里，老师愿意听你说。”必须给孩子足够的空间释放自己的苦恼。

小庆：“初一的时候，我们班上有一个同学，什么事都找我帮忙。借笔、本之类的小事也要我帮他做。课间的时候，他在那儿玩，让我帮他买饮料，有的时候还要我帮他付钱，也不还。”

我：“他把你当成他的勤务兵了，而且还不尊重你。”我帮他说出他没有说出的话，他会更信任我。

小庆：“是，让人很难受。”

我：“还有吗？”

小庆：“还有，曾经有一个同学在我前排坐，我们关系挺好的，我们经常在一起玩。有一次上语文课，老师让他背文言文，他背到中间的时候卡住了，我看他站在那里挺着急的就偷偷提醒他，他很不高兴，下课后说我多管闲事。”他能够为别人着想，多可爱啊。

我：“你怕他尴尬，想帮他过关？”

小庆：“是，可他不领情。”

我：“还有吗？”我想通过更多的事件了解他是如何好心办坏事的，好在适当的时候帮他梳理和分析。

小庆：“还有，很多，我就再说一个印象比较深的吧。有一次，我看到我一个比较要好的同学和学校里几个不学习的学生躲在厕所里抽烟，放学回家的路上，我就劝他说，我们还是学生，不应该抽烟，而且不应该和那些不好的学生在一起。他不承认，我说我亲眼看到的，你为什么要撒谎？最后他很不高兴，说我多管闲事，从那以后还不理我了。”

我：“你为朋友着想，但他不理解？”

小庆：“是啊，不是好朋友我就不会那么认真地劝他了。对了，还有有的时候在公交车上让座对方连谢谢都不说。老师，做好事怎么这么难啊？”

我：“在做好事上你不仅没有得到赞赏和感激，还受了很多委屈，你感到很失望，你想保护自己，所以你不想做好事了？”我没有直接回答，继续深挖他的内心。

小庆：“费力不讨好，好心没好报，为什么还要做好事。”

我：“你是不是对人有了不信任和失望？”我要让他认识到自己的观念。

小庆：“是，人太复杂了。”

我：“是，人是会思考的生物，所以难免会复杂。老师也知道你很难过，但老师问你，你还想做好人吗？”

小庆：“当然想做好人。”

我：“不做好事的人还算是好人吗？”

小庆：“我不做好事也不做坏事不行吗？”

我：“你想成为袖手旁观的人，冷漠的人？”我要让他认识到他在做多么重要的价值选择。

小庆：“对。”他说得很勉强，这不是他的真心话。

我：“这是你的真心话吗？”我这样问。

小庆沉默。

我：“如果你做好事能够得到认同和尊敬，从而感到愉快，你还愿意做好事吗？”

我一直在担心，如果这时候父母说，“不能怪别人，是你不会做事”，会对孩子造成很大的伤害，孩子真的可能不再做好事；如果这个时候父母又说，“以后管好自己就可以了，不要管别人，费力不讨好，犯不上”，孩子真的可能成为自私冷漠的人。所以，一定要小心自己的态度，我们可以把孩子重新拉回阳光的善良之路，也可以把孩子推向阴暗的自私之路。

小庆：“那当然愿意做，我是实在没有办法了。谁不愿意被尊敬和感激，谁不想快快乐乐的。”

我：“老师就知道你还会做好事，你骨子里就是好人。每个人都被自己的思想支配着，如果你今天不能在老师这里找到满意的答案，让失望和冷漠不断包裹你的心灵，坚持你不想做好事的想法，你知道自己会成为什么样的人吗？”适时的欣赏和激励，会重新点燃孩子善良的愿望。

小庆：“就像您说的，会成为自私和冷漠的人。”

我：“你知道吗，你现在的想法不仅仅是你委屈的问题，还关乎你的价值选择，可能会决定你成为一个什么样的人。”我加重了语气，让他感到问题的严重。

小庆：“有那么严重啊。”

我：“是的，相当严重。所以，你要记住，年轻时的某些想法会改变你的人生轨迹，使你成为和你的想法一致的人，甚至会决定人的一生。所以，对自己的某些想法一定要谨慎对待。”

小庆：“嗯，我知道了。”

我经常建议父母一定要留意孩子看似不经意的一些想法和观念，这些想法和观念可能会在孩子的心里生根，并且长得粗壮，成为孩子重要的行为依据。

“好心办坏事”，是因为好心不等于善良

我：“老师年轻的时候也曾经有过和你一样的经历和困惑，也问过自己要不要再有好心，做好事。”这是我真实的经历。

小庆：“哦，难怪您那么了解我。那您给自己的答案是什么？”适度地暴露自己并不会让孩子看轻我们，反而会赢得孩子的认同，使我们的话更有说服力。

我：“老师有一个好习惯，那就是喜欢反思。我问自己，‘我是不是好人，好人是不是就要做好事’，就像我刚才问你那样。”

小庆：“老师，我也要有这样的好习惯。我知道答案了，当然是好人就是要做好事。但是，好心做好事不被理解，坚持不下去怎么办啊？”孩子们的困惑很多，需要一一分析、解答。

我：“这就是老师今天想要和你探讨和分享的。老师还问了自己一句话：‘为什么好心没好报，人们不喜欢好心吗？’现在老师问你：‘为什么好心没好报，人们不喜欢好心吗？’”我要带着他和我一起思考，最终找到答案。

小庆：“我不知道为什么好心没好报，但人应该喜欢好心啊。”

我：“既然人喜欢好心，好心就应该得到好报对不对？”

小庆：“对啊，按道理是这样的啊。”

我：“人为什么喜欢好心？好心是什么？”

小庆：“好心是善良的，让人感到温暖、快乐。”

我：“如果是这样，什么情况下别人不喜欢我们的好心？”这样的反问会引导他找到问题的关键，让他形成新的认知。

小庆皱眉、思考……

小庆：“就是我们的好心不能让别人感到温暖、快乐的时候。老师，难道是我的好心有问题，我的好心不是善良的？”他有所感悟了，在内心反思自己的好心是否正确。

我：“你的好心本身是善良的，但没有让别人感到善良。准确地说，好心不一定等于善良。”

小庆：“老师，我不明白，您能解释一下吗？”

我：“老师问你，你说曾经有个同学各种小事都麻烦你，自己能做的也不做，把你当成了他的勤务兵，不断利用你，但你却不拒绝，你觉得是在帮他还是在纵容他？”事例最能说明问题。

小庆：“哦，好像是在纵容他。”

我：“是的，你在纵容他的懒惰和小伎俩，会败坏他的品性，你的好心是善良的吗？”

小庆：“我明白了，不是。”他拍着脑门说。

我：“还有，你的前排同学背课文卡壳，你好心提醒，却被对方说多管闲事，你知道为什么吗？”

小庆：“不知道。”看出他对人的了解是多么地匮乏，我们的教育太偏向学业了。

我：“一个自尊心比较强的人，在课堂上接受别人的提示会不会很尴尬，觉得自己无能？”

小庆：“会。”

我：“让别人感到无能、尴尬的好心是善良的吗？”

小庆：“不是。”

我：“这样的好心能得到好报吗？”

孩子们需要提高情商，需要敏锐地了解别人需要什么样的帮助，以及什么时候需要帮助。

有原则的好心才是善良

小庆：“不能。那什么样的好心是善良的呢？”

我：“老师先不说答案，老师给你讲一件事，通过这件事我们来分析一下什么是善良。”

小庆：“好。”

我：“假如你看到一个坐着轮椅的残疾人，正在自己推着轮椅爬坡，那条路的坡度有点大，这个残疾人推着轮椅爬这个坡有些吃力，但是他肯定可以靠自己的力量爬上去。这种情况，你要不要帮？为什么？”这是我在咨询中经常讲的故事，用来测验孩子们的心智表现。

小庆：“当然要帮啊。因为他是残疾人，还那么吃力，需要得到帮助啊。”孩子们习惯于通过感性判断事物，往往犯错。

我：“我们是需要帮助和关爱残疾人。但是你了解残疾人的心理吗？你思考过在这样的情况下帮他会给他带来什么样的感受吗？”我在激发他的同理心，也就是考虑他人感受的能力。

小庆：“您这一说我还真不了解他们的心理，不知道他们会有什么样的感受。”

我：“你觉得残疾人是非常要强的、愿意依靠自己解决问题的人，还是依赖的、随时等待别人帮助的人？”

小庆：“应该是要强的，依靠自己的。”他在引导中找到了正确的答案，他因此会学会思考。

我：“那你现在帮他合适吗？”

小庆：“好像不合适，我没想那么多。”他同时学会了正确地判断。

我：“残疾人自强自立的信念很强大，他们自己能够做到的事绝对不会愿意别人帮忙，那会让他觉得你是在怜悯他。”

小庆：“哦，没想到，帮人还有这么大的学问。”

我：“善良是建立在理性思考上的，是要让别人感到尊重和温暖，不是一时的冲动，更不是仅凭一颗好心。现在明白好心办坏事的原因了吧？”最关键的概念和关系是必须解释和区分的。

小庆：“明白了，好心是一时冲动，是自己觉得该做，没有考虑到具体情形。”

我：“你在好心帮别人的时候，你自己是不是感到好受，对自己感到满意？”我又引导他新的思维路径。

小庆：“是，因为这说明我是一个好人。”

我：“这就是好心和善良的区别。好心是为了让自己感到舒服，因为你要满足自己是一个好人的愿望，展现你是一个好人。善良是为了让别人感到舒服，是为了善良本身，不是为了展现自己是一个善良的人，也不是为了满足自己善良的愿望。”我希望通过我的阐释，他能够学会辩证地看问题。

小庆：“明白了。好心就是自己是个好人，愿意帮助人，但是没有经过思考，会让被帮的人不舒服；善良是自己是好心，但经过思考，被帮的人也愿意接受，高兴，感到被尊重。”他学会了总结和归纳，这是很宝贵的抽象思考能力，会让人变得理性成熟。

我：“经过上面的分析，我们是否可以把为了善良本身，经过思考、让被帮助的人愿意接受，感到被尊敬，作为好心助人的原则呢？”

小庆：“是，这样好心就不会办坏事了，就是在做善良的事了。”

让孩子根据原则做事，而不是根据感觉做事，是培养孩子理智和品格的重要艺术。

考虑别人感受和需要的好心，才是善良的

小庆：“老师，怎样才能让人愿意接受帮助，感到被尊敬呢？”他完全进入了求知状态，我暗自高兴。

我：“在鲁迅先生的散文集《野草》中有一篇文章叫《秋夜》，其中有一段描写：‘在我的后园，可以看见墙外有两株树，一株是枣树，还有一株也是枣树。’你想一想，鲁迅先生为什么没有直接描写‘在我的后园，可以看见墙外有两株枣树’？”

小庆：“不知道，没读过这篇文章。”

我：“我们两个都是人，对吧？”

小庆：“是。”

我：“我们两个在性格上是一样的人吗？”

小庆：“不是。”

我：“这个世界上更没有完全相同的两个人，也没有完全相同的两片树叶，那么那两株枣树会相同吗？”

小庆：“我知道了，鲁迅先生这样写是强调那是两株不同的树，您想告诉我没有相同的人。”学会了区分的能力，就不再是糊涂蛋了。

我：“就是这个意思。人和人是不同的，你是一个简单的人，你也认为别人和你一样简单，对吗？”

小庆：“对。”

我：“你没有虚荣心，你是一个可以听进别人的建议和批评的人，你认为好朋友就应该直言不讳，这才是对朋友负责对吗？”我不断引导他了解他人的内心世界。

小庆：“我以前就是这样想的，没想到会让别人感到不尊敬他。”他感受到了人的差异性。

我：“你把自己的需要和感受也当成了别人的需要和感受，就等于无视和剥

夺了别人的需要和感受，当然会让人感到不被尊敬。”

小庆：“看来是我对别人太不了解了。”他找到了问题的主要症结，这样他就不会轻易地否定自己做人的原则了。

我：“我们做了这么多的交流，你也有了很大的收获，为了做到学以致用，我们来做个演练。现在，假设我就是你的那个比较要好的朋友，躲在厕所和不学习的学生们抽烟，你来劝我。要考虑到我的性格是比较爱面子的、不希望被人直接批评的，你该怎么办？不急，你可以多想一会。”我给他实践的机会，让他学会运用。

两分钟后。

小庆：“我可以给您写张纸条，告诉您抽烟的害处。”孩子们是一点就透的，说教很无力，孩子也不喜欢。

我：“这个主意不错，爱面子的人喜欢含蓄的方式，渴望被尊重。”我及时强化。

小庆：“我知道了，以后帮助别人的时候要考虑到对方的性格和需要，不能太主观了。”

孩子的心智是在了解自己和他人的心灵世界中成熟起来的。

不图回报的好心才是真正的善良

小庆：“老师您说善良是让别人开心，如果自己不开心怎么办？”孩子关注自己的感受很正常，他们还不具备把别人的感受放到更重要的位置的能力。

我：“你举个例子。”

小庆：“我给人让座却得不到感谢，让我感到郁闷。”

我：“你觉得他没礼貌，不知道感激？”

小庆：“就是。”

我：“你为什么要给他让座？”我要让他知道他做好事的初衷。

小庆：“我感觉他身体不好或者年龄大站着会很累，所以我让座啊。”

我：“也就是说，你做好事是为他着想而不是为了回报，对吧？”

小庆：“当然是啊。”

我：“那你为什么对他没有感激你那么失望呢？”

小庆：“您这么一说我还真觉得自己有点渴望得到感激的想法。”

我：“也就是说你做好事还是希望得到回报，对吧？”

小庆：“好像是。”

我：“如果你做好事不图任何回报，就是为了做好事，就是为了坚守做一个善良的人的准则，和别人是否回报无关，你还会失望吗？”

小庆：“应该不会。”

我：“这就是老师要跟你分享的善良的又一个重要的特点，那就是善良出自一颗高贵的心，出自你心灵和行为的统一。你给人让座是你遵守自己内心善良的意愿，和别人是否感谢你无关。善良是不求回报的，否则就是交易，玷污了善良的高贵。”我带着崇高的情感说，这样的情感很有教育的力量，教育他，也教育我自己。

小庆：“善良原来这么伟大。”他果然感受到了崇高。

我：“现在，你对自己说：‘我坚守了自己做一个善良的人的行为准则，我做到了。’”

小庆：“我坚守了自己做一个善良的人的行为准则，我做到了。”他大声地说。

我：“有什么感受？”

小庆：“感到开心和自豪，很奇妙的感受。”

我：“这是只有善良的人才能享受到的幸福。”

没有善良的德行，就没有真正的快乐和幸福。

善良不是软弱，勇敢地拒绝也是一种善良

我：“老师最后告诉你，勇敢的拒绝也是一种善良。”

小庆：“我知道了，对于那些想利用人、役使人的要求要大胆地拒绝。”他

很快就联想到了那个让他委屈的故事。

我：“这样的情况下你还帮他就是让他的小伎俩不断得逞，觉得自己聪明，忽视别人的权利和尊严，不断要小心眼利用人，可能会让他成为一个卑劣的人。”

小庆：“看起来我以前还害过人。”他在调侃自己。

我：“你的拒绝，能让他收敛自己，反思自己的行为，这才是真正的善良。”

小庆：“我以前不好意思拒绝别人，现在明白拒绝也是一种善良了。谢谢老师！”

我：“记住，善良需要原则、智慧和勇气。老师相信你会成为善良和快乐的人。”

小庆：“您放心，我会记一辈子的。”他坚定地说。

“好心办坏事”，因为“心”是感性的，比如，“心”会自以为是、冲动、简单化、理想化，是单方面的激动，是你自己想做一个好人的美好愿望。但是如果好心不经过理性的思考和督导就不能成为善良，正像卢梭所说的：“只有理性才能教导我们认识善恶，使我们喜善恨恶。良心尽管不依存于理性，但没有理性，良心就不能得到发展。”

孩子教练作业

1. 请你说出好心和善良的不同。

2. 请说出善良的原则和特点。

3. 如果你曾有过好心办坏事的经历，请反思自己失误在哪里，如何改正。

4. 没有完美的人，每个人身上都存在着这样那样的缺点和不足。给你的好朋友写封信，善良地说出你的建议和忠告。

第20次对话

帮孩子克服害怕难题的心理，培养孩子延迟满足的品格

钱锺书先生在《围城》中这样描写两种吃葡萄的人：“有一堆葡萄，乐观主义者，必是从最坏的一个葡萄开始吃，一直吃到最好的一个葡萄，把希望永远留在前头；悲观主义则相反，越吃葡萄越坏，吃到绝望为止。”

家长朋友，您的孩子是哪一种人？您希望他成为哪一种人？

初二男孩小旭目前是先吃好葡萄的那种人，他在学习上遇到麻烦了。每天回到家他都拖着不愿意写作业，什么时候玩够了，才去写作业。写作业的时候，也是先挑简单的写，难的放在后面，不情愿地在那儿死抠，浪费很多时间，所以很晚才能写完作业。又经常因为时间紧、犯困要睡觉，字写得潦草，作业质量差、完不成，被父母骂，被老师罚。寒暑假的时候，也是先玩够了才写作业，结果和平常回家玩够了再写作业的情形一模一样。

小旭这个令家长、老师和自己头痛的毛病从小学三年级就开始了。而且，小旭课间第一个冲出教室，还没放学就收拾好了书包急着回家。吃饭的时候也是第一个拿起筷子，不管在家里还是在外面聚会。总之，小旭是一个有了想法就必须要马上实现、不能延迟满足的人。

经典的延迟满足心理实验

20世纪60年代，美国斯坦福大学心理学教授沃尔特·米歇尔设计了一个著名的关于“延迟满足”的实验，这个实验是在斯坦福大学校园里的一间幼儿园开始的。研究人员找来数十名儿童，让他们每个人单独待在一个只有一张桌子和一把椅子的小房间里，桌子上的托盘里有这些儿童爱吃的东西——棉花糖。研究人员告诉他们可以马上吃掉棉花糖，或者等研究人员回来时再吃，那样还可以再得到一颗棉花糖作为奖励。他们还可以按响桌子上的铃，研究人员听到铃声会马上过来。对这些孩子们来说，实验的过程颇为难熬。有的孩子为了不去看那诱惑人的棉花糖而捂住眼睛或是背转身体，还有一些孩子开始做一些小动作——踢桌子，拉自己的辫子，有的甚至用手去打棉花糖。结果，大多数的孩子坚持不到三分钟就放弃了。“一些孩子甚至没有按铃就直接把糖吃掉了，另一些则盯着桌上的棉花糖，半分钟后按了铃”。只有大约三分之一的孩子成功延迟了自己对棉花糖的欲望，他们等到研究人员回来兑现了奖励，差不多有 15 分钟的时间。

这个实验的最初目的是研究为什么有人可以“延迟满足”而有人却只能投降的心理过程。然而，米歇尔在偶然与同样参加上述实验的三个女儿谈到她们幼儿园伙伴们的近况时，他发现这些少年的学习成绩与他们小时候“延迟满足”的能力存在某种联系。从 1981 年开始，米歇尔逐一联系当时已是高中生的 653 名参加者，给他们的父母、老师发去调查问卷，针对这些孩子的学习成绩、处理问题的能力以及与同学的关系等方面提问。

米歇尔在分析问卷的结果时发现，当年马上按铃的孩子无论在家里还是在学校，都更容易出现行为上的问题，学习成绩也较差。他们通常难以面对压力、注意力不集中，而且很难维持与他人的友谊。而那些可以等上 15 分钟再吃糖的孩子在学习成绩上比那些马上吃糖的孩子平均高出 210 分。

实验并未就此结束。米歇尔和其他研究人员继续对当年的实验参加者进行研究，直到他们 35 岁以后。研究表明，当年不能等待的人成年后有更高的体重指数并更容易有吸毒方面的问题。而那些能够延迟满足的人，无论是在学业、事业还是婚姻中都表现优异。

延迟满足对于每一个成长中的同学都很重要。延迟满足锻炼人的自我控制能力，使人做到节制。古希腊人曾把节制奉为四大美德之一，其他三种美德是智慧、公正和坚忍不拔。

我非常希望小旭拥有延迟满足的能力，获得自信、快乐的人生。因为我相信每一个同学都对自己有着美好的期待（尽管有些同学表面上表现出无所谓），当然这也是我的愿望和目标。如果你目前也存在着和小旭一样的问题，问问自己，你有改变的勇气和信心吗？

管理愿望，延迟满足

小旭：“老师，您快帮帮我吧，我可受够了我妈的唠叨了。我也想先学后玩，可是在我脑袋里总有另一个声音告诉我先玩一会，不着急。每天都这样。如果不先玩一会就觉得不踏实，学不进去。”

我：“你是不是不喜欢学习，觉得没有兴趣？”

我没有急着直奔主题，而是试探性地了解孩子学习的心态，然后再决定接下来聊什么。

小旭：“还行，不是很喜欢，也不那么烦。我们班大多数同学都这样。”他想告诉我他不是特例，并因此接受和原谅自己。

我：“是啊，学习很累，如果找不到感觉真的很难让人喜欢。”否定孩子的感受是非常不明智的。

小旭：“老师您真理解我们。”

我：“不客气。不写作业能玩得踏实吗？”

小旭：“他们（指父母）不在家时还行，他们在家时就得关上门偷着玩，也不踏实。”

我：“不踏实也要玩，看来玩对你很有吸引力。你都玩些什么呀？”我很有耐心，我要了解更多。

小旭：“没什么，我不玩网游，我玩的是单机的小游戏。也不总玩，看会电视，聊会QQ，发短信，上微博。”看来他对自己还挺满意的。

我：“有没有想过玩并不那么快乐，而且还要被妈妈唠叨、老师批评，不值得，不如写完作业再玩？”

小旭：“想过，可是没有用。总觉得在学校累一天了，该放松放松了。”心智不成熟的孩子都会被自己的欲望俘虏。

我：“累了一天，谁都想要放松一下。疲劳的大脑必须经过休息才能更有效地工作。”我不急于帮他认识真相，避免被看作是说教。

小旭：“老师还是您好，我妈不懂瞎唠叨。”被孩子喜欢的前提是理解他。

我：“你平常放学回家路上的时间、吃晚饭的时间，再加上玩的时间是多少？”

小旭：“回家要用30多分钟，看会电视吃饭，再玩一个多小时，加起来两个多小时吧。”我要让他自己知道浪费了多少时间。

我：“实际上对你们年轻的孩子来说，学习一天后大脑的休息时间有 30 分钟就足够了。”我没有批评他玩的时间太长、找借口，而是告诉他一个客观事实。

小旭：“可我就是感觉很累，休息不过来，不想学。”他摸摸脖子，有些不好意思。给孩子自尊，孩子才愿意接受教育，最后自我教育。

我：“那种感觉的确很麻烦。重复一遍你刚才说的话好吗？”我让他体验他的内在语言对他情绪的影响。

小旭：“可我就是感觉很累，休息不过来，不想学。”

我：“你再重复一遍你说的话。”

小旭：“老师，您什么意思？”他有些不解和恼怨。

我：“你有没有发现你越是觉得累、休息不过来，不想学的想法就越坚定，想放松、玩的愿望就越强烈？”

小旭：“是。”他发现我没有恶意后，放松了下来。

我：“现在你明白老师为什么让你重复那句话了吗？”

小旭：“明白了，是想让我了解我的心理。如果玩的愿望不能得到满足就感到很难过。”

我：“是的，我们必须明白自己的想法对自己情绪和行为的影响。”

小旭：“老师，您怎么知道得这么清楚，您是不是也有过这样的时候？”

我：“当然，老师也体验过，印象很深。”

小旭：“那您是怎么办的？”

我：“我当时问自己：‘陆传文，你想做一个愚蠢、痛苦的人，还是做一个理智、快乐的人？’”

小旭：“我想您当然想做一个理智而快乐的人，谁不想啊。但是什么样的人是愚蠢、痛苦的人，什么样的人是理智、快乐的人？”

我：“能自我控制，不被愿望左右，让自己平静、快乐的人就是理智的人。每天让自己痛苦、不安、烦躁的人就是愚蠢的人。现在你也问问自己，你愿意做理智的人还是愚蠢的人？”当孩子学会自我叩问，才能够觉醒和进行自我教育。同时，这样的叩问也是对孩子的激励，激发出他内在成长的愿望。

小旭：“当然愿意做理智的人，那多牛啊。可是怎么才能成为理智的人呢？”

我：“老师问你，如果水库的闸门不小心被打开了导致洪水泛滥，你是在下游叠坝阻拦还是来到上游关掉闸门？”

小旭：“当然是来到上游关掉闸门，下面堵有什么用啊。”

我：“这就是理智的人。”

小旭：“老师我不明白这和我想玩不想学习有什么关系。”

我：“还记得老师说过的吗，让你感到烦躁、痛苦的是什么？”

小旭：“记得，是想要放松和玩的愿望。”

我：“这些强烈的愿望像不像泛滥的洪水？”

小旭：“像。”

我：“明智的解决洪水的办法是什么？”

小旭：“到上游关掉闸门。”

我：“现在知道该怎么办了吧？”

小旭：“老师，让我想想……”

我站起来，在落地窗边看着天空中难得一见的那一丝丝蔚蓝。三分钟后。

小旭：“老师，我知道了，让自己没有强烈的玩的愿望。”

我：“非常好，善于思考是非常好的品质。现在你就想象一个平时回到家里的场景，想象你强烈的想要放松和玩的愿望像一匹野马被拴住了，冲不出来了，会有什么心理感受？”

我喝了一口茉莉花茶水，润了润喉。要给孩子时间去想象和体悟。

小旭：“感觉不那么累，也不那么烦躁。”

我：“这是不是说明人的愿望和心理有着紧密的关联？你总结一下，这个关联是什么？”

小旭：“愿望越强烈就越是希望马上得到满足，如果不能得到满足就感到心烦、难受；如果没有愿望或者愿望不强烈内心就不那么难受了。”他对自己的愿望和情绪之间的关系有了明确的认识。

我：“你感到平静了，也没觉得那么累了，是吧？”

小旭：“是的，真的很神奇。”他在胸前用力攥了一下拳头。

我：“人的心理就是这样，了解它就简单而神奇，不了解它就复杂而神秘。当你学会管理自己的愿望，不让那些会给你带来烦恼、痛苦的愿望野马一样乱跑，你就成了自己愿望的主人，也就是善于使用内心力量的明智的人。不能管理自己欲望的人，内心永远是烦乱和痛苦的。”

小旭：“谢谢老师，我有做主人的感觉了。”

人和愿望之间的关系就是这样，要么你控制它，要么它控制你。

延迟满足，享受更大的快乐

小旭：“老师，理智的、没有玩的愿望的人会不会活得很累？”很多人会把理智理解为无趣和死板。

我：“你是不是担心太理智就享受不到快乐了？”

小旭：“是。”孩子天生喜欢快乐。

我：“你认为要管理放松和玩的欲望就是不要放松和玩了，是吧？”

小旭：“嗯。”用力地点头回应。

我：“假设你非常喜欢吃巧克力，你每天都吃你最喜欢吃的巧克力，和忍耐三天后再吃，觉得哪个更享受？”我要让他了解享受和克制之间的关系。

小旭：“当然是忍三天后再吃更享受，天天吃就腻了。”他有这样的经验和感受。

我：“那么这不吃的三天里是不是要管理吃的欲望？”

小旭：“要管理。”

我：“为什么要管理吃的欲望？”

小旭：“为了第三天吃得更爽。”

我：“这能锻炼你的什么能力？”

小旭：“能锻炼我的克制能力。”

我：“自我控制感会不会让自己感到很牛，很骄傲。”

小旭：“会。”他仿佛已经做到了的样子。

我：“那你说管理欲望、自我克制，是会让自己没有快乐还是能够享受更大的快乐？”我不否定他享受快乐，而是激发他享受更大快乐的愿望。

小旭：“能够享受更大的快乐了。”在咽口水，感觉到他很向往。

我：“就是这样。你不仅享受到了巧克力的美味，还享受到了精神的‘美味’。现在，如果让你把这种管理欲望的方法用到写作业上，你该怎么灵活使用呢？”

小旭：“我会先写作业后玩儿。以前也有这样的想法，也知道写完作业再玩儿可以玩得更踏实、更开心，玩的时间也长，但是做不到，因为玩的想法太强烈了。现在我应该能克制自己了，不让玩的愿望那么强烈，就能静下心来写作业了。”

我：“非常好，看来你抓住要领了，老师愿意和你这样领悟力强的学生沟通。现在我们所做的是对话和心理演练不是实际操作，回到家里遇到现实情况可能会不一样，你的欲望管理能力也许会打折扣，你该怎么办？”很多孩子都有这样的情况，我必须让他提早预防。

小旭：“我就想象您在我的身边坐着，鼓励我呢。”我没有想到他的答案是这样的，但是我非常高兴，我能够给他带来力量。

我：“很高兴你这样看重老师，这个方法会很有效果。因为老师代表着权威和理智，实际上，这样的时候你想到哪个你崇敬的人都会同样有效果。还有就是坚持，每天不断练习管理自己的欲望，养成习惯你就可以运用自如了。”

小旭：“老师，我觉得和您沟通一下子长大了很多，懂了很多，也更加自信了。您很了不起。”

我：“那是因为你有成长的美好愿望。”

要努力做孩子心中的英雄，这是无言的教育力量。

先难后易，让学习变得越来越轻松

我：“你写作业的时候还有一个习惯就是喜欢先做简单的，后做难题。这个习惯给你带来了哪些麻烦？”我没有直接告诉孩子这样做的麻烦是什么，我希望他自己有清晰的了解，否则还是我的看法，不是孩子的认识。

小旭：“越写越不想写，心里越来越烦，最后根本就写不进去了。”

我：“那种感觉是不是像走一个坡路一样，先是下坡，走得很快很轻松，但到上坡的时候，却越走越累，最后干脆躺在路边不想走了？”孩子喜欢形象和生动的语言，这更容易触发他的感悟。

小旭：“就是那种感觉，越走觉得坡越陡，浑身越没劲。”

我：“你觉得先做简单的再做难题是出于什么样的心理？是会让你找到感觉、渐入佳境，还是要满足自己的偷懒心理，也就是做完简单的难题能做多少做多少，不会做就算了？”

小旭：“都有。”他很坦诚，他信任我。

我：“先做简单的给你带来渐入佳境的感觉了吗？”

小旭：“偶尔，更多的时候是越来越烦，越来越沮丧，根本就做不下去了。如果不马上停下来，玩一会，感觉会疯了。”

我：“那是肯定的，你的耐受力已经到了极限了。老师还想问你，满足偷懒的心理会不会使你‘啃硬骨头’的决心大打折扣，解难题的思维得不到训练，越来越怕难题？”我要让他发现问题的本质所在。

小旭：“就是这样，现在一听到难题这两个字心里都害怕。”

我：“这两年你都是这样熬过来的吧？”

小旭：“是，有时候觉得活着一点意思也没有。”

我：“实际上你希望生活得开心、轻松。”

小旭：“来您这里之前都绝望了，今天我有信心了。”

我：“好，老师会帮你树立更大的信心，和你一起解决这个难题。”

小旭：“谢谢老师，我可以有好日子过了。”

我：“老师这次教给你一套组合拳，延迟满足、蔑视困难、难题筛选，帮你达成心愿。”

小旭：“太好了，老师您快说。”

我：“延迟满足你会用，就是管理自己想要偷懒的欲望，不要立刻满足自己做简单的题的想法。”

小旭：“这个我会用，那蔑视困难是怎么回事呢？”

我：“知道哈哈镜吧，说说哈哈镜的原理是什么？”

小旭：“放大和缩小。”

我：“人的心理和哈哈镜是一样的，有放大和缩小的功能，明白了吧？”

小旭：“明白了，当我害怕困难的时候就把困难放大了，当我不怕困难的时候我就把困难缩小了。”

我：“就是这样，有些难题你是会做的，但是因为你把它的难度放大了，你反而不会做了，因为这个时候你满脑子都是恐惧，根本不能静下心来解题，对吗？”

小旭：“有过这样的经历，有些难题在心情好、自信心足的时候就会做。”

我：“现在知道怎样蔑视困难了，再听到难题这两个字心里还发抖吗？”

小旭：“不发抖了，我心理比困难强大了。”

我：“为你高兴，我们击掌庆祝一下。下面到了组合拳的最后一招，选择难题，我想你已经明白是什么意思了。你说说看。”

小旭：“我大概明白了，就是选那些在我能力范围之内可以解开的，实在不会的问同学或者老师。”

我：“恭喜你，你觉得这套组合拳能不能帮你解决先做简单的后为难题发疯的问题？”

小旭：“能，会很有效果。”

我：“有没有什么不明白的地方？”

小旭：“没有，您讲得很巧妙，也很容易理解。”

我：“那就好，回到家里在实际运用中遇到问题再和老师沟通。”

小旭：“好的，谢谢老师，今天是我有生以来收获最大的一天，我会经常向您请教的。”

为了能够使小旭快速地进入状态，做到延迟满足，我给小旭布置的家庭作业是：

◎不要急于说话，多倾听，想清楚对方话语里边的意思，考虑一下自己所要说的再回应，给自己充分的思考和组织语言的时间。

◎在餐桌上，一定要等父母和客人都坐好，大家一起开动。看着自己最喜欢吃的但却不要吃，挑战自己非吃不可的愿望，直到自己节制的意志战胜吃的欲望。

◎放学前不要急于收拾书包一心想着回家，回顾一下今天重要的课程，想一想要写的作业等。

◎体验先做难题后做简单作业的越来越轻松的感觉。

经过一个月的咨询、训练，小旭的心智模式得到了有效的训练，自我节制、延迟满足的行为得到了强化，可以习惯性地先写作业、先做难题了。同时体验到了延迟满足的快乐，这种快乐来自内心的成熟和强大。

小旭的妈妈非常开心，她激动地告诉我，通过和陆老师学习沟通，孩子愿意和她聊天了，以前跟仇人似的，现在又找到了亲人的感觉。她可以不用每天因为孩子的作业问题发愁了，也不会因为要督促孩子写作业而和孩子闹矛盾了。

不能延迟满足的人，是愚钝的人，他们内在的自我幼稚、软弱，幸福的体验很少，遇到困难会习惯性地退缩，容易形成悲观的性格。在欲望面前不能克制自己，往往成为欲望的奴隶，养成不良的习惯和嗜好，如同一条饥饿的疯狗，人的尊严丧失其中。在犯罪的人中，这类人很多。

唠叨、讲道理不是教育，教育是了解和激发，让孩子善于使用心理智慧和精神能量帮助自己。

家长教练作业

1. 父母要做到延迟满足，把自己要改正的具体行为列出来，贴到自己随时可以看到的地方，提醒自己，为孩子做榜样。如，父亲不要急于满足自己对烟酒的嗜好，母亲不要急于满足对逛街的购物的需要。

2. 父母要体验延迟满足的美好感觉，并记录下来，与孩子分享，激发孩子延迟满足的动力。

3. 有情绪的时候不要急于发作和宣泄，在心里数六个数，让自己冷静下来。看一看自己的情绪来自哪里，如果发作会对孩子造成哪些伤害？

第21次对话

守护孩子心灵的洁净和健康，培养孩子环保的品格

自然环境和公共场所受到污染和破坏，是因为人的心灵不干净了、受损了。保护环境，首先要守护心灵的洁净和健康，尤其是年轻的同学们心灵的洁净和健康，因为他们将是地球的守护神。

冬令营的第三天，教室和寝室的卫生就被破坏了，很多同学开始乱扔东西，教室的某些角落和有些男生的寝室成了“垃圾场”，包装纸、方便面盒、玩具、书、作业本扔得到处都是，仿佛被打劫了一样；还有的房间换下来的内裤、袜子也随处可见，臭味扑面。

父母因为过于注重学业，往往会忽视对孩子生活能力的培养，孩子们的生活习惯很糟糕，很多孩子成了生活的“残疾人”——不能自理。生活上的脏乱会导致心灵的浮躁和灰暗，打理不好房间的人也打理不好自己的心灵，更不会在意自然环境和公共环境的状况。父母们必须意识到，大自然被破坏了，人就失去了生存的家；公共环境被破坏了，人的文明就被玷污了，人失去了休息娱乐的殿堂。

晚上活动结束后，我来到小锦同学的寝室，我要和他聊聊个人卫生，人的心灵和自然、公共环境之间的关系，使他成为心灵洁净、健康的人。善于沟通的人都知道，语言有着神奇的净化和塑造的力量，对孩子尤其如此，因为孩子的心灵和人类美丽的思想相连。我们必须及时观察孩子，在孩子们有类似苗头的时候，进行沟通教育。假如我们的语言有精神的内涵，就可以激活孩子内在的精神美，孩子就会知道环境是每个人的，是人类共有的，必须保护。

少年，你们是未来地球的守护神

我：“刚刚发生过洪水还是龙卷风，够乱的啊。”我的风趣中带着批判。

小锦：“老师，不是我一个人弄的。”他很紧张，知道自己做了什么。

我：“老师知道，我看到有几个同学疯了似的跑出去了，是你们大家弄的。小锦，待在这么脏乱的房间里舒服吗？”我温和地问。

小锦：“不舒服。老师，我现在就收拾。”他很自觉，每个孩子都有自尊心，要保护。

我：“我帮你。”

小锦：“不用，不用，我自己来吧。”他歉疚地说。

我：“没关系，我们边收拾房间边聊吧。前天上午在入营仪式上，同学们诵读‘少年强则中国强’的时候，老师看到你很激动，老师相信你内心也有一个要强的少年，你也不想成为一个庸俗无能的人。”我眼前浮现了那个画面，我要唤醒他内心的美好。

小锦：“当时是挺激动的，但是我不知道自己能做什么。”

我：“每个少年都有着和你一样的梦想、激情和困惑，实际上你们能做的事很多。老师最近经常在电视上看到旅游场所的混乱和肮脏，人走之后垃圾成山，让人不忍目睹。还有一些无良的企业乱采滥伐、往河里排放污染物，大自然被肆意掠夺和破坏，我心里非常气愤和难过。不知道你看过没有？”把自己对环境遭到破坏的真实感受告诉孩子，比批评孩子脏乱差更能够打动孩子善良的心灵。

小锦：“我没时间看电视。但是夏天的时候，我们全家去看演唱会，散场后满场都是垃圾，当时心里很不舒服，我妈还差一点被水果皮滑倒。”他厌恶地说。当我们引导出孩子厌恶破坏环境的情感时，也就是他自我教育和升华的时候。

我：“老师一直在想，为什么我们的生态和环境保护意识这么差，如何才能从根本上解决问题。前天，当你们充满激情地诵读梁启超先生的《少年中国说》时，我找到了问题的答案，那就是在你们身上培养环境和生态保护意识，把你们培养成地球的守护神。”我有力地说。

小锦：“老师，我们把自己的房间都弄得这么乱，您还对我们有信心？”他被我的爱和尊重感动了。在孩子表现不好的时候，理解和信任最能够激发孩子向上的渴望，让孩子觉得自己有未来。

我：“是的，很有信心。因为老师了解你们，你们是有多余的能量没有地方释放，才这样的。如果你们知道自己该做什么，能做什么，把自己多余的精力引导到一个正确的方向上，和自己的梦想融在一起，你们优秀的品质就会展现出来。”

我们一边聊天，一边收拾好了房间，面对面地坐了下来。小锦的情绪已从紧张变成了轻松和期待。这就是教育的艺术。

无论什么情况下，都要让孩子从我们的语言和态度中看到对他的信心，让孩子有荣誉感和价值感，当他们在内心接受了某个崇高的价值，他们就会成为这样的人，因为生命总是向着阳光成长的。这是教育的基本规律。

平静下来，你就能看见自己的思想

在人的心里有一面水做的镜子，你内心烦乱的时候水面翻腾，水花四溅，你就看不清自己。让你的心像凝固的水一样静下来，你就能看见自己的思想，甚至可以听见一声爱的轻叹。父母要学会让孩子放松和平静的能力，那就是理解、包容和信任。

小锦：“老师，我很想知道怎样使用这些多余的精力？”

我：“让自己静下来。只有静下来的时候你才有更多的时间思考和感受，你就能看见自己的思想，就像看到你眼前的手机等物品一样，而你的思想就可以把你多余的精力引导到正确的方向上来。”

小锦：“有的时候我觉得自己很浮躁，不知道怎样才能静下来。”

我：“不要让自己玩得太疯，当你玩了一会儿，觉得可以消除学习的疲劳以后，找一个安静的地方一个人静静地站一会儿或者坐一会儿，你的心就静下来了。还可以像现在这样，找一个知心的朋友或者智慧的长者，分享思想和感受，你就可以在思想中静下来。”

小锦：“现在我是感到很平静，觉得这两天做得不好。”

我：“也就是说，当你静下来后，你发现不喜欢烦躁的、破坏环境的自己，是吗？”

小锦：“是的，不喜欢。老师，人的内心很乱的时候是不是就不会顾及环境？”

我：“是的，内心的秩序和环境的秩序是一个秩序，内心安静的时候，你会感受到环境的整洁和美，你就会不忍心去破坏它。”

小锦：“是，我有这样的感受，现在我觉得收拾好的房间很整洁舒服。”

我：“也就是说你真正的内心里并不喜欢一个又脏又乱的环境，你是一个喜欢干净、有环境保护意识的人，对吗？”

小锦：“是。”

我：“那就听从你的内心，把多余的精力用到保护内心的美好和保护环境上。”

如果我在恼怒情绪的鼓动下批评孩子说：“你怎么那么脏！”这等于在给孩子贴标签。甚至说：“你怎么比猪还脏！”这是对孩子的羞辱，贬低孩子的自尊，孩子是不会在贬低和羞辱中找到成长的力量的，只有在激发优秀的内在品质时才能够找到成长的精神力量。

扩大自我的外延，成为有大我的人

不论是成人还是孩子，要有环境保护意识，需要你的大我站出来。每个人的心中都藏着一个大我，但是需要你去发现和呼唤。这是父母要学习和实践的工作，父母是孩子的影子，在孩子身上反射着父母的思想和境界。

小锦：“我有保护环境的想法，但是有的时候做不到。”孩子美好的想法是很宝贵的，要珍视。

我：“这种现象很普遍，很多人都和你一样，因为他们爱护环境的意识不够强烈。”

小锦：“怎样才能有强烈的环境保护意识呢？”

我：“你在自己的房间里乱扔东西吗？为什么？”

小锦：“不乱扔，自己的房间那么乱没法待。”

我：“因为你觉得这个房间是你的，归你所有，所以要爱护，对吗？”

小锦：“是，那就是我的房间啊。”

我：“你在你家的客厅里乱扔东西吗？”

小锦：“不乱扔，道理是一样的。”

我：“你觉得客厅也是你家的客厅，你有让自家的客厅保持整洁的想法，是这样的想法控制了你的行为，让你没有乱扔东西，对吧？”

小锦：“对。”

我：“当你觉得什么东西是属于你的，你作为主人的爱护欲就呈现出来了。现在你该知道怎样使自己有保护环境的意识了吧？”

小锦：“我知道了，把教室、寝室、公共场所都当成自己的。道理我明白，但是感觉不强烈，怎么办？”我在帮他扩大自我的外延。

我：“1012房间是不是你的？这张床是不是你的？房卡是不是在你手里？现在，你是不是这个房间的主人？”

小锦：“是。但是是暂时的，住不了几天就走了，就不是我的了。”

我：“你说的这种心理非常真实和普遍，每个人都觉得自己是个过客，所以每个人都没有爱护的心。老师问你，如果你的同学觉得教室不是自己的都来破坏，弄得跟脏乱不堪、臭气熏天的垃圾场似的，你去哪里上课？如果每个住店的人都觉得酒店不是自己的，也弄得跟脏乱不堪、臭气熏天的垃圾场似的，你去哪里住店？如果每个人都觉得旅游景点不是自己的，还是弄得跟脏乱不堪、臭气熏天的垃圾场似的，你去哪里欣赏美丽的风景？”

小锦：“毕竟有人收拾，不能总那样脏乱啊。”

我：“按照你这样想，如果每个人都觉得地球不是自己的，都来破坏和掠夺地球上的财富，伐掉所有树木，杀光所有动物，把污水都排到江河湖海里，地球变成了火星一样的荒漠，谁来收拾？怎么收拾？没有了氧气、水和动植物，人怎么活？”

小锦：“不知道。老师您这一说还真挺可怕的。”

我：“当然可怕。这个时候你觉得地球还是不是你的？是不是每一个人的？”

小锦：“是我的，也是每一个人的。”

我：“既然地球都是我们每一个人的了，那么教室、寝室、旅游景点、各种公共场所是不是我们每一个人的？是不是你的？”

小锦：“这么说是。”

我：“当我们这样来思考的时候，我们就拥有了一个大我。所谓的大我就是把自己归纳到一个大的生命系统中，从细菌到小草、蚂蚁、大象、鲸鱼，每一个生命的存在都和另一个生命息息相关，每一个人的存在都和另一个人息息相关。”

小锦：“怎样才能让自己有大我呢？”

我：“经常在心中强化‘我的’这样一个概念，让‘我’的外延不断扩大。就像前边说过的那样，‘我的卧室’‘我的客厅’‘我的家园’‘我的学校’‘我的城市’‘我的同胞’‘我的国家’。”

小锦：“这样人就不会那么自私了吧？”

我：“是的，你说得非常好。这样的人不仅不会自私，还会产生另外一种美妙的情感，因为他的心胸会像原野一样宽阔。现在你就可以体验一下。闭上眼睛，在心里坚定地说三遍‘我的家园，我的学校，我的城市，我的同胞，我的国家，我的地球’，看看会有什么样的感受？”

一分钟后。

小锦：“感觉很牛，好像很自豪，有主人感和保护它们的冲动。”

我：“恭喜你，心中有大我的人才会感到自豪，才会有强烈的利他意识，自私的人只能感到窃喜。”

父母把所有的注意力都投放在孩子的学习上，就是在培养一个自私的小我，孩子的生命就不能在人类的精神花园里绽放。不断地强化孩子的大我意识，孩子的未来才广阔。即所谓的心有多大，舞台就有多大。

尊重自己，相信自己的作用和影响力

小锦：“老师，有的时候我觉得自己很渺小、微不足道，做不了什么。”

我：“老师也曾经有这样的感觉。而且老师知道那些不爱护环境的人都觉得自己卑微、渺小，不会有什么作为。当他们随手扔掉一张废纸的时候，会在心里对自己说，不就是一张废纸吗，没什么了不起的，我一个人也改变不了什么。”

小锦：“我也有过这样的想法。”

我：“想一想，旅游景点、公共场所垃圾如山是不是因为每个人都觉得自己的行为微不足道，觉得扔一片纸没什么，吐一口痰没什么？如果一个景点每天有十万人游览，十万人都这么想，不就是十万张废纸，十万口脏痰吗？”

小锦：“这样一想可真是。如果大家都能把问题想得这么透就不会乱扔垃圾了。但是怎样才能不让自己觉得卑微、渺小呢？”

我：“如果每当你需要克制自己，为他人和社会做点贡献的时候，你都对自己说‘我只是一个弱小的学生’，你会有什么样的感受？”

小锦：“如果那样的话，我可能会觉得自己很没有用，会放任自流。”

我：“就是这样。人们总是用身份限制自己，给自己不克制的行为找借口。人们会说——‘我只是一个普通的工人’‘我只是一个没有文化的农民’‘我只是一个家庭妇女’‘我只是一个弱小的学生’。不断用这种身份强化自己的卑微、渺小，看轻自己，让自己不断失去承担的精神能量。”

小锦：“那应该对自己说些什么呢？”

我：“工人、农民、家庭妇女、学生，是不是都是人？人有哪些崇高的特性？”

小锦：“都是人。人是伟大的和有创造性的。”

我：“你说得非常对。当你说人是伟大的和有创造性的这句话时，内心有什么感受？”

小锦：“感觉很有劲，很激动。”

我：“这就是陆老师所说的精神能量。无论你在哪里，在公共场所，在旅游景点，在学校、单位，无论你是什么身份，永远记住，大家都是一样的人。现在你知道该怎么做了吧？”

小锦：“忘记自己的身份，不用身份强化自己的渺小，记住自己是人，伟大的人。”

我：“非常好。不管自己是农民、工人、家庭妇女还是学生，都要牢记自己是人，相信自己对他人和环境是有作用和影响力的。不要觉得自己是个小人物，我们的出身和地位可能是卑微的，但是我们的心灵和行为却可以是高贵的，因为我们是人。每个人都要重视自己。如果你坚持每天跟随自己心灵的召唤，做自己该做的那些微不足道的小事，把自己的垃圾放到垃圾箱里，顺手把别人的垃圾也扔到垃圾箱里，你的心灵就会变得伟大。”

小锦：“老师您把我说得很激动，想大喊我是人。”

我：“那就喊出来。”

小锦：“我是人！”

我：“我是人！”

教育的首要目的就是把孩子培养成人，所以，要经常向孩子灌输人的崇高和伟大、人的尊严和创造性，让孩子对自己作为人的存在有清晰和深刻的认识。否则，无论孩子学习多好，他只是一个对自身生命本质缺乏认知的好学生而已，会学好的东西，也会学坏的东西，可能服务社会也可能危害社会。在一个不知道人是什么的好学生身上，存在着极大的危险性。

有的时候你也许会认为自己太渺小，偌大的世界自己起不了什么作用。告诉孩子，让他永远记住，在这个世界上，没有无用的人。

敬畏自然，认清自己

人最愚昧的想法就是征服自然，在征服自然的过程中潜藏着自我毁灭的潜意识。所以，人首先要征服自己的愚昧和欲望。

小锦：“老师，你说要学会思考和感受，但是我想不明白我们人和自然是什么样的关系，是征服和被征服的关系吗？”

我：“你和母亲是什么关系？”

小锦：“那还用说吗，是母子关系啊。”

我：“母子关系是征服与被征服的关系吗？”

小锦：“不是。”

我：“那是什么关系？”

小锦：“我妈爱我，我也爱她，是爱的关系。”

我：“对，你和母亲是爱和被爱的关系。我们每个人都是大自然的孩子，大自然也是我们的母亲，你说人和自然是什么关系？”

小锦：“如果这样也应该是爱的关系。那为什么还有那么多人要征服自然、破坏自然？”

我：“这就像有些大逆不道的孩子嘲笑、打骂母亲一样，是一种大不敬。他们觉得自己长大了，可以养活自己了，比父母有力量了，嫌弃父母了。要征服自然的人有同样的心理，他们拥有科学技术和工业机器，轻而易举地就可以为所欲为，所以他们就膨胀了，把自己当成了地球的主人，反过来伤害自然母亲。”

小锦：“太可恶了，大自然会报复他们的。”

我：“大自然是母亲，母亲是不会报复自己的孩子的。但是大自然需要平衡，人要是打破了这个平衡，大自然就会生病，比如海啸、飓风、全球变暖、台风、泥石流、沙漠化、干旱、洪水等，大自然一生病遭殃的就是人类。”

小锦：“如果大自然被破坏了，他们的子孙后代怎么办？他们不为自己的子孙后代着想吗？”

我：“你说得对，他们的脑子坏了，只为自己着想；他们的眼睛瞎了，看不到未来子孙的生存危机。他们只爱自己，不顾子孙的死活，要断子孙的后路。”

小锦：“他们为什么会成为这样的人？”

我：“两个原因，一是现在的人们生在城市中，长在城市中，和大自然疏远、陌生了，他们的自然本性被压抑了，忘了自己就是自然的一部分，变得无知；二是在他们像你这样形成价值观的少年期，缺少道德教育和品格塑造，他们的人格不健全，内心的良知被贪欲控制了。所以老师强烈地盼望在你们少年的心中种植正确的人与自然的关系，培养你们的理性良知和健全人格，当你们成长起来，会成为保护自然的坚强的力量。”

小锦：“放心吧老师，通过今天的交流，我已经知道自己能做什么了，我要为了自己和子孙保护环境和地球。”

我：“老师相信你，因为在你们少年的身上有鲜活的理性良知和伟大的梦想。你只要多到大自然中去，亲近自然，感受自然，你的自然本性就会被激发出来，深刻地知道自己就是自然的一部分。老师有过这样的感受，在老师像你这么大的时候，经常到郊外去，当我躺在河边的温暖的沙滩上的时候，我真觉得自己就是一粒沙子；当我在河里游泳的时候，我觉得自己就是一条鱼。那种感觉非常奇妙。”

小锦：“我回去后第一件事就和同学们去感受自然，我一定不辜负您。”

转眼一年过去了，第二年小锦又来到了我们的夏令营，这时的小锦已经完全变了模样，穿戴整洁，走路挺胸抬头，满脸的自信和阳光。他主动要求担任“环保大使”，督促和监督环境卫生，和营员们分享他的收获，讲他理解的那个“大我”——很牛的我，世界的主人。孩子们的品格都是教育的结果，我在小锦和与他一样的少年身上，看到了未来的希望。

我们要竭尽全力把孩子放到有价值的位置上，崇高和卑下是敌对的，有着崇高心灵的孩子会厌恶卑下，自然不会做出让人失望的事。孩子们是自己精神世界和地球的守护神。

家长教练作业

1. 父母带领孩子组成社会实践小组，到旅游景点和公共场所宣传和保护环境。

2. 经常和孩子一起到大自然中去，如果你们在草地上就把自己想象成一棵小草，如果你们在森林里就把自己想象成一棵小树，如果你们在鸟儿的鸣叫中就把自己想象成一只小鸟。渐渐地你的自然本性就会激发出来，你就会认识到，保护自然就是保护自己。

3. 父母要经常和孩子聊一些精神方面的话题，滋养孩子的精神世界。父母要在自己的语言中有对人类美好精神的向往，有对自私、贪婪者的厌恶和谴责；这样的语言，会激发孩子的精神生命，会让孩子有做人的态度。要让孩子们相信他们的能量无限，能为这个世界做很多的事，他们是地球的守护神。这是父母要经常对孩子说的话，富有精神能量的语言才最有教育的作用。

第22次对话

恋爱与爱情，一字之差天上人间

年轻的孩子不知道恋爱和爱情不是一回事，心智不成熟的人谈恋爱，有智慧的人谈爱情。尽管人心智的成熟和年龄有关，但是并不是必然的，因为有些人到死还很“幼稚”；除了年龄、经验以外，决定一个人是否成熟的关键因素是他对事物的认识。

初三男生小民在谈恋爱，在热烈地不顾一切地谈恋爱。尽管中考在即，可是他无心学习，每天用大量的时间和女友谈恋爱。小民的女朋友和他同在北京某中学读书，上初二，是小民的学妹。每天晚上放学小民都要把女友送到家再返回来，尽管女友的家离学校很近；回到家还要打电话聊天，睡觉前还要发短信，有时还要给女朋友讲故事哄她睡觉；每周小民要请女朋友吃两次晚饭，周末要陪女朋友玩半天；甚至上课的时候他们也通过短信、微信互相问候、关心。小民和父母的关系一般，也很少沟通。小民觉得女友是这个世界上最理解和信任他的人，他们在一起无话不谈，非常快乐，甚至有相依为命的感觉。因为小民女友的父亲身体不好，所以脾气较大；女友的妈妈工作忙，不细腻，对女儿的体贴也不够。这样，他们在一起获得了在家庭中得不到的温暖，越发迷恋对方，分开一刻都觉得很孤独、难受。

小民的学习成绩本来不错，在班里中上等，如果努力追一下的话有望考上区重点中学，老师说他有这样的潜力。但现在小民的成绩不升反降，老师和父母怎么劝说都没有用，为此经常和父母闹矛盾，弄得一家人都不开心。实在没有办法了，妈妈偷着给他的女友打电话，劝他们暂时分开，等小民中考结束后再谈。小民知道后，和妈妈大闹了一顿，现在还不愿意和妈妈说话。

恋爱不是爱情，是依恋和沉迷

热恋中的男孩女孩，像焊在一起的两根金属棒，强行分开，会伤到他们。最好的方式是通过对话，让他们认识什么是恋爱和爱情，能够区别其中的不同，并因此在爱中获得生命的成长。

我：“小民，你是初恋吗？”

小民：“不是，初二的时候谈过，但没什么感觉，就分了。”

我：“这次有感觉了，你动了真心？”

小民：“还好。”小民轻描淡写，害怕被笑话。

我：“你们谈了多久了？”

小民：“三四个月了。”

我：“听妈妈说你对她非常地关心、照顾，体现出男人的味道。”我很欣赏男人关心、照顾女人。

小民：“还好吧。”小民依然在防备。

我：“你的学习成绩下降和谈恋爱有关吗？”我知道小民的防备不会一下子解除，就试探性地问，看他会有什么反应。距离意识很重要。

小民：“挺好的呀，是他们（指父母）瞎着急。我知道该怎么办。”他像个大人似的说。

我：“你不必多心，老师不是你父母的同伙，也不想拆散你们。老师在你这个年龄的时候也爱过一个女孩，知道那种感觉。老师只是想和你聊一聊关于爱情的话题。”我希望通过这样的表白让小民放下戒备。

小民：“老师，能说说您的爱情故事吗？”他很好奇，也想看我是否真诚。

我：“当然可以。在初二的时候，我喜欢上了一个初三的女孩。她是我们家的邻居，非常漂亮。现在回忆起她的眼睛都感觉很迷人。每天我放学后第一件事就是在家门口等她，因为她放学比我晚，而且要经过我家门口。我总是焦急地盼望着她出现在路的拐弯处，然后看着她婀娜多姿地从我眼前经过。每当她出现的时候，我又兴奋又紧张，害怕她看出我的目的，所以总是假装找事做，然后再找话搭讪。一旦看不到她就会为她担心，就觉得魂不守舍。”父母担心袒露自己的故事会让孩子看不起，实际上，孩子会喜欢我们，放下戒心，像朋友一样坦承部分心声。

小民：“您怎么向她表白的？”

我：“我没有表白，只是在心中暗暗喜欢她。但是我却把这次经历当成了我的第一次爱情，每次回忆起来都感觉很甜美。”

小民："真遗憾。老师，这只能算单恋，怎么能说是爱情呢？"他觉得我不够开放和勇敢。

我："我没有表白是因为我怕影响她学习，给她添麻烦，那个时候的人还很保守。这样的想法里有爱情的特点，叫作克制。同时我也体验到了爱情的甜美，所以我个人把这次经历看成了爱情。"我要让他知道我不是懦弱，而是负责。

小民："老师您真厉害。你年轻的时候就这么有思想？"他很佩服，也有些怀疑。

我："哪有。那个时候也很不成熟，只是在凭感觉做事，爱情的特点是后来总结出来的。但是，我常常想，如果在年轻的时候就对爱情有一些基本和正确的了解，该有多好，一定会享受更多的爱情的甜美，而不会像现在很多人那样盲目地谈恋爱了，因为恋爱和爱情是不同的。这也是我今天和你交流的目的。"我真诚地说。

小民："老师，恋爱和爱情有什么不同吗？为什么要区分得那么清？"小民的戒心几乎瓦解了，并且有了求知欲，这就是真诚的力量。

我："小民，你听说过'差之毫厘，谬以千里'这句话吗？"教育的艺术就在于循循善诱，而不是把正确的道理强加给孩子，那样"正确"会在孩子的自我保护中变得毫无意义。

小民："听说过。"

我："你用恋爱的恋字组词，看看都能组成哪些词？"

小民："爱恋、依恋、眷恋、贪恋、恋战，就能想到这么多了。"

我："还有一个成语叫恋恋不舍对吧。从这些词中你发现什么特点没有？是不是把和恋爱的'恋'字相关的词和成语总结起来看有这样两层意思：依赖和沉迷。"

小民："好像是。"

我："你再用'爱'字来组词，看看有哪些？"

小民："爱情、爱恋、仁爱、热爱、挚爱、爱戴，不好意思，就能说出这些。”

我：“已经够多了。从爱的组词中你能总结出什么？”

小民：“说不好，感觉爱比恋更高一层。”

我：“是的，爱是人类伟大的情感和信仰，是人的终极追求。爱是奉献、尊重和负责，爱是感恩和回报。在爱中我们真诚地展现自己，超越自己，帮助和成就他人。但是，恋爱却是依赖和沉迷，把自己完全交给了对方，失去了自我，表面上是在爱着对方，实际上是依赖对方的理解、安慰和甜言蜜语。这就是为什么恋爱中的人不能说真话，不能指出对方的毛病，一旦这样，甜蜜的肥皂泡就破灭了，就觉得对方不喜欢自己了。所以，依赖和沉迷式的恋爱是不成熟的，不能算是真正的爱情。”

小民：“原来，恋爱和爱情有这么大的区别，好高深，但还是有感受。”

我：“那就好，老师要和你分享的是，凡事都有其奥秘，做饭有烹饪的技术，走路有运动的科学，爱情更是复杂的话题，越是复杂的事物，越是需要很多、很深的了解。很多人可以做得一手好菜，但是却不懂爱情，享受不到爱情的幸福。”

这样的话好像高深了一点，但是，对于喜欢探究的中学生来说，却有着不一样的影响力，因为他们对深刻的思想有着天然的爱好。

爱情的重要特点是克制和独立

爱情是令人向往的，但是爱情自有它的特点，不了解这些特点，我们就不懂得什么是真爱。必须让孩子懂得真爱，因为爱情将伴随孩子的一生。

小民：“老师，什么是真正的爱情？”

我：“真正的爱情除了前面老师说过的克制，为对方考虑外，还要独立。虽然真正的爱情她的特质很多，今天我们主要讨论独立这个特质。小民，通过刚才的交流，你对爱情中的独立这个特质有怎样的理解？”

小民：“我以前没有想过谈恋爱还要独立，我觉得两个人越是离不开对方，越是想念对方，才说明他们非常亲密，很喜欢对方。我和女朋友在一起的时候很谈得来，她很会关心人，总夸我，让我感到从来没有的快乐。今天听您一说，觉得也有道理，我可能太希望得到她的关心和听她说话了。这样是不是不够独立？”

我：“是的。你觉得独立是什么？”

小民：“独立就是不见她也不觉得非常难受吧。”

我：“你说得很对。独立就是可以点亮自己心中的灯，让自己觉得踏实和温暖，而不需要外来的光源和热量；独立可以让你忍受孤独，能一个人安静地做事；独立也是你可以欣赏自己、关心自己，不依赖别人的关注。这样，你就不会见不到女朋友就难受、寝食难安了。”

小民：“老师，我怎样才能在爱情中独立起来呢？”

我：“需要学会欣赏和关心自己。现在我们就来做练习，你先写出自己的五条优点。”

小民写出了自己的五条优点：

1. 有礼貌。

2. 理解力较好。

3. 够朋友。

4. 会关心人。

5. 有耐心，不跟女朋友发脾气。

我：“很好，看着自己的优点有什么感受？”

小民：“挺好的，心里挺美的。”

我：“接下来，你再尝试着关心自己。”

小民：“不好意思，我不知道怎么关心自己。”

我：“没关系，老师给你做个示范：‘陆传文，你要按时睡觉，休息好，做个好梦。’”

小民：“我明白了。‘小民，你要按时吃饭，不要挑食，注意身体。’”

我：“你做得很好。闭上眼睛再对自己做一些贴心的关心，体验关心自己的感受。”教育的智慧是为孩子提供解决问题的方法，而不是一味地阻挠和批评。

过了一会儿。

小民：“一开始有些怪怪的，不适应；后来感觉挺温暖的，而且觉得坚强了。”

我：“非常好。在爱情中独立不仅可以锻炼自己的品行，还会给你喜欢的人带来好处。因为如果你是独立的，你也会把她当作独立的人来看待，不会依着自己的想法和兴致对你喜欢的人提出她不愿意接受的要求，就算她拒绝你也不会觉得她不爱你，而是知道她是独立的人，有自己的爱好和权利。这样的爱情才能够和谐、长久，明白吗？”

小民：“我懂了，我知道该怎么做了。”

三天后，小民给我发来短信，说他回去后跟女朋友讲了和我交流的收获，他女朋友也赞同爱情要独立的说法。他们相互鼓励对方也要独立，并决定克制每天必须见面的欲望，三天见面一次；每天晚上只发 10 分钟短信，留出大量时间准备迎战中考。

爱是一种美德

对于父母来说，孩子迎战中考只是次要目标。父母主要的目的是希望小民真正地懂得爱情，心智成熟，为以后的爱情和婚姻生活做准备。因为孩子恋爱的问题不解决，中考是没有希望的，同时，通过让孩子对爱的特点进行深刻认识，让孩子把爱扩展到爱父母，爱自己，爱责任。这也是每个年轻的同学所要做的准备。

恋爱与爱情，一字之差天上人间。恋爱，是依赖和贪图，盲目地把自己捆绑在另一个人身上，依靠对方的体温温暖自己。这样你不仅丧失了自爱的能力，还会对你所喜爱的人提出苛刻的要求。你希望他关心你、在意你、体贴你、理解你、包容你，你把自己当成了寄生物，把你所爱的人当成了寄主。一旦你所爱的人有自己的需要和困难，对你稍有疏忽，你就会觉得爱情不可靠，觉得对方不爱你，为难对方。你把自己和所爱的人绑在一起，丧失自己，创造出一个连体怪物。美好的爱情，变成了相互折磨、纠缠不清的儿童游戏。

爱情是独立的，在真正的爱情中每个人首先都要激励自己成长，然后带动对方一起成长。相爱的两个人都能够温暖自己，这样两个人在一起的时候才更加温暖。对你所爱的付出大于要求，相信大于怀疑。站在一起是和谐的风景，但你们又是不同的有各自鲜活特色的两个人。你们想念对方，但是能够忍受想念的煎熬，并把思念的煎熬化为相见时的更大、更透彻的幸福和甘甜。爱情中的独立性，是爱的美德。

家长教练作业

1. 早恋的孩子大多数缺少父母的关爱和温暖，所以，父母在发现孩子恋爱后，第一件要做的事不是干预，而是关心、陪伴。

2. 父母绝对不能用各种错误的方法拆散恋爱中的孩子，而是要和他们谈自己的爱情故事，并通过真诚感人的故事让孩子悟出爱的真谛。

第23次对话

走出失恋，做快乐的自己

女孩儿失恋的时候，不仅是失去了她所爱的人，而且仿佛也失去了自己，成了没有根的花，独自飘零；失去了整个世界，因为他就是她的所有、一切。如果父母能够懂得女儿心里的悲伤，是对孩子最好的救治。

高二女孩小玫请病假在家休养已经半个月了，她连走路的力气都没有了。小玫不想见人，不想说话，不想上学，不想吃饭，不想睡觉，只想哭，只想折磨自己，因为她失恋了，因为她把那个男孩给逼走了。

小玫说，她和那个男孩是初中同学，初中时那个男孩就追求她，但她的父母管得严，他们没有相处的机会。高中后，他们各自考上了不同的学校，但那个男孩却没有忘记她，总拿着玫瑰花来看她。她被感动了，而且自己也很喜欢这个男孩，他们很快就恋爱了。那个男孩很帅，很喜欢她、在意她、听她的话。她想吃什么他就给买什么，不管跑多远的路，花多少钱；她想听哪个明星的歌曲他马上就会给她下载、买光盘，甚至带她去看演唱会；想见他的时候，无论他在哪里都会尽快赶来，来晚了她就骂他；他每天都主动给她打电话，发短信；她不开心的时候，他会想各种花样逗她开心，他装小狗，驮着她在地上边叫边跑。

他们两个人的学校离得很远，但是每天那个男孩都挤地铁赶过来送她；她晚上睡不着觉的时候，那个男孩就给她唱歌、讲故事。但是小玫是被父母宠坏了的小公主，稍不顺心就对男孩发脾气，说不理他就不理他，约会经常迟到。她给男孩打电话，男孩接听慢一点她也不高兴，一定要让他解释清楚为什么，是不是不想接她的电话；男孩每天必须按时发短信，早了晚了都不行；每天讲的故事、唱的歌都不能重复，否则就不睡觉。为此，他们也吵过架，但是她总有理由，再加上撒娇，这一切也就过去了。但是，她也被那个男孩宠坏了，太骄傲了。有一天，小玫玩过了头，当着很多女同学的面要那个男孩向她献殷勤、伺候她，还嘲笑他，为的就是向姐妹们炫耀自己多有魅力。男孩终于无法忍受了，坚决地和小玫分手了。无论小玫怎样道歉、哀求，那个男孩都不理她，她伤透了那个男孩的心，自己也痛苦得死去活来。

失去了那个男孩，小玫觉得整个世界都没有了颜色，没有了趣味，整个人都在沮丧、自责中枯萎，觉得活着也没什么意思。她无法振作，无法恢复正常的学习和生活。唯一能让她打起精神的就是幻想那个男孩能原谅她，像以前那样呵护她、照顾她、爱她。无奈的母亲带着小玫来到我的咨询室。

幻想自己是公主的女孩，爱情一定是痛苦的

父母千万不要把女孩培养成颐指气使的公主，现实生活中没有王子。公主病和精神疾病一样可怕。

小玫：“老师，我无法打起精神，我好难过，我只想哭。”小玫脸色苍白，眼泡还肿着，瘫软地坐在沙发里。

我：“是啊，你仿佛没有了自己，整个人都是空的，你的灵魂都被他带走了。”同理心是救治失恋女孩的基本处方。

小玫：“我太喜欢他了，没有他，活着还有什么意思！”

我：“他是你的一切。”

小玫：“我为什么这样喜欢他？离不开他？”她恨自己太爱他了。

我：“第一，他对你好，像父母一样宠爱你，甚至比你父母更加宠爱你；第二，他符合你的幻想，长得帅，呵护你、包容你，和你童话中的白马王子相似，所以你如此喜欢他。”我帮她厘清她的需要和情感。

小玫：“他对我好的时候，我真的好像活在童话里。”她此刻还在幻想。

我：“童话是让孩子们对未来的生活充满向往的，小时候喜欢和相信童话是聪明的，但是长大后依然幻想童话里的故事发生，你就是欺骗自己、给自己挖坑。”我点破她的幻想，让她回到现实，是重要的第二个处方。

小玫：“我为什么要欺骗自己、给自己挖坑？”幻想型的女孩往往不知道是在自我蒙蔽。

我：“因为童话太美了，尤其是在童话中把自己当成公主你会感觉更加自信、骄傲。从小到大你一直幻想着童话，所以，童话在你的心中被混同为真实

了，甚至比真实更真实，这不是在欺骗自己吗？而且，在恋爱中，你要男孩宠惯你、呵护你、服从你，任你指使。表面上看，他是你的奴隶，实际上你成了寄生虫，你离不开他了，这不是给自己挖坑是什么？”我希望通过深刻的剖析震撼她，让她觉醒，发现自己在爱情中的真正地位，是关键的第三个处方。

小玫：“可是现在的女孩儿都这样啊，不被男孩宠惯怎么能享受爱情的幸福，体现自己的魅力呢？”是啊，盲目效仿的现象实在太普遍了。

我：“是啊，现在大多数女孩儿都抱着这样的心态在谈恋爱，真让人担忧啊。”

小玫：“我也没想这么多。而且那种感觉很好啊。如果一个漂亮的女孩活一辈子从来没有幻想过、被娇惯过，多遗憾啊！”漂亮女孩的错误定位。

我：“但是现在呢，你已经陷入无边的痛苦的泥沼中了，失魂落魄地蜷缩在家里痛不欲生，这是你想要的结果吗？”我必须让她认识到她的幻想给她带来的痛苦。让她在结果中发现自己的荒谬，是有力的第四个处方。

小玫：“不是，谁想要这样的结果啊。”她很委屈地说。

我：“是啊，恋爱中的女孩满脑子都是美好的幻想，如果知道会有这样的结果，就不会那么急切地想谈恋爱了。”我也要安慰她，她还很脆弱。

要想获得甜蜜的爱情，痛苦是难免的。

清晰自己的身份，做独立的自己

做过了诊断和分析，需要下药了，就是给出方法。步骤不可以颠倒。

小玫：“老师，我怎样才能忘了他呢？”我知道，这不是她的真心话。

我：“你永远也忘不了他了，他已经活在你的心里了。”

小玫：“那我不是要痛苦一辈子了吗？”

我：“不一定。”让她在绝望中看到希望。

小玫：“求求您老师，有什么好办法，别卖关子了。”

我：“忘了你‘自己’，因为他在你的心里。”我给了她一个很“玄”的答案，可以转移她的关注点。

小玫："老师您没事儿吧？我连他都忘不了我怎么能忘了我自己？"

我："老师当然没事儿，而且很清醒。这是一个玄机。告诉我，你是谁？"

小玫："我是小玫啊。"

我："不，你是公主。"

小玫："我是小玫。"

我："你是哪个小玫，公主小玫还是王小玫？"

小玫："当然是王小玫啊。"

我："再重复一遍你是谁？"

小玫："我是王小玫。"

我："王小玫是幻想中的公主还是现实中的你？"

小玫："是现实中的我。"

我："你忘掉他了吗？"

小玫："没有。"

我："你没有忘掉现实中的他还是王子化身的他？"

小玫："我明白了，您是要我忘记幻想中的公主，公主不存在了王子也就不存在了。"

在和孩子辩论的时候，要有智慧，不要强词夺理，而是要把她引到她的固执点上，再带出来。

我："孺子可教。现在，为了使你更深刻地忘了幻想中作为公主的自己，我们做一个意象练习。请你闭上眼睛，想象自己心中的爱情童话就是一个气球，而你成熟的理智就是尖利的钢针。尽管这个气球很美、很迷人，但是你也要勇敢地扎破它。"心理意象往往会替代生活中的现实。

两分钟后，小玫睁开眼睛。

我："画面清晰吗？你扎破那个迷惑你的爱情童话了吗？"

小玫："扎破了。但是很犹豫，舍不得，心里很难受。"

我："这是必然的，毕竟这个爱情的童话是和你一起长大的，你也舍不得那个骄傲、快乐的公主。”

小玫：“我还是不能忘掉他，我刚才闭上眼睛的时候他总在画面里出现，但没有那么痛苦了。”她长长地吐了一口气，仿佛找到了一根救命稻草。

我：“这很正常，不可能说忘掉就忘掉。最重要的是，你还没有完全忘掉你是童话里的公主。因为给你带来痛苦的不是他，而是你心中的不真实的爱情童话。”

我：“老师再问你，你是谁？”

小玫：“我是王小玫。”

我：“以后，当你感到痛苦的时候，你要经常问自己‘我是谁？’”

有公主病的孩子活在假象里，必须打破这个美丽的假象，让孩子看到真实的自我。人的所有的痛苦，都是因为不能够认识真正的自己。

记住，男孩最需要的是尊重

父母必须要做的一个功课是，在女孩子的生命意识里种下尊重男孩的种子。尤其是母亲，要通过尊重父亲让女儿知道其中的道理。

小玫：“好，我记住了。但是，那也和他有关。他怎么那么狠心，我怎么道歉认错都不行，他都不原谅我。”这是典型的公主病——任性，不讲理。

我：“从老师的角度看，他一点也不狠心，甚至很软弱。”我又给出一个让她意想不到的答案。

小玫：“他软弱还和我分手，不论我怎么求他都不理我？”

我：“他不断地迁就你、忍让你，是不是软弱？”我引导她认识那个男孩的性格。

小玫：“这……”她有所悟。

我：“他为什么不原谅你？”

小玫：“不知道。”有公主病的女孩没有养成思考的习惯。

我：“一个内心强大的、能够超越伤害的人，会不原谅一个不成熟的小女孩吗？”我带领她思辨地看问题。

小玫：“不会。”

我：“你说他是不是很软弱？”

小玫：“是。但我就是觉得他心太狠了。”这是公主病的另一个表现——不愿意承认事实。

我：“真正狠心的人其实是你。”我又给她扔了一个炸雷。

小玫：“老师，您怎么总是向着他说话？被甩的人是我，痛苦的是我啊。”她惊愕。

我：“我知道是他提出分手的，你的痛苦我也看到了。老师问你，他那么听话、照顾你、伺候你，你还不满意，发脾气，当众羞辱他，你说是谁更狠？”我抛出一个个她忽略了的事实。有公主病的女孩只看到别人的不足，看不到自己的缺陷。

小玫：“我知道是我错了，我也很自责。可他是男子汉啊，不应该和小女孩计较啊。”我开始感受到那个男孩的痛苦了。

我：“是的，男子汉应该大度包容，不和女孩子计较。但是男人有一个底线千万不能碰。你知道男人最怕触碰的底线是什么吗？”

小玫：“是面子吧。”她开始思考了。

我：“如果你在很多人面前被摆布、嘲弄，你觉得仅仅是没面子吗？”

小玫：“我明白了，我伤了他的自尊。”她终于找到了正确的答案。

我：“对，男人最怕伤害自尊，尤其是女人的伤害。因为自尊代表男人在女人心中的位置和价值。一个绵羊一样软弱的男人，在被女人伤害自尊时也会像狮子一样愤怒。”

小玫：“难怪他那天那么生气。以前他太殷勤了，也挺能忍，原来他的自尊很强。但是，我已经给他道歉了，他为什么不原谅我？”看来她真的不了解那个男孩。

我：“我想他已经原谅你了。”

小玫：“那他为什么不接我的电话、不给我回短信、不和我见面？”

我：“因为你激发了他做男人的尊严，他从幻想回到现实中了。他不想再做奴才了，自然就不需要骄傲的公主了。”

小玫：“是这样啊。我真恨自己，都是我不好。”她懊悔地说。

我：“自责会使自己更加地痛苦，丧失判断力，不如反思更有利于自己成长和快乐。现在回顾一下我们做的交流，是哪些东西给你带来了痛苦？”

小玫：“公主病，我把自己当成了公主，伤害了他的自尊。”

我：“再问问自己是谁？”

小玫：“我是王小玫。”

我：“现在知道如何走出痛苦的泥沼了吗？”

小玫：“知道了。回到现实，做自己；不依赖，平等，不骄傲。”

我：“和男孩在一起时最重要的是什么？”

小玫：“给他面子，让他有自尊。”

我：“现在感觉好些了吗？”

小玫：“感觉好多了。”

我：“为什么感觉好多了？”

小玫：“因为和您聊天让我更加了解自己了，明白了许多道理，不那么肤浅、幼稚、任性了。”

我：“这就是认识和思考的意义，肤浅、虚幻的爱情永远也不会结出甜美的果实。”

经过了几次咨询，小玫渐渐不那么痛苦了，不再以泪洗面，整天蜷缩在沙发里。她调整好了休息状态和心态，上学了。最重要的是，她的父母也有了进步，帮助小玫从童话的浮云里回到了真实的地面，认清了自己不是公主，只是一个漂亮但普通的女孩。当我们以普通人的眼光去看世界的时候，世界才可敬、可爱。

父母必须知道，家境优越、漂亮可爱的女孩，她们大多活在幻想的爱情童话里，把自己当成骄傲的公主，等待着或者正在享受着王子们的追求、殷勤、疼爱。但是，童话只是人类精神的安慰剂，是给那些刚刚来到人世间的孩子们读的。对于这些幼稚的孩子，童话又是棒棒糖和鲜花，让孩子们觉得生活是那么地甘甜，明天是那么美好，所以每个孩子才对生活充满了向往，急于长大。

父母要让孩子明白，你长大了，不能再靠童话来使自己向往生活了，你要自己对生活做出判断了。现实没有童话美好，童话中的人没有缺点，不会厌倦，但现实中的人不行。现实中的人遵循的是现实原则，也就是每个人都要做有利于自己的事、捍卫自己的尊严和权利。男孩子疼爱女孩，是要展示男人的魅力和胸怀，同时，他也要享受你反馈给他的娇媚和柔情。但是，男孩的忍受是有限度的，过了底线，你和男孩的梦就都会破裂。这个破裂会带着强大的力道，重伤你们中的每一个人。

也许你会说，现实原则是不是太可怕了？请不要担心，现实原则不是自私原则，使每个人只关心自己，不在乎他人。现实原则实际上是平等原则，要求每个人都获得公平的待遇。因为每个人都是个人，个人在捍卫自己的利益和权利的时候也是在捍卫他人的权利和利益。

如果你还是舍不得童话也没有关系，让童话和你一起长大，续写一部成人的童话——独立、平等、自爱和尊敬他人。这样，你的内心依然是甜美的、幻想的，现实也会按照你心中的愿望展现。因为现实就是人心的反射。

祝福你在成人智慧的爱情童话里享受甜美和幸福。

家长教练作业

1. 女孩子在恋爱的时候，会把自己完全打开，没有自我边界的状态使她有一种完全融入和陶醉的感觉，她在男人的爱里获得了新生。但是，她也会由此失去自我。父母必须及时提醒和警告女儿，要理智和清醒。

2. 任性和骄傲是女孩子的大忌，父母发现女儿有这些毛病后要及时纠正，培养温柔、优雅的女儿。告诉女儿，要保护男孩的自尊心，不可说过分的话，做过分的事。损毁男孩子的自尊，就是损毁自己的幸福。

第24次对话

让孩子学会倾听与倾诉，培养孩子感受和表达的品格

倾听是成长的梯子，一头搭在年轻的尊敬的心上，一头搭在智慧的关爱的心上；倾诉是深谷里流出来的小溪，带着深谷的欢乐和忧郁、困惑与彷徨、憧憬与向往，流向开放、信任、坦荡的阔野。

不能倾听就把智慧挡在了固执的高墙之外，不会倾诉就把压力和困惑挤压成了压抑和浮躁，让人变得不幸。初三女孩小怡就是我上面描述的那种“不幸运”的孩子，她的母亲脾气急躁，凡事又要求完美。她是在妈妈的指责、抱怨、挑剔和批评中长大的；而且，妈妈在家里独断专行，不愿意听别人解释，也没有耐心听孩子倾诉，劈头盖脸地就是打断、否定和说教，尤其是说个没完，按小怡的话说是大道理都是系列的，信手拈来。所以，小怡对别人的话本能地产生反感和抵触，不会倾听，也不会倾诉，变得自我、固执、叛逆、烦躁，和老师、父母闹得非常不愉快，有的时候压力无处释放就用刀片割自己的手腕。看着小怡娇嫩的手臂上一条条割痕，我的心仿佛在流血。

当下父母和老师的不适当的教育态度和沟通方式让很多年轻的同学不愿意倾听，不敢倾诉。他们的困惑、压力和思想只能在平辈、同学们之间相互流动，但是大家的心智和经验几乎都是相同的，他们只能获得安慰和温暖，但却得不到比较好的解决问题的建议、引导和方法。遇到困难的时候，他们也不会倾听自己的内心，不能让自己安静下来，发现真正的自己和需要，因为他们没有经过这样的训练。很多同学就这样带着这些困惑和烦恼无奈地长大，有的甚至做出很不明智的事情，比如自作主张辍学、离家出走、意外怀孕、堕胎、结交不良朋友而犯罪等等。不会倾诉、不敢倾诉的同学也有很多麻烦，他们把所有的烦恼和压力都憋在心里，试图一个人扛起这个他们还不了解的世界，有一些同学因此变得郁闷、抑郁。

倾诉的恐惧和渴望

我：“你不愿意听父母说话，也不想把自己的心里话告诉他们，一切烦恼和困惑你都自己扛，会不会觉得很累、很孤单？”

小怡：“有的时候真的很孤单，尤其是遇到困难无处倾诉的时候，一个人躺在床上翻来覆去睡不着觉。”

我：“你不想找父母说话，你一定有很多担心。”我知道她可能是忍受不了父母语言和情绪的折磨。

小怡：“老师您是不知道她（指她母亲）说话有多么难听，根本就不考虑我的感受，也不愿意听我解释，说我狡辩。而且她也不信任我，说了也没有用。要么就大惊小怪，所以有心里话也不想和她说。”这是孩子不愿意和父母沟通的真正的原因，请那些不知道孩子为什么不和自己沟通的父母好好体悟。

我：“所以，你不敢和妈妈沟通，不敢和她说真心话。”

小怡：“不敢，简直就是羊入虎口。有的时候做梦都是被她否定、怀疑和指责，非常恐惧。”孩子已经对妈妈感到厌恶和恐惧。

我：“我能够想象那样的场景，的确很折磨人。所以，你要么强烈抵触，要么沉默，就是为了保护自己吧？”我的脑海里仿佛出现了她妈妈对待孩子的样子，很可怕。

小怡：“很多人说我不懂事，我们老师就是这样的，根本不知道我受的伤害。”很多老师的感受力和同情心已经被考试的压力扼杀了。

我：“你用刀片割自己，会让自己好些吗？”我看着她手臂上隐约的疤痕说。

小怡：“会的，我已经感觉不到疼了。她不在乎我，我也不需要在乎自己。”她是想通过伤害自己释放痛苦和让自己变得冷漠、强大。

我：“如果你很在乎自己，你就会非常难受，觉得不被爱和理解，没有价值感。相反，如果你不在乎自己，也就对妈妈和老师的态度不在乎了，你会感到好受些。”

小怡：“是的，看清自己就没有要求了，坚强起来才能活下去。”

我希望，那些深爱孩子的父母、负责的老师，能够听一听孩子的心声，感受他们的痛苦，就像感受自己的眼睛一样。

我沉默，用理解和疼爱的目光看着她，我知道此时的沉默胜过千言万语。过了一会，我说：“尽管这样，你是不是希望妈妈能温柔地和你说话，理解你，爱你？”

小怡：“是的，我梦见过。但是，那是不可能的。”

我：“你觉得没有希望了？”

小怡：“根本就不会有希望，他们（妈妈和老师）很自以为是，我已经绝望了。”

我：“实际上你的内心还是希望和他们沟通的。”

小怡：“无所谓，随便吧。”失望、不满的情绪越强烈，渴望越强烈。

我：“是啊，如果父母不懂得爱的艺术，爱是很折磨人的，经常以你不愿意接受的方式出现，他们把爱都包裹在扎人的刺里面了。”

小怡：“如果他们像您这样懂我该多好啊。”她幽幽地说。

我：“她会懂你的，如果您能尝试着懂她。”我努力让她看到希望。

家长一个很重要的教育能力就是感受孩子内心的烦恼与痛苦，父母感受力的强弱，决定着孩子心灵的敏感程度和父母之间关系的亲近与疏远。当孩子觉得父母根本不懂他们，亲人可能会变成路人甚至仇人。所以，父母在和孩子沟通的时候，要真诚和谦逊地问：

“妈妈是不是太强势，不讲道理，让你反感？”

“妈妈是不是太严厉和武断了，没有让你感到被理解和尊重？”

“妈妈的话是不是太多了，让你觉得厌烦？”

“妈妈是不是太霸道了，让你感受不到爱？”

如果您能够这样谦和地和孩子沟通，您的孩子一定会喜欢您，感受到您的爱和温暖。

转变，从倾听自己的内心开始

小怡：“那他们为什么不改变，不先来懂我呢？”正常情况下她的疑问是有道理的。

我：“你觉得他们是成人，有责任先懂你，对吗？”

小怡：“当然啊，我是孩子啊。”

我：“我想每个父母都尝试过懂孩子，因为他们爱你，他们也渴望和你沟通，这一点你认同吗？”

小怡：“道理是这样，可他们是怎么做的？”孩子受的伤害太深了。

我：“我知道他们做得不好，但我想他们爱你，他们也在努力。老师问你，一个整天忙得不可开交、为了生活奔波、没有时间，或者没有文化、学习能力差、思维僵化的成年人和一个充满活力的年轻人相比，哪个善于转变、勇于转变？”我有很多这样的成功经验，那就是通过孩子理解和尊重父母反向改变亲子关系。

小怡：“那当然是年轻人。”

我：“转变意味着勇敢和承担。你已经初三了，需要成长和自我拯救了，你不愿意成为敢于承担和自我拯救的人吗？”

小怡：“愿意啊。”

我：“如果你一味地等待父母的转变可能会失望一辈子，你愿意吗？”如果父母的思维固化，学习能力差，转变真的很慢，很难。

小怡：“不愿意，有家不想回，有父母跟没父母一样的滋味很不好受。”

我：“这才是明智的答案，谁转变谁就担负起了成长的责任，谁就可以尽早享受生活，令人尊敬。”我给她一个令人向往的图景。

小怡：“我怎么转变呢？每天就忍受他们吗？我承受不了啊。”孩子的确不知道该如何做。

我：“忍受怎么能叫转变呢，转变是为了享受。而且你的转变还会促进父母的转变，老师有过很多这方面成功的案例。”

小怡：“真的吗，您快说说怎样才能做到。”我知道她还没有真的冷漠，如果那样就很难转变了。

我：“学会倾听与倾诉，就像我们之间这样。”

小怡：“我觉得不可能。您温和、亲切、有智慧，他们爱发脾气，不讲道理。”看来，她的妈妈给她的心理留下了很深的阴影。

我：“老师知道你一下子很难接受妈妈和老师，对他们很失望。同时你还带着主观判断和情绪，你在听他们说话之前就已经给他们定位了，觉得他们说不出好听的话、有用的话，没有必要听。并且，你为了不让父母随意用语言伤害你，你在心里告诉自己必须反抗，让他们闭嘴。是这样吗？”准确地分析孩子的心理，有助于孩子更加清晰地认识自己，了解自己和他人之间冲突的原因。

小怡：“我没有办法，只能这样，他们把我伤得太重了。”

我：“是的，每个人都要保护自己免受伤害，而且他们的确有些过了。但你想到没有，你对妈妈和老师有戒心，你就只看到了他们语言中的刺，没看到他们的爱和责任。”

小怡：“我也一直在怀疑，他们有爱和责任吗？”孩子一定辛苦地寻找过。

我：“你有权利怀疑，如果是我受到了这样的对待我也会怀疑。同时，我也会倾听自己的内心，问自己，妈妈是否爱我，她为什么这样对待我？”我告诉她另外一种可能，给她打开另外一个视角。

沉默片刻。

小怡：“应该是爱我的吧。”她勉强地说。

我：“有什么证据说明她爱你？”我要让她确信妈妈爱她。

小怡：“尽管她对我很严苛，总挑我的毛病，但她还是为我付出了很多。为了在家管教我，她失去了提升的机会，单位要她去外地当总经理，她没去；朋友和同事约她出去旅游、出国她也很少去，因为她怕没人陪我；她为我做饭，买时尚的衣服。这样一想，她为我做了很多。”小怡脸上的抱怨没有那么多了。

如果孩子误会父母，觉得父母对他的爱不够或者不爱他，千万不要伤心或者失望，要反思自己的哪些做法让孩子有这样的感受，要知道孩子的感受不是凭空而来，一定是自己做了哪些错误的事情。所以，在和孩子沟通的时候，要问孩子："我做了哪些事让你感到不舒服，觉得我不爱你？请你告诉我，我会反思和改正的。"孩子会从父母的真诚中感受到父母的爱，父母也因此可以提升爱的质量。

倾听可以让你区分父母的爱和情绪，避免受到伤害

我："既然妈妈爱你，你有没有想过不要用老眼光看父母，给妈妈和自己更多的机会？"每个孩子都需要有用新的眼光看人、看事的能力。

小怡："我给过她机会，但是没有用。"父母们往往不知道孩子的大度，不珍惜。

我："老师相信你给过妈妈很多机会，因为你也不想和妈妈闹得不愉快。但是你给的机会是不是每次都一样，都会引起大家的不愉快？"孩子必须认知自己的问题所在。

小怡："是。我不知道怎么办。"

我："从你的话语里，我感到你把自己的心门锁死了，你失去了和妈妈建立亲密关系的能力。"

小怡："也许是吧。"

我："你相信吗，老师曾经也和自己的孩子有过类似的情况，大家闹得很不愉快，相互间不能倾听、倾诉。"

小怡："真的吗，后来您是怎么解决的？"

我："原来我也没想到会出现这样的状况，自己也很失望。尤其是老师是做这方面的工作的，对自己、儿子和我们之间的关系有比较高的期待。我儿子也不希望和我闹得不愉快，我们都希望找到解决问题的方法。记得有一天我和儿子又发生了冲突，原因是我希望他周末在家学习、看书，但是他和同学们约好

了去玩，我希望他能取消这个约会把学习放在第一位，因为他最近的学习状态不是很好。他说已经约好了不能取消，否则同学们会说他说话不算数。我有些不高兴，希望他再考虑一下。为此，他对我很不满，大声地质问我：‘你能不能考虑我的感受？’‘你能不能不要总是证明你是对的？’”

小怡：“你的儿子还蛮厉害的，您是不是很生气，有没有骂他？”

我：“那一刻我很冷静，我在他质问我的同时也在反思，觉得他的质问有正确的地方。所以，我不仅没有生气还向他道歉。他马上也冷静了下来，承认了自己的不足，觉得最近有些懒惰、对自己太放松了，做得不对，并向我保证会挤时间把学习搞上去。从那以后我们就达成了一个协议，无论什么情况下，大家一定要克制，倾听对方，听对方把话说完，考虑对方的感受；然后表达和倾诉，说明事情的原委、自己的困难，承认自己的不足，感谢对方的理解和关注；最后提出建议，说出自己不能接受的地方。从那以后，我们父子变得很亲近，尽管也会时常闹一些小的矛盾，但是通过倾听与倾诉都能得到解决。家长和孩子之间有矛盾是很正常的，重要的是如何解决矛盾。”

小怡：“真羡慕您儿子，我要是有您这样的父亲该有多好。”

我：“你会有的，只要你能做到老师说的倾听与倾诉，你的妈妈也会受到你的影响，学会倾听与倾诉，你和母亲的关系也会变得很好。”

小怡：“老师，一听她说话我心里就紧张、烦躁，怎么办？”她已经形成了痛苦的惯性链接。

我：“在妈妈要和你沟通或者你要和妈妈沟通前，你对自己说了什么让你感到紧张、烦躁？”我要帮她重新做一个温暖的链接。

小怡：“我担心她说不出好听的话、有用的话，而且我也觉得她不会冷静地听我说话，就开始紧张、烦躁了。”

我：“现在你很冷静，老师请你客观地思考一下，她说的话总是不好听、没有用吗？”

小怡：“那倒不是。”

我：“你心里不好受，她是不是也很难过？”我让她也关注妈妈的感受。

小怡：“应该是。”她眨眨眼睛说。

我：“你是不能接受妈妈，还是不能接受她的态度？”我进一步让她知道她不能接受的到底是什么。

小怡：“现在看，我应该是不能接受她的态度。”

我：“非常好，这就是倾听。倾听的关键是要区分妈妈的情绪和爱，不能因为她的态度不好而否定她的爱。妈妈的态度是扎人的刺，但里边包着浓浓的爱。”

小怡：“哦，是这样。”她若有所思，表情也不那么痛苦了。

我：“既然妈妈批评你、骂你的时候心里也不好受，你说她为了教育你容易吗，是不是也很辛苦？”

小怡：“不容易。”

我：“现在你的心情好些了吗？”

小怡：“好些了。”

我：“为什么？”

小怡：“因为我以前只看到她的不好，没有看到她的爱和痛苦。”

父母在和孩子沟通时，最好提前达成一个协议：无论什么情况下，大家一定要克制，倾听对方，听对方把话说完，考虑对方的感受；然后表达和倾诉，说明事情的原委，自己的困难，承认自己的不足，感谢对方的理解和关注；最后提出建议，说出自己不能接受的地方。

倾听就是尊敬父母，克制自己

我：“妈妈的态度不好一方面是他们自我克制的能力不够，也和你有关，你知道吗？”

小怡：“我知道，我妈（语气开始转变，不用“她”了）说过，我不把她放在眼里，有错误不愿意承认，让她很伤心、生气。”

我：“我是父亲，了解她的感受。妈妈觉得自己付出那么多孩子却不接受、不尊敬，内心是很难受的。如果孩子能对父母有一些尊敬，愿意承认自己的错误，她的态度会不会好一些？”我让她了解父母的需要。

小怡：“应该会。”

我：“所以，倾听意味着什么？”

小怡：“尊敬和反思。”

我：“是的，这就是倾听。下面我们来做一个倾听练习，你要试着区分父母的爱和情绪。”

小怡：“好。”她期待地说。

我：“现在请你闭上眼睛，想象一个情景——你放学回到家后没有写作业而是在看电视，这时妈妈下班回来了：‘小怡，我跟你说过多少次了，放学后要先写作业，写完作业再看电视，你怎么总是记不住呢？’想一想这时妈妈的情绪是什么？希望是什么？”她需要通过练习来运用、掌握新的处理问题的能力，避免回到家里后又重蹈覆辙。

小怡：“妈妈的情绪是失望，妈妈的希望是我能好好学习。”

我：“当你这样来区分的时候，你还会感到被伤害吗？”

小怡：“有一点点，但不像以前那么多了。”

我：“你感到更多的是什么？”

小怡：“对妈妈的理解。”

我：“说得具体一点。”

小怡：“妈妈担心我学习成绩不好，没有好习惯。”

我：“也就是你感到妈妈的爱了。”

小怡：“是。不那么紧张了，也不像以前那么烦她了。以前也知道妈妈是为我好，但就是不能说服自己。”

我：“非常好，倾听会让你变得怎么样了？”

小怡：“冷静了，会思考了。”

我：“对妈妈的了解和理解有没有多一些？”

小怡：“有了很多。”

我：“你还会那么反感和讨厌妈妈吗？”

小怡：“如果妈妈不是很过分就不会了，我可以试着接受妈妈。”

我：“倾听是不是可以让你对妈妈有一些尊敬，也能够自我认识和克制？”

小怡：“是的。”

很重要的一点是，当孩子不愿意和父母沟通的时候，父母要学会倾听，给孩子做一个榜样，让孩子有勇气和父母表达。当父母没有能力解决自己和孩子之间的矛盾时，要请有经验和专业的第三方介入、协调。

倾诉的目的是相互了解和信任

小怡：“但我担心我妈会变本加厉，干涉我、控制我、不考虑我的感受。”她的担心不是多余的。

我：“老师理解，我见过很多这样的父母。你知道他们为什么会这样做吗？”我要让她了解父母为什么会这样。

小怡：“他们不信任孩子。我妈就不信任我，总觉得我是小孩子，不懂事，什么都做不好。”

我：“老师为什么信任你，把你当成熟的人看待？”

小怡：“您懂我们，有智慧。”

我：“更重要的是你愿意也能够清晰地把你的感受和想法告诉老师，也就是你敞开心扉向老师倾诉了，让老师看到了你的困惑和需要，也就是看到了你成熟的一面。”我不断强化倾诉的重要。

小怡：“哦，您是说我不愿和父母倾诉，父母不了解我，还拿老眼光看我，才觉得我是不成熟的小孩子？”她明白自己和妈妈之间矛盾的根本原因了。

我：“你分析得很正确，就是这样。父母与孩子之间的了解和信任是通过真诚的倾听和倾诉达到的。”

小怡：“我以前也倾诉过，可我妈听不进去。”

我：“举个例子，你是怎么倾诉的？”我的目的是让她发现自己倾诉中的问题。

小怡："昨天，我写作业写得有些累了，就拿出手机和同学聊微信，我妈妈看到了，不高兴地说：'小怡，你干什么呢？怎么不专心写作业，小心没收你的手机。'我也有些不高兴，说：'我累了，放松一会，别像看犯人一样看着我好不好。'"

我："你觉得你妈妈会相信你还是怀疑你在找借口？"

小怡："看她的眼神当然是怀疑我在找借口。"

我："结果呢？"

小怡："我们又像每天一样拌嘴，相互失望。"

我："你知道倾诉的目的是什么吗？"

小怡："知道，大家都能了解对方，有信任。"

我："现在想一想，你没有做到是因为什么？"

小怡："可能是我被我妈妈的态度影响了，想自卫和还击。"

我："你说得很对，倾诉变成了自卫和还击。"

父母和孩子沟通时有两点大忌：一是不问青红皂白，二是带有情绪地攻击。所以，父母在和孩子沟通前，一是要了解实际情况，二是要冷静平和。

倾诉就是温和地表达自己的心情和需要

小怡："老师，怎么做才算是倾诉呢？"

我："现在我们就做一个倾诉演练，你扮演你妈妈，我扮演你。"

小怡："好，试试吧。"

我："你看到我边写作业边发短信，开始批评我说：'小怡，你干什么呢？怎么不专心写作业，小心没收你的手机。'"

小怡："小怡，你干什么呢？怎么不专心写作业，小心没收你的手机。"

我（小怡的扮演者）："妈妈，我已经学了一个多小时了，太累了，休息一会儿。你看数学作业和语文作业都写完了，就差英语作业了。你怀疑我，像看犯人一样看着我让我很不舒服，您能了解情况后再发表意见吗？”

小怡（扮演她的妈妈）：“哦，妈妈错怪你了，不好意思，玩一会吧。”

我：“这才是倾诉，增进了解和信任，让母女的心连得更紧。”

小怡：“我们以前真没有这样倾诉过，刚才听您倾诉的时候真的感觉挺舒服也挺不好意思的。我妈妈也会有这样的感受吗？”

我：“我相信你妈妈会和你有同样的感受，甚至会感到惊喜和感动。”

小怡：“如果真有这样的效果就好了。”

我：“一定会有。回想一下，从刚才老师的表达中，你发现倾诉有什么特点了吗？”

小怡：“发现了，不急躁、平和，说事实。”

我：“还有呢？”

小怡：“让妈妈知道我的心理感受和需要。”

我：“你总结得很全面，温和的态度让对方感到舒服，说出客观事实——说自己都做了什么让妈妈信任；表达感受——告诉妈妈被监视的心理感受，最后提出了对妈妈的要求。”

小怡：“难怪我以前不会倾诉，有这么多条件和要求。”

我：“你总结一下倾诉具体有哪些步骤？”

小怡：“一是温和的态度，二是说事实，三是表达感受，四是提要求。”

我：“非常好，清楚地知道了这四步，现在看倾诉也没有那么难是吧？”

小怡：“是，经您这么一说、一解释也没有那么难。但我就怕不习惯，说不好。”

我：“没关系，熟练了就好了。现在我扮演你妈妈，你扮演你自己，再演练一下倾诉，好吗？”

小怡：“好。”

我（扮演小怡的妈妈）：“小怡，你干什么呢？怎么不专心写作业，小心没收你的手机。”

小怡：“妈，我已经学了一个多小时了，很累，想休息一会儿。作业差不多都写完了。你别老是怀疑我，像看犯人似的，让我很不舒服，您能了解情况后再发表意见吗？”

我（扮演小怡的妈妈）：“哦，我错怪你了，以后妈妈会注意的。妈妈很高兴你这样和我说话，让妈妈很惊喜。你多玩一会儿吧。”

小怡有些不好意思，但很高兴。

我：“你做得很好，一会儿和妈妈试一试，一定会有意想不到的惊喜。”

小怡：“好，老师我相信您。”

又经过几次练习，觉得小怡可以比较熟练地倾听和倾诉了，我征得小怡的同意，到休息室和小怡的妈妈做了简单的沟通，通告了我和小怡所做的倾听与倾诉的训练，她的妈妈很高兴，非常愿意配合。我把她请到咨询室，坐在小怡对面，让她说说小怡的不足。

小怡的妈妈：“小怡，你太任性了，总和我顶嘴，以后你要尊重妈妈。”

小怡：“妈，我知道了，以前我总觉得你不喜欢我，爱找我的毛病，所以和你对着干。我是有些不懂事，请你原谅。但是你爱发脾气，太严厉，总是板着脸，希望你以后别那么严肃，脸上有点笑容。”

小怡的妈妈：“妈妈知道了，妈妈一直盼着你能好好和我沟通、相信我，能把你的心里话和想法告诉我。妈妈今天终于盼到了，妈妈以后一定好好和你说话，尽量去理解你。妈妈以前做得不好请你原谅，从今天起我们也达成相互倾听和倾诉的协议，凡事商量着解决。”

小怡的妈妈非常高兴，主动站起来拥抱了小怡，小怡也流下了感动的眼泪，母女俩找到了互相了解、信任的亲密感，她们学会了倾听与倾诉。

回到家里后，她们不断练习，尽管有的时候还是犯老毛病，习惯性地说出指责、抱怨等让人不开心的话，急于打断对方说话，忘了倾听和倾诉，但是她们马上就会意识到，不好意思地道歉，甚至重新开始对话，努力尝试倾听和倾诉。经过不断的努力和尝试，现在他们一家人变得非常和谐，父母还在孩子的班会上分享了他们的经验，很多父母都向他们请教。他们不仅提高了自己，也开始帮助别人了，他们来电话告诉我，那种感觉真是太美妙了。

倾听是一种"无我"的状态，也就是放下自己的面子、情绪、判断，把耳朵完全交给对方，感受对方的高兴与烦恼、建议与要求，尊重对方的话语权，接受爱和批评。倾诉是勇敢地打开自己的心灵，信任对方，坦诚地诉说自己的困惑、困难、不满和需要，暴露自己，表达自己，和对方达成心灵的透明化交流。

倾听可以发展出冷静、克制、理性的品质，倾诉可以塑造坦诚、信任、真诚的品质。

家长教练作业

1. 父母首先要做到倾听，克制自己的情绪；不要急于判断和表态，要感受孩子的心理和需要。如孩子回家说老师当着同学的面批评他，一点也不给他面子，他很生气时，不要急于评价和表态，感受一下孩子的心理感受是什么，孩子需要什么。

2. 父母也要学会倾诉，放下架子，把自己的烦恼和快乐的事告诉孩子，让孩子更多地了解自己。如告诉孩子自己工作上的烦恼和成就，并告诉孩子自己如何化解烦恼，如何获得成就。

3. 父母们一定要知道，年轻的同学们非常渴望得到长者的教诲，倾听智慧的声音，找到安全的倾诉对象。父母一定要放下自己的所谓正确和权威，以敬畏的心态看待孩子这个神奇的生命。静下心来听孩子倾诉，目不转睛地看着孩子，用温和的眼神鼓励孩子倾诉，用明确的话语告诉孩子："我爱你，尊重你，愿意倾听你的烦恼。"

第25次对话

不向小事屈服，养成好习惯

抓住我吧，训练我吧，对我严格管教吧，我将把整个世界呈现在你的脚下。

千万别放纵我，那样，我会将你毁灭。

我是谁?

我就是习惯。

——《习惯的力量》

有调查表明，人们日常活动的90%源自习惯。也就是说，我们大多数的日常活动都只是惯性运动而已！习惯成了我们最好的助手，帮助我们轻松地做事。要了解一个人未来的样子，他能否活得充实、快乐、有成就，看他现在的习惯就可以了。习惯可以成就一个人，也可以毁灭一个人。

但是，很多青少年同学们，他们的习惯令人担忧，他们不知道习惯对一个人的意义有多大。他们灵活有效应对生活和学习的好习惯太少，阻碍他们做事和快乐的不适当的习惯却太多了。

就是因为一些基本的生活和学习习惯问题使他们麻烦不断，无法在开心的阳光中舞蹈。他们有的没有养成刷牙的习惯，每天都被父母唠叨、盯着、催促；有的不习惯早起，每天早上都要因为起床和父母闹别扭，影响一天的心情；有的写作业时粗心大意，浪费了很多时间，作业质量一塌糊涂，对学习没有了信心；有的不礼貌，说脏话，连基本的对不起、谢谢都不习惯说，让人讨厌；有的乱扔东西，不注意卫生，他到哪里哪里就变成垃圾场，内心的洁净也被破坏了；有的不能安静独处，无法用宝贵的时间学习、读书、反思，增长见识和锻炼性情，一静下来就感到无聊、烦躁；有的习惯于抱怨挑剔，没有随着年龄的增长而明智成熟，反而越加地敏感、脆弱；有的染上了抽烟、喝酒、打游戏的坏毛病，成了刺激物的奴隶，不能自拔。基本和正常的学习、生活的小事，都让他们觉得头痛、麻烦，需要付出很大的努力才能做到。这是生命的不幸。而实际上，这一切完全可以通过习惯的惯性运动，轻松做到。

初中男孩小新就是这样的人，他也尝到了很多没有好习惯的苦头，但他一样有上进心，想拥有好习惯、好人生。

不良的习惯，生命的枷锁

我：“现在看像收拾书包、洗碗这样的小事儿都会让你觉得很麻烦，这是你没想到的吧？”他被生活的琐事奴役了，这是很可怕的。

小新：“没想到。我原以为，这些小事儿还不简单吗，想做就可以做，没放在心上，但真要去做却很困难，不习惯。”

我：“是啊，如果你不习惯做什么，你的大脑对这件事不熟悉，它就会排斥，因为你的大脑要保护自己不要过于疲劳。”我带他走上认识自己的路径。

小新：“大脑还会自动思考？”很多同学都对自己了解得很少。

我：“是的，每个人都有这样自我保护的本能。”

小新：“大脑真是太神奇了。”

我：“是的，我们必须了解自己的大脑，让它为我们工作。每天放学你都要玩两个小时游戏，不玩够了不写作业。为此浪费了很多时间，也和父母闹得不开心。如果不玩会怎么样？”

小新：“有的时候我也觉得不值得，不想玩。但是不玩就闹心，总觉得心里缺点什么，不玩够了就不能静下心来写作业。”

我：“你养成放弃的习惯，不能坚持。类似的事情是不是还有很多，比如抽烟、乱扔东西、早上不起床、撒谎等？”

小新：“很多。我一下子觉得自己什么都应付不了，很没用。”他沮丧地说。

我：“是不是感觉被习惯绑架了，成了这些习惯的奴隶？”

小新：“是。感觉被困住了手脚，没有自由。”

我：“所有不良的习惯，如偷懒、逃避、易怒、贪玩、抽烟、喝酒等让你感到舒服、刺激的行为，都是会让你成瘾的。你的大脑会对它们产生渴望，就像你的胃对美食产生渴望一样。不吃饭你会感到饥饿难耐，不满足大脑的渴望你就会焦躁、烦闷。这种焦躁、烦闷就如同长满了毒刺的蚂蚁在你心里爬、咬，让你的心又痛又痒，你必须想尽办法、不惜代价也要满足大脑的这些要求，让这种煎熬消失。每满足一次，你的大脑对这种刺激的记忆就多一些、深一些，每天这些记忆就会自动跳出来，要求你满足它们。否则，你就会痛苦不堪。”每个少年必须知道不良的习惯是什么，它的力量有多么地强大，都必须像躲避恶魔一样躲避它。

小新：“如果我早知道这些小毛病会让我这样难受，我一定不会放松自己。”

我：“老师相信你，你现在有这样的认识还不晚。坏习惯既然是后天养成的，就可以改善。”

习惯决定着人的命运，很多人一辈子被自己的坏习惯绑架着，挣扎、痛苦地活着，非常不幸。

美好的人生源于美好的习惯

小新：“老师，好习惯对人都有什么好处啊？”他渴望在习惯的好处中获得动力。

我：“你走路、用筷子夹菜、穿衣服等日常生活中的基本行为需要思考吗？”

小新：“这些都是很熟练的事儿了，不需要思考。”

我：“如果这些日常小事都需要大脑来思考，付出很多注意力会怎么样？”

小新：“大脑会很累。”

我：“减少大脑的疲劳，这就是好习惯的第一个好处。你一定见过正在学习穿衣服、系鞋带、用筷子的儿童，他们往往把自己弄得手忙脚乱，尝试多次也做不好，他们浪费了什么？”

小新：“时间。哦，好习惯的第二个好处是节省时间。”

我：“对。这样你就有更多的时间和精力学习新的技能，解决比较困难的问题。老师再问你，你愿意做熟练的事还是不熟练的事，为什么？”

小新：“当然愿意做熟练的事，不熟练的做不好，也不愿意做。”

我：“做不熟练的事会让你有畏难情绪和逃避心理，而做熟练的事却会感到轻松、愉快。而那些熟练的事，就是习惯。对不对？”

小新：“是。我知道了，做习惯的事不痛苦，轻松、快乐。”

我：“这就是好习惯的第三个好处，没有畏难情绪的阻碍，不需要犹豫、斗争，可以快乐做事。你可以边走路边听歌、欣赏风景，是不是也可以边走路边看书、背课文或者英语单词？”

小新：“是，我做过。”

我：“走路的习惯使你忘记在走路，可以让你一心二用，提高了什么？”

小新：“做事的效率。”

我：“非常好，这就是好习惯的第四个好处，提高做事效率。其实，习惯也会使你所做的事很精确，这也算是效率的一部分。总的来说，每个人都必须养成很多好习惯，你的好习惯越多，你需要面对的困难就越少，你的自信和快乐就越多。否则，生活中很多小事都会让你麻烦不断、畏手畏脚，更不要说去创造和享受精神上的盛宴了。所以，对你们每个少年来说，培养好习惯是你们的首要任务，因为将来你们是在用习惯展现自己、拥有竞争力。”

小新：“如果我早知道这些该多好。”

我：“老师知道你们少年有梦想，渴望完美的自我，但是你们没有经验，知识面狭窄，所以对你们的成长造成了很大的限制。如果你们有足够地修炼自己的知识，老师相信你们一定可以塑造出健全的自我。”

小新：“老师，我的坏习惯太多了，现在改还来得及吗？”

我：“当然来得及，只要你有强烈的愿望和足够的知识，什么时候都不晚。”

每个少年也都必须要知道良好的习惯是什么，它会给你带来多么大的帮助，因为每天大部分时间，都是习惯在替你工作。良好的习惯，会成为你生活中最得力的帮手，成就你的理想人生。

让坏习惯在想法中消失

小新：“老师，我早上总是起不来，我妈为我准备好的早餐我也吃不上，我妈每天都很生气。我自己也弄得忙手忙脚的，如果堵车还会迟到。我怎么能改掉这个坏习惯？”

我：“你是不是感觉每天早上是睡得最香的时候，非常想享受那一刻的香甜？”

小新：“我晚上睡得不好，就早上那会儿睡得最香，非常盼望能多睡一会儿。”

我：“我知道，越是觉得晚上睡得不好，越是期望早上能多睡一会，尤其早上还睡得最香。”

小新：“我心里就是这么想的。”

我：“在你的心里是不是还有这样的想法：‘每天的学习太累了，多睡一会儿怎么了，又不会影响上学。’”

小新：“有这样的想法，每天真的学得很累。可我妈说我不吃早餐对身体不好，害怕我迟到，总是叫我起床。”

我：“你的回答是什么？”

小新：“我身体挺好的，在路上也能吃，也不耽误时间，而且也不会经常堵车迟到。”

我：“你发现没有，你的盼望越强烈、理由越充分，你就越是要多睡一会儿，不能起床，所以你赖床的习惯和你的想法有关，你首先要做的是让你的赖床的习惯在你的想法里消失。你明白吗？”

小新：“明白，就是让自己没有睡懒觉的愿望和想法，但是不知道怎么做。”

我：“你有没有早起的经历？”

小新：“有，和同学约好了去打篮球。”

我：“你是不是在头一天晚上就开始做准备，找出球衣、球鞋，定好闹铃，还在心里告诉自己必须早起不能迟到？”

小新：“是。和同学们在一起玩篮球很开心，又能锻炼身体。”

我：“这种情况下你睡懒觉、不起床的想法还有吗？怎么没有的？”

小新：“没有了，被起床的想法替代了。”

我：“这就是让赖床的习惯在想法里消失的秘密，用起床的想法替换睡懒觉的想法。”

小新：“可是我真的晚上睡得不好，早上才睡得很香啊，休息不好怎么办？”

我：“现在看起来你早上赖床还有一个原因——担心。老师告诉你，你晚上睡得不好可能和你早上起得晚有关，如果你能够早起，晚上就会睡得很香。另外，我们也可以通过调整心理让晚上睡得很香。所以你这个担心是多余的。”

小新：“我试试吧。”

我：“很好。现在就写出起床的想法，用来代替赖床的想法，越充分越好，老师也可以帮你补充。”

五分钟后，小新写出了起床的想法，加上我的提示和补充，完整想法如下：

早上空气好；

能锻炼身体；

早上头脑清晰，也可以写作业；

早上记忆力好，可以背英语单词或课文；

能吃到老妈的早餐，不用听老妈的唠叨、抱怨了；

可以不用担心迟到；

可以锻炼意志力；

养成了早起好习惯，以后早起不犯难。

为坏习惯设置了不良后果，自我惩罚

小新：“老师，我以前也下过决心，找过理由，但是经常做不到，怎么办？”

我：“如果你的同学约你起早打篮球而你连续几次起不来，放同学们的鸽子，会怎么样？”我让他考虑不良习惯的后果。

小新：“同学们就会说我不守信用，不会再约我了。”

我：“所以，你必须保住同学们对你的信任，因为你无法承担失去玩伴和朋友的后果，对吧？”

小新：“当然，没有朋友就没法混了。”

我：“如果你有一个最好的朋友，他会和你好一辈子，他总是会在最关键的时候帮助你，你害不害怕失去他？”

小新：“当然害怕，这样好的朋友太难找了。”

我：“是的，这样的好朋友非常难找，但也很容易失去，如果你对他不忠诚。”

小新：“可是我没有对朋友不忠诚过啊？”

我：“有，只是你自己不知道而已。因为你的最忠诚的朋友住在你的心里，是你的另一个要求优秀的自我。你答应他要养成好习惯，但是你经常在困难面前退缩、逃避，不就是背叛他吗？”他必须认识到对自己的不忠诚。

小新：“老师，您说得我心里感觉怪怪的，后背发凉。”他果然被我的话震惊了。

我：“这只是刚刚开始，一会儿也许你会出冷汗呢。你知道你背叛自己的这个要求你优秀、有好习惯的自我会有哪些不良的后果吗？想一想写出来，老师帮你补充。”

八分钟后，在我的提示和补充下，小新列出了赖床的不良后果：

会得胃病，因为不能吃早餐或在路上着急忙慌地吃；

习惯于给自己找借口和放纵自己的理由；

会迟到，给老师和同学们留下坏印象；

惹妈妈不开心，让妈妈为自己担心；

影响一天的心情；

甚至一生被睡懒觉等懒惰的习惯困扰，让人瞧不起；

背叛最忠实朋友对“优秀自我”的要求和期待，他会因为失望而放弃再提出要求，自己失去了最忠实的朋友，也就是失去了最优秀的自己。

我：“老师看到你出汗了。”

小新：“是，写完之后心里发毛、后怕。”这样他才会有危机感。

我：“这是自我教育的一部分，你必须警醒自己，必须要知道自己行为的后果，并为这些后果感到畏惧，才能激发你改变自己的力量。为了保证彻底改掉自己那些不良的习惯，你还要学习惩罚自己。你要把自己所有的坏习惯都列出来，同时列出相关的惩罚措施，比如抽一支烟要对自己进行怎样的惩罚，在不该玩游戏的时候玩游戏要对自己进行怎样的惩罚等。”

小新：“什么样的惩罚才会有效果呢？”

我：“剥夺自己最享受的东西。比如，你最喜欢吃麻辣烫，那么抽一支烟就罚自己少吃一次麻辣烫；上学期间睡一次懒觉，就在放假的时候少睡一次懒觉。这样的自我惩罚会给你的坏习惯带来不良的刺激，而你不喜欢这样的刺激，就会把原因归咎于坏习惯上，在你的心里留下印记，让坏习惯变得不舒服、有代价。”

小新：“您的办法很有意思，肯定管用。”

老天是公平的，一个好习惯可以让你享用一生，所以不会那么轻易给你，你必须付出努力。

用好习惯替代坏习惯

小新：“老师，我听说可以用好习惯代替坏习惯，这个方法效果好吗？”

我：“这是常用的方法，效果很好。人是习惯的产物，每天被习惯占据、支配，没有好习惯坏习惯就会出来，就像花园里如果不种植有益的花草树木就会长出杂草。培养好习惯就是塑造自己，好习惯越多，你的心灵就越纯洁、高贵，那些不好的习惯就越发地刺眼，令人厌恶，好的习惯就会主动要求代替坏习惯。比如有了早起的习惯赖床的习惯自然就消失了；有了勤快的习惯，懒惰的习惯也就没有了根据地；有了礼貌的习惯不礼貌就被根除了。”

小新：“我怎样选择好习惯代替坏习惯呢？”

我：“选一些和你的坏习惯相反的好习惯，来自然而然地取代坏习惯。我们共同来做一个好坏习惯的列表。”

坏习惯	好习惯
赖床 说脏话 乱扔垃圾 玩游戏（无聊） 抽烟（扮酷、消愁） 注意力不集中 ……	早起 文明用语 把垃圾放到垃圾箱里 读书（充实） 健身和思考（强壮，有思想，更酷） 专注，只想一件事儿 ……

小新：“先做个列表很好，我可以清楚地知道用哪些好习惯代替坏习惯了。”

我：“把这个列表挂在你房间里最醒目的地方，随时提醒自己。”

小新：“好的。我还要再抄一份放到书包里，经常拿出来看一看。”

我：“好样的。”

清晰的目标 + 强烈的愿望 = 好习惯。

一个不那么痛苦的开始——培养小习惯

小新：“老师，我从哪个好习惯开始呢？”

我：“你觉得列表里的哪个习惯最简单，容易做到？”

小新：“有礼貌，不说脏话。”

我：“就从这个开始，从沟通到现在你一句脏话没说，这个你一定会做得很快、很好。”

小新：“这个太简单了，我要是不想说就能做到。换一个最难的不行吗？”

我：“老师知道你养成好习惯的愿望很强烈，很想挑战自己，但是不行。老师问你，如果你不了解自己的负重能力，想要背起 180 斤的麻袋，但是你根本没有那么大的劲儿，无论你怎样努力都背不起来，你会不会绝望，再也不想碰这个麻袋了？”

小新：“肯定会绝望。”

我：“就是这样，背麻袋靠的是力气，养成好习惯靠的是决心和意志。你的决心再大如果意志不坚强还是没用，所以你必须通过培养小的好习惯锻炼自己的意志，就像锻炼自己的力气一样。有多大的力气背起多大的重物，有多强的意志养成多大的习惯。”

小新：“我知道了，我就从不说脏话开始。”

我：“很好，但是也不要小看说脏话，因为说脏话有一个环境，在那个环境里你可能会不自觉地说出脏话，甚至你的爱说脏话的朋友或者同学会嘲笑你，说你装文明，你要有心理准备。”我提前给他打预防针。

小新：“我忘了这一点，老师您这一说可真是提醒了我，我还真得想办法才行。”

接下来，我给小新留了家庭作业：

1. 每天坚持，不断重复

习惯是一种自动化的行为，是“阻力最小的路径”。所谓“阻力最小的路径”就是你的行为不需要付出意志努力和注意，完全靠着惯性运动。这样好的习惯就需要不断重复，在大脑里形成深刻的印记，让大脑牢牢地记住它，下次你要做这个行为的时候大脑就会自动发出指令让其工作。就如同水流不断冲刷形成河道一样，河水就会顺着河道流淌。

21天形成一个好的习惯就是这个原理。根据每天重复的次数和该习惯难度的不同，有些习惯可能需要比较长的时间。但不管怎样，一旦确定要养成哪些好习惯，就必须每天坚持，不断重复，直到形成为止。

2. 制订计划，并找出相应的办法

计划是执行的指南，如同行军地图。由易到难列出你要养成的习惯，预计多少时间养成某个习惯，同时列出养成该习惯的方法，自我惩罚或奖赏的方法，监督人等。

第一个要养成的习惯是：文明用语，不说脏话。

◎预计时间：一个月。

◎养成方法：

把“文明用语，不说脏话”写在手机里的记事本上，随时提醒自己。

不受同学影响，发现有说脏话的想法时掐自己的虎口，让自己产生厌恶刺激。或者公开挑明自己承诺了不说脏话，请同学们理解。或者在一段时间内不和爱说脏话的同学、朋友有过多的接触。

随时提醒自己是有素养的文明人。

◎自我惩罚方法：

如果说脏话就学狗叫，或者往嘴上抹一点刺激性的食品，如辣椒水、芥末油等，让自己产生比较深刻的厌恶刺激。

◎自我奖赏方法：

如果做到了就给自己买一点好吃的；用语言鼓励自己，告诉自己是好样的。

◎监督人：最要好的同学和父母。

第二个要养成的习惯是：早起。

第三个要养成的习惯是：不乱扔垃圾。

第四个要养成的习惯是：复习。

第五个要养成的习惯是：预习。

第六个要养成的习惯是：周一到周五不玩游戏，读大师的书。

第七个要养成的习惯是：不吸烟，培养自信。

等等。

少年时代你所养成的每一个好习惯，都是你人生存折里的一笔财富，好习惯越多，你的财富就越多，成年后习惯的利息令你享用不完。你的优雅、从容，家庭的幸福，事业的成就，都将源于你少年时代养成的好习惯。

孩子教练作业

1. 列出你的不良习惯，再列出相应的可以取代它的好习惯。

2. 根据你的实际情况，列出你的习惯培养计划。

3. 把小新未列出的好习惯的培养方法、计划时间、奖惩方法、监督人写出来。

4. 随时抓住自己的积极情绪，有想法和积极性的时候马上行动，练习和重复好习惯，同时享受好习惯给你带来的愉快的内心体验。

第26次对话

让孩子远离“动物”的快乐，追求“人”的快乐

追求快乐是人的天性，人们每天、每刻都在追求快乐。并且，在每个人的心中都有一幅专属于自己的快乐的地图，每个人都深信不疑地按照自己的地图行动，哪怕你所追求的是短暂、虚假和低贱的快乐。

很多父母都希望自己的孩子快乐，但是却不知道怎样培养快乐的孩子，往往把孩子培养成只追求感官快乐的人。初中男孩小虫就是被父母不正确的爱培养出来的追求感官和物质快乐的人。为了让孩子高兴，小虫的妈妈从小就给他买各种好吃的零食；带孩子到各种娱乐场所游玩，给孩子买最漂亮的衣服；家里的玩具多得没处放，经常送人或者丢掉。孩子想要什么就满足什么，想怎么玩就怎么玩，只要他开心、快乐。

上初中后，妈妈发现麻烦来了。小虫开始挑食，口味清淡的不够香辣的食物都吃不下去；不喝水只喝饮料，否则就难受；小虫的妈妈还发现他偷着和同学们在外边抽烟、喝酒，妈妈问他为什么他说为了刺激和快乐；每天都要玩手机和游戏，不玩爽了就不停手；小虫穿名牌要穿最新款的，被羡慕才开心。小虫特别在意被人喜欢、照顾、赞美，这会让他感觉很快乐；小虫觉得每天轻轻松松的，别苦着、累着就是快乐；没人约束、干涉，自己想干吗干吗就是快乐；有钱就是快乐；逆反、挑战和蔑视权威就是快乐……一旦自己的想法和欲望不被满足就感到非常难过、不开心、恼怒。

总之，小虫在低层次的快乐里不能自拔、不能自控，越走越远。妈妈很担心，但却无能为力，后悔自己不了解快乐竟然会有这么多的后患。这一切都是溺爱和不懂得什么是真正的快乐造成的，所以，父母在教育孩子的时候一定要谨慎。

西塞罗认为：“快乐不是善，它只是善的附属物。快乐也像财富、名誉、健康一样，可以引起善，也可以引起恶，可以是高尚的，也可以是卑贱的。”父母很少审视自己对孩子的爱，每个父母都因为爱孩子而希望孩子快乐。可是他们不知道自己带给孩子的快乐都是感官和低俗的，是孩子品行的杀手，会导致孩子自私、贪婪，成为欲望的奴隶和卑贱的人，甚至犯罪。没有精神追求，也就没有真正的快乐。

自我追问:“我所追求的快乐是健康的吗？”

我:“你问过自己所追求和享受的快乐是不是健康的吗？”了解了一些基本情况后，我看到小虫比较开放，不拘谨，就直接提出了一个可以让他认真思考的问题。

小虫:“没有，从来没有听人说过这个话题，也没人这么问过。”小虫的注意力变得集中起来。

我:“你觉得这个问题很奇怪吧？”

小虫:“相当奇怪，快乐怎么会不健康呢？”

我:“老师年轻的时候也没有思考过这个问题，也没有听人讨论提问过这个问题。老师现在能够思考这个问题让自己感到幸运，也让我感到遗憾和忧虑。”我把自己真诚的感受说出来。

小虫:“为什么？”他很在意。

我:“幸运的是老师开始思考并发现其中的奥秘了；遗憾的是在年轻的时候没有遇到有智慧的人，让我思考这个问题，早些享受真正的快乐；忧虑的是现在的孩子们拼命地追求和享受快乐，却不知道什么是健康的快乐，这就如同不知道砒霜是毒药一样正吃得开心。”我沉重地说。

小虫:“哦，有这么严重，您是故意吓我的吧？”

我:“老师怎么会故意吓你呢，老师只是想把快乐这个神秘的东西一层层剥开来让你品尝，让你看清。老师来问你，很多人觉得吃香喝辣、抽烟喝酒就是快乐，你觉得这样的快乐是健康的吗？为什么？”我没有直接批评他，免得引起他的反感和排斥。但是这也是他存在的问题，他会知道我的用意。

小虫:“也没什么吧，大多数人不都这样吗？”

我:“你说得很对，大多数人都这样。我的哥哥和我最好的朋友也是这样，觉得活着就是吃喝玩乐。我哥哥每天抽三包烟，喝四顿酒，结果得了肺癌，花光了家里所有的积蓄但还是没救过来。我的一个朋友，血压高，但是每天拼命抽烟、喝酒，觉得享受一天算一天，结果成了植物人。你说，这是健康的吗？”

小虫：“我们年轻啊，应该没问题吧？”听我沉重哀伤地举例子，小虫似乎有些感悟和警觉。父母在教育孩子的时候也会举这样的例子，但是带着怒气和指责，就不会引起孩子的思考，只会造成抵触。

我：“年轻只是身体状态好一些，但不是说年轻的身体就不会受伤害。如果你被刀划伤是不是也会流血？”

小虫：“那当然会。”

我：“所以，身体的机理是一样的，都害怕伤害。最重要的是，贪图感官享受的人他们所受的伤害不仅是身体的，更重要的是，他们的心灵首先受到了伤害。”

小虫：“老师，您越说越玄了，吃点喝点玩点乐点怎么会伤害到心灵呢？”目前他的确不明白感官享受和心灵的关系。

我：“吃喝满足的是感官刺激，很多年轻的朋友不吃麻辣烫就觉得活不了，没有饮料宁可忍受饥渴也不喝水，不抽烟、喝酒就觉得没有意思，无精打采，感到很痛苦，让心灵备受折磨。这是不是和心灵有很大的关系？”我没有直接说他，但他知道这里包括他。

小虫：“您非要这么说，算是吧。”小虫的坚持开始松动了，也就是他内心承认了，有感受。只有这样耐心的引导和诘问才能够做到。

我：“还有，贪吃的人有自制力吗，他们能控制自己吃的欲望，管住自己的嘴吗？”

小虫：“不能。”

我：“这样的人会不会让自己的心灵变得软弱和贪婪，成为欲望的奴隶？”

小虫：“嗯……”他开始搓手。

我：“很多女孩不开心和空虚的时候都喜欢吃东西，男孩在有麻烦的时候抽烟、喝酒甚至吸毒。他们错误地把胃部的饱胀和烟酒的刺激感混同为充实感和安全感。这会不会让心灵变得越来越浅薄和空虚？”我进一步把现象和本质联系起来，冲击他的心灵。

小虫：“哦……这么说贪吃贪喝真和心灵有关，伤害心灵。”他对快乐开始有了新的认识。

我：“当然，所有感官和外在的快乐都会损伤心灵。老师再问你，很多人觉得穿名牌、被羡慕就是快乐，这样的快乐健康吗？”我步步紧逼。

小虫：“不健康，这是虚荣。”

我：“追求虚荣的人，快乐的不是他的心灵而是他身上的‘名牌’，一旦他脱下名牌，面对赤裸的自己，他的快乐就被剥落了，因为他的心灵不是‘名牌’，没有价值。”很多时候孩子们知道这可能是虚荣，但是依然“执迷不悟”，就是缺少有力的揭穿。

小虫：“真精彩。还有吗？”他忘了自己就是这样的人，喜欢上了我的分析。

我：“当然还有。觉得被人喜欢、赞美就是快乐，这样的快乐是健康的吗？”

小虫：“这应该是健康的吧，被人喜欢和赞美感觉很好啊。”他再次感到迷惑，孩子们多么需要由导师带领他们穿越思想和认知的迷雾啊。

我：“你有没有发现这样的人特别依赖别人，如果别人不喜欢他他就感到很自卑，不被表扬做事就没劲头？”

小虫：“哦，是，是。我好像就是这样的人。”他很坦诚。

我：“这样的人不会发现自己的优点，坚信自己的重要。他靠别人廉价的语言施舍活着，拼命想获得别人好的评价和喜欢，哪怕违背自己的心愿。”

小虫：“老师，您点醒了我，看来我太幼稚了。”他开始觉醒。

我：“幼稚并不可怕，只要学会思考很快就会变得成熟起来。”我让他知道思考和心智成熟之间的关系。

小虫：“看来我以后要多思考，凡事要多想想了。老师，我以前觉得比别人的成绩好，胜过别人就是快乐，这样的快乐是不是也不健康？”他主动地探寻快乐的性质了。

我：“我能够感到你的好胜心很强。你愿意和别人分享自己的学习心得和秘密吗？”

小虫：“不愿意，我害怕他们超过我。”他不好意思地说。

我：“这会不会让你变得自私？”

小虫：“我是有些自私。还有我觉得每天轻轻松松的，别苦着、累着就是快乐，这样的快乐更不健康了吧？”尴尬地笑了笑。

我：“你自己分析一下。”

小虫：“不健康，我不能吃苦耐劳，很懒。”

我：“你说得很对。不健康的快乐还有很多，比如有的人觉得有权有钱就是快乐；喜欢做梦的人认为幻想就是快乐；逆反的人认为挑战权威、蔑视一切就是快乐，等等。实际上，这些都是快乐的陷阱。”

小虫：“看来我也是很幸运的，我以前也不知道有这么多不健康的快乐，伤害身体和心灵的快乐。但是，我们还很小，想不了这么多、这么深，怎么办啊？”他委屈和无奈地问。

小虫：“是啊，很多人就这么浑浑噩噩地不幸地活着，一辈子都在虚假和低贱的快乐里挣扎着。今天经过和老师的分析，你是不是知道哪些快乐是不健康的了，并且有了警惕性？”其实，孩子们都渴望健康和高贵的快乐，可是大多数却没有机会了解和被引导。这也是我的痛。

小虫：“知道了，也有了警惕性，帮助很大。”很兴奋，捡到了宝贝一样。

我：“年龄小不等于你不能够理解，不需要知道。老师觉得年龄越小越需要有这方面的认识，因为这关系到你们的身心健康，影响到你们的生活习惯和做人的观念。”

小虫：“我懂了老师，快乐真的和心灵有密切的关系，追求什么样的快乐，就有什么样的心灵。看来，我的心灵也有问题啊！”

那一刻，小虫变得严肃和沉静。

我：“看到你真诚地反省自己老师为你高兴，老师想问你，你为什么没有反感老师的话，反而开始反思自己了呢？”

小虫：“我觉得您很和善，没有指责和打击我，而是耐心地引导我，让我看到了一个新的思想的窗口，以前从来没有人这样和我交流过，感觉您不是说教，很有智慧，会启发人。”

我：“谢谢，老师不敢称什么有智慧，只是经验多一些，想得多一些而已。现在老师告诉你，你的心灵本质是好的，只是得了小感冒而已，只要你认识到你对快乐的追求并不健康，并从此追求健康的快乐，你的心灵就会恢复美好。”

小虫：“有的时候我也觉得自己被快乐给绑架了，只要自己想玩、想吃、想炫耀、想偷懒的要求和愿望得不到满足就很难受，不顺心，尽管明知道有些要求和想法是有些过分的，但就是飙不过那个劲儿。”

我：“你有没有发现，你对快乐的期待越多，你得到的快乐反而越少。你知道这是为什么吗？”

小虫：“以前我也想过，但是没想明白，通过和您聊天好像明白了，那是因为我追求的快乐是不健康的快乐，让我变得太贪婪了，难以满足了，本来快乐的事情也不觉得快乐了。”

我：“你说得非常对，看来，只要善于思考，每个人都可以了解自己，认识自己，最终改善自己。”

小虫：“老师，我有一个问题想不明白，人要不要追求快乐？如果没有快乐，活着还有什么意思？”他提出了很深刻的关乎人的本质的问题，我心里为他骄傲。

我：“老师肯定地告诉你，人活着一定要享受快乐，否则活着真没有什么意思，更没有意义。因为，首先，快乐是人独有的享受，只有人才能够制造和享受快乐。其次，人生不是一件容易的事，充满了各种苦难、麻烦、不可预知的风险、挫折，不可避免的疾病、衰老和死亡，而且人生很短暂。所以我们必须拥有快乐，享受快乐，并且从快乐中找到生命的力量。”

小虫：“老师，什么样的快乐才是健康的和有力量的呢？”

“我所追求的快乐是健康的吗？”亲爱的家长、同学，如果你能够在某一个严肃的时刻问问自己这个话题，也许你会被自己的答案吓出一身冷汗。所以，家长要善于向自己和孩子提出令心灵震颤和觉醒的问题。

摆脱低级的动物的快乐，追求有尊严的人的快乐

我：“吃、喝、玩、穿，都是感官的快乐，都是为了满足身体的需要，身体的需要都是本能的需要。你觉得人是靠本能生活还是靠思想和智慧生活？”

小虫：“应该是靠思想和智慧生活。”

我：“什么东西靠本能生活？”

小虫：“动物。”

我：“你是人还是动物？”我让他认识人的特殊性和本质性。

小虫：“我是人。”他骄傲地说。

我：“能再重复一遍吗？你是人还是动物？”

小虫：“我是人。”更加坚定了。

我：“猪和狗吃喝的时候也会感到快乐，它们的需要只有温饱。人只有这样的需要吗？”

小虫：“不是。”

我：“人还有哪些需要？”

小虫：“老师您的问题太犀利了，也很给力，也让我感到震惊。老师我想到了一些，不知道对不对。我觉得人需要学习、爱、独立、尊重、自律、遵守纪律、帮助他人，等等，总之很多吧。”看着他被触动和认真的样子我很开心，我觉得他有了不一样的人生思考，这就是改善的良好开端。思想决定命运。

我：“这些是不是都是心智和精神层面的需要？”

小虫：“是的。老师，我明白了，人只有更多追求心智和精神层面的需要才是人，只关注感官享受就成了动物，成了小猫和小狗。”

我：“小虫，老师很高兴你有这样的思考，这才是做人应该思考的，否则就不能成为有精神品格的人，远离人的本质，只能靠本能享乐生活，最后堕落到痛苦的深渊。”

小虫：“老师，从来没有人教我们这些，让我们认识人和动物的区别，认识快乐的陷阱，我真是太幸运了。我觉得很多孩子都需要和您聊一聊，否则真的都在追求不健康的快乐还不知道，太可怜了。”他的胸怀被激发出来了。

我：“老师很高兴你能够为他人着想。很多孩子（甚至成人）都没有享受过真正的快乐。在咨询和培训中，很多同学跟我说，他们玩游戏、打台球、逛夜店、打牌等，是因为闲得无聊，但又不敢让自己闲下来，因为他们不敢面对逃避的自己。所以，他们必须让自己有事做，忙起来。不了解的人以为他们很快乐，实际上，他们内心非常空虚、纠结，他们用所谓的快乐逃避和掩藏烦恼和痛苦。”

小虫：“他们真可怜。”

我：“所以，我们要搞明白什么是健康的快乐，做真正的人，并帮助每一个需要帮助的人。”

小虫：“老师，我要跟您好好学习，摆脱低级的动物的快乐，追求有尊严的人的快乐，然后帮助别人。”

我在家里经常和妻子、儿子分享这句话：“摆脱低级的动物的快乐，追求有尊严的人的快乐。”我发现，尽管这只是一句“空洞”的话，但是它却很有精神力量，我们家庭中的每个人，甚至我身边的人，都受到这句话的影响，原因应该是经常重视和分享会变成精神信念，指导人的行为。

健康的快乐有益于心灵和身体，现在快乐将来也快乐

我：“拿我们分析过的贪吃贪喝这种不健康的快乐来说吧，你觉得有什么特点？”我要锻炼他归纳的能力。

小虫：“吃喝的时候快乐，吃喝多了很不舒服，会弄坏身体，还有就是损害心灵。”

我："也就是说，不健康的快乐是暂时的快乐，有损身心的健康，是拿一时的快乐换更多的痛苦，对吧？"

小虫："对。"他底气很足地说。

我："和它相反的快乐是什么样的？"

小虫："应该是现在不快乐，但是将来快乐，不损害身心健康，拿现在的不快乐换将来更多的快乐。"

我："你的思路是对的，现在的不快乐的确能换来将来更多、更大的快乐。但现在的快乐也很重要。"

小虫："您是说不仅将来要有更大的快乐，现在也要快乐，这不矛盾吗？"他还不清晰这其中的潜在联系。

我："你觉得矛盾在哪里？"我要让他自己想明白，明白是明智的开始。

小虫："贪吃贪喝才能让现在快乐，但是会让将来不快乐，矛盾就在这里呀。"

我："不贪吃贪喝就不快乐吗？"

小虫："想吃的不能吃，吃不爽，怎么能快乐呢？"

我："想不想是由谁决定的，人还是食物？"我要让他明白人的思想决定感觉。

小虫："是人也是食物，如果食物不好吃人也不会想。"

我："好不好吃是谁的体验和判断？"

小虫："当然是人。"

我："你认为好吃的东西别人也认为好吃吗？"

小虫："不一定。"

我："这样看的话想不想吃是由谁决定的？"

小虫："人决定的。"

我："想不想吃由人决定，吃的欲望的强和弱是不是也可以由人决定？"

小虫："可以。"

我："想吃、贪吃的欲望降低了，你吃的欲望是不是就容易满足了，也就是说不需要猛吃猛喝，只要吃了、喝了就会感到快乐？"

小虫：“嗯，应该是。”

我：“而且能控制自己欲望的人，吃不到、喝不到的时候也不会那么难过、痛苦，是不是？”

小虫：“是。”

我：“这样的人是不是聪明的和能够控制自己的人，会不会为自己感到骄傲？”

小虫：“我要是能做到也会很骄傲。”

我：“骄傲是不是更高层次的精神的快乐？”

小虫：“是，这种快乐更爽。”他又一次明白了。明智就是这样一次次训练出来的。

我：“善于调整自己的欲望，能够自我控制，都是心灵的能力。心灵的能力和肌肉一样，越锻炼越强大，骄傲感越多，高层次的快乐也就越多。既满足了现在的需要，让自己感到快乐，也给未来的快乐奠定了基础。这就是健康的快乐。”

培养孩子节制的能力可以使孩子随时做到自我控制，使孩子体验到心灵的强大和做人的尊严。父母在和孩子沟通的时候，首先自己要被感染，情绪饱满，饱含认同和向往的话语才有感染力、说服力。

回家以后，小虫主动给自己制订了一个快乐列表，列出了健康的快乐和不健康的快乐，并且每天在列表上画对号，看自己都做了什么，以此来提醒自己。为了让提醒有力量，还在不健康的快乐上画了一只又脏又肥的猪，让自己感到厌恶；在健康的快乐上画了一个英雄，激励自己。没过多久，他们全家来看我，汇报小虫的进步。妈妈说：小虫的变化让她感到吃惊，居然可以不需要提醒和唠叨就不乱花钱、不买零食、不挑食、不贪吃了，玩到固定时间也能够主动关电脑，不争着抢着买名牌了，还尽可能帮着她做家务，关心她，她感到非常地满意和幸福。爸爸说：陆老师您帮我教育出了一个真正的男子汉，我很为他高兴。

家长教练作业

1. 和孩子讨论什么样的快乐是健康的，什么样的快乐是不健康的。

攀比的快乐是健康的吗？为什么？

逆反的快乐是健康的吗？为什么？

贪吃的快乐是健康的吗？为什么？

贪玩的快乐是健康的吗？为什么？

懒惰的快乐是健康的吗？为什么？

2. 和孩子一起做一个列表，列出哪些是不健康的快乐，需要适度和节制，哪些是健康的快乐，需要不断实践和追求。

第27次对话

让孩子不被“义气”的冲动左右，找到真正的友谊

如果同学们把“义气”理解为为朋友两肋插刀，那么友谊和“义气”有着本质的不同，友谊的本质是爱，“义气”的本质是冲动和表现；友谊是理智的山，岿然不动，义气是感性的云，风吹即散。

高三男孩小龙本来是因为学习问题和父母有矛盾来找我咨询的，但有一天一见面他就说，他有个好朋友，他们关系很好，那个朋友很仗义，因为追求别人的女朋友，和那个家伙闹了很大的矛盾，约好了下周一晚上在学校附近的公园里“决斗”。他的朋友通知了很多人，也通知了他，要和那个家伙好好干一场。小龙有些犹豫，不去不讲义气，去了又怕父母不高兴，左右为难，征求我的意见。

很多年轻的同学为了所谓的义气做出了伤害自己和他人的事，有的违法，造成伤残和死亡的事也有不少。义气这个词让人变得冲动，极具号召力。一个普遍的原因是大家对义气这个词有错误的认识和理解，以为义气就是为朋友两肋插刀，朋友有需要就要挺上去，否则就不是好朋友、不够朋友。二是孩子们（包括成人）对很多重要的和做人相关的概念缺少探究的精神，人云亦云，把觉得（觉得义气等于为朋友两肋插刀）当成就是。

讲“义气”是为了朋友，而不是为了表现自己

小龙：“老师，你说我该去吗？不去好吗？”他纠结地问。

我：“老师不能帮你拿主意，你要听从你的内心。不过在你决定前，我们可以讨论一下。首先，我看到你有顾虑，说一说你为什么想去，为什么又拿不定主意？”我不急于替他出主意、做决定，而是试着和他分析和讨论，让他学会理性地看待问题，抓住事物的关键，从而养成独立思考和判断的能力。

小龙：“我想去是因为我们是好朋友，好朋友有事就得帮忙、讲义气，如果不去就是不仗义，朋友没得交了；不想去是担心万一弄出大事会影响高考复习，而且，你知道我老妈有多难缠，肯定不会放过我的。”

我：“两方面你都想得很周到，所以你才很为难。如果让老师仅从这两个方面来考虑的话，老师会和你一样，找不到答案。”看上去他考虑得很周到，但是他忽视了做人和做事的原则问题。

小龙：“别绕弯子了老师，我知道您会有办法的，快告诉我吧。”他了解和信任我，所以很期待。

我：“小龙，别急。我们来讨论一些原则性的和基本性的问题。你说朋友要讲义气，也就是说义气对朋友来说至关重要，这么重要的问题不搞清楚怎么交朋友呢，对吧。所以，你说说什么是义气？”

小龙：“义气就是为朋友两肋插刀，朋友有事就得往上冲。”

我：“也不管是不是正当的，会不会因此把事情闹大，会不会害了朋友和自己？”我犀利地问。

小龙：“讲义气不是正当的吗？”他感到了问题的严重。

我：“你现在要去帮朋友打群架，如果你们把对方打死或者打残，你的朋友就是主谋，要重判；反过来，你的朋友也可能被对方打死、打残，朋友的家人痛苦一辈子。小龙，你说这是正当的吗？”

小龙：“不是。可是不去的话就是不讲义气，让人瞧不起、笑话，怎么办？”

我：“那你到底是为了朋友讲义气，还是为了让别人觉得你是讲义气的人而讲义气？”

小龙：“哦，好像是为了让别人觉得讲义气而讲义气。”

我：“那你这是为了讲义气还是为了表现自己，给别人留下你讲义气的好印象？”

小龙：“是为了给别人留下好印象。”

我：“这是义气吗？是为了朋友吗？”

小龙无语。

沉思。

义气不是为朋友两肋插刀，而是大义和正当

小龙：“那什么样的义气才是为了朋友呢？”他渴望真相。

我：“为了朋友，就要知道义气本来的意思。还记得老师以前说过的吗，对概念的理解决定着你的思想和行为。”懂得和喜欢抽象概念才能够认识事物的本质。

小龙：“记得，有感受，但是还不太会运用，不好意思。”

我：“没关系。义气的义怎么写？”

小龙：“一撇、一捺、一点。”他认真地比画。

我：“不是意气用事的意，对吧。这个义字怎么讲？”

小龙：“没想过，说不好。”

我：“是正义和大义。此外，义还有合适、适当和公正的意思。按照这个思路，你觉得义气的气字是什么意思？”我必须让他学会根据已有的知识来认知事物。

小龙：“那应该是指气概、气魄吧？”

我：“你说得很对，是指人豪迈的精神状态。所以，义气的真正意思是正义的精神和适当的行为。既然这样，义气是为了自己的面子和表现还是为了朋友的利益？”如果父母对这类的概念也不了解没关系，可以百度一下，也可以找有知识的人请教，或者向书本请教。

小龙：“为了朋友的利益。”

我：“而且，是不是还要考虑事情的公正性和适当性？”

小龙：“是。”

我：“那么争风吃醋打群架是公正的事吗？”

小龙：“不是。”

我：“你还要讲义气吗？”

小龙：“不讲。”

我：“不，要讲义气，讲真正的义气。”

小龙：“怎么才是真正的讲义气？”

我：“去劝说和阻止你的朋友不要打群架，不要去做危害自己、让朋友们左右为难，甚至遭受伤害和违法的事。”

小龙：“老师，你说得很对，我也试着劝过，可是他那个人非常固执，很要面子，没有用。”他无奈地说。

我：“我知道，有些人非常自以为是，不听劝，撞到南墙才回头。”

小龙：“那我怎么办？没有人理解义气的真正含义啊，他们还是会嘲笑我的。”

我：“是啊，愚蠢的力量很强大。看来我们还要再探讨一个话题，你为什么这样重视友谊和朋友？”

所谓引导孩子思考，就是首先提出一个问题，然后问孩子的看法，并且不要对孩子的看法直接否定；如果孩子的看法不当，就问他为什么这样看，让他说出理由，然后你再说出你的看法，让孩子比较和思考。

友谊的纽带是美德

小龙：“谁不重视友谊啊，没有朋友多孤单啊。”孩子不能没有朋友，那是通向爱的道路。

我：“是的，每一个人都需要朋友。我们甚至可以在最好的朋友身上发现另一个我，这样，我们不仅是喜欢朋友，也是在喜欢自己。越是这样，朋友间的友谊越深，我们越是愿意为朋友考虑和付出。那么人和人之间怎样才能成为朋友呢？”我又抛出一个新问题，不断地思考，思维智慧就萌芽了。

小龙：“相互喜欢、欣赏啊。”他很自信地说。

我：“你说得很对，你欣赏这个朋友什么？”我要让他看到友谊的真谛。

小龙：“有主见、勇敢、大方、幽默、愿意帮助朋友。”他说出了友谊的特点，人的品质。

我：“有主见、勇敢、大方、幽默、愿意助人都是做人的优秀品质，我知道在你身上也有很多类似的好品质。也就是说你们相互欣赏的是对方身上优秀的品质，是这些美好的东西在吸引你，使你们成为朋友。”

小龙：“是啊，交朋友需要志同道合。”

我：“如果在他身上没有这些好的品质你们还会成为朋友吗？”

小龙：“不会。”

我：“那么就是说，相同的爱好和好的品质是友谊的纽带，没有这个纽带你们就不会成为朋友，是吧？”

小龙：“当然，这样大家才能开心地在一起玩。”

我：“如果一个人的品质非常好，但你和他的兴趣不相同，你们会成为好朋友吗？”

小龙：“会成为朋友。”

我：“这就是说，好的人品是友谊的重要纽带，每个人都把它作为选择朋友的重要标准，对不对？”

小龙：“对。和这样的人交朋友踏实。”

我：“如果你的朋友变成了一个邪恶的人，不符合你交朋友的标准了，友谊的纽带是不是就断了，两个人之间就不是朋友了？”

小龙：“那当然，在一起会很别扭，大家不是一类人。老师，绕了半天您是想要我和那个朋友断交，这样我就不用和他去打群架了？”他有感悟，但是还没有明白我的良苦用心。

我：“小龙，老师怎么会让你和他断交，我们一辈子交一个好朋友不容易，你的朋友人品不错，就这件事看，只不过是一时冲动而已。老师只是想通过讨论让你认识到真正的友谊是什么，这样你自己就会决定是否该和朋友去打群架，或者坚持你的立场去劝阻朋友，为朋友的利益负责。”

小龙：“老师，你太理解我了，我也不想和他断交。但我劝不动他。”

每次在和孩子谈论重要的人生概念的时候，我都努力抓住关键，找到本质，并且以有说服力的话语告诉孩子，引起孩子的重视，让他产生新的思想。

为了友谊，巧妙解决问题

我：“如果有一种食物，很滑，你用筷子夹不起来，但你又很想吃，你该怎么办？”我迂回诱导。

小龙：“用手抓、用勺子。”

我：“非常好，只要我们动脑子总会找到解决问题的方法。”

小龙：“是的，您太会找方法了，我要好好学。”

我：“为你高兴。现在你就想一想有没有其他的好办法劝你的同学？”

小龙：“我可以通知他的父母，或者告诉他的班主任，还可以多找几个朋友一起劝他。”他创造性解决问题的机制被打开了。

我：“太好了。在这三个方法中，你觉得哪一个最有效又不会给他带来麻烦？”

小龙：“多联系几个朋友一起劝他，老师和父母知道会给他带来麻烦。”

我：“是的。我猜想你的朋友也是为了面子，你要和大家都去劝说，他就不会担忧你们会小看他了，他也就有台阶下了。如果这样还劝不动他，你们就不是一类人了，你也不需要考虑义气的问题了。”

小龙：“老师，我知道了。您今天给我上了一堂真正的友谊课，对我一辈子都有用。谢谢老师。”

义气真正的含义是正义和大义的精神，它讲的是公正、适当和勇敢。真正的义气对友谊非常重要，它可以使我们在朋友遇到困难的时候竭尽全力伸出援手，同时，也帮助朋友衡量事情的公正性和适当性，不会盲目、冲动，使友谊的花朵在理性和善良的土壤上绽放。

一周后，小龙按约定时间来咨询训练时，告诉我，他找了六七个朋友，提前做了商量和设计，然后去劝说那个朋友，最后把这件事压了下来，避免了一场祸事。

小龙的父母以前一直担心孩子会结交不好的朋友，看到孩子把这件事处理得这样好，他的父母很高兴，还把小龙的朋友们都请到家里，为他们做了丰盛的晚餐。同学们在餐桌上聊起了什么是友谊，小龙把我对友谊的理解和同学们做了分享，大家都对友谊有了新的认识，也对小龙刮目相看。

父母经常犯的错误是逼孩子认同自己的观点，让孩子按自己的要求去做，孩子表面可能会答应，但是该做什么还会做什么。这样你就培养了虚伪的孩子，和让你担心的孩子，因为你不知道他会做什么。父母不了解孩子做什么，因为不了解他的思想。父母要做的是，让孩子说出他的想法和计划，帮助孩子分清楚利弊，明确自己想要的是什么，如何达到目的。

家长教练作业

1. 找出你不确定的某些概念，查资料、请教有水平的人，正确地认识和把握这个概念，并与孩子分享。

2. 记住，对概念的理解决定着孩子的思想和行动，无论在大事和小事上都是这样。例如，如果你认为爱是赞美，你就会经常赞美你爱的人；如果你认为爱就要为对方负责，你就会经常给你所爱的人提出真诚的意见和建议……

第28次对话

让孩子懂得什么是规则，培养孩子的秩序感和尊严感

父母不仅仅是在为自己培养子女，也是在为社会培养优质人才，为国家培养合格的公民。这就要求父母在教育孩子的过程中，不能够只盯着分数、成绩、学校，而是要培养孩子的精神品格，让孩子有秩序和尊严。

“老师，中国人的素质为什么这么差？”今年夏天，我在夏令营中给同学们讲品格教育时，初二男孩小炎这样问我，他稚嫩的脸上带着困惑和激愤。

那一刻我既羞愧又振奋，羞愧的是小炎说的是事实，的确我们很多同胞的素质比较低，做出了各种各样不该做的事，比如说抢盐、抢出事货车的物品、公共场所乱扔垃圾、不排队、闯红灯、不知道给老人妇女小孩让座、随地吐痰、说脏话、在公共场所吵闹、偷税漏税、欺诈、制造伪劣商品坑害消费者，等等。

振奋的是年轻的同学们也开始关注本民族自身的素质了，他们对这些现象感到厌恶和愤慨，说明他们有一颗美丽的心灵，渴望成为有尊严的人，这就是我们民族素质提升的希望。

同时也有些惶恐，因为这是一个需要谨慎回答的问题。在这里，我也郑重地提醒家长，当孩子问到类似的问题时，一定要谨慎，你的每一句话，都可能对孩子产生影响，尽管不会马上看出来，但是会很深远，就像一粒种子。

因为我们面对的是一个个正在成长中的初中生，我们的回答或多或少都会对他们产生影响，或许有些观点就会成为他们做人的观念和准则。很多家长可能会说：“你不要管别人做什么，管好自己就可以了。”或者轻描淡写地应付了事，这样的回答和态度会让孩子轻视父母，时间长了，孩子也会变得麻木，因为他们良好的愿望没有得到回应，丑恶的行为没有得到谴责，他们也会成为这样的人——不遵守规则的人，不重视社会秩序的人，没有尊严的人。所以，回答这样的问题，一定要严肃、认真，而且要有态度，对丑恶的行为表示厌恶和谴责，告诉孩子我们要做真正的人，遵守规则的人。因为遵守规则，就是对社会秩序和人的尊严的捍卫。

刺痛灵魂的提问:“ 老师，中国人的素质为什么这么差？ ”

我:“你看到和听到了什么，使你有这样的看法？”对于这种严肃性的和带有愤慨情绪的提问，不能简单地迎合说是，也不能粗暴地否定，需要让孩子说出他的观察和思考。

小炎:“我看到很多人买东西、乘车不排队，在公交和地铁逃票，不给老人、小孩让座，说脏话，随手乱扔垃圾。”他厌恶地说。这说明他内心有宝贵的道德情绪，厌恶不良的行为，自己不会做这样的事。

我:“这种现象的确不少，令人难过，他们在践踏规则，作践自己。还有吗？”当他具体地说出一些人的低素质时，这个时候我没有迂回，只能无奈地认同。

小炎:“最可气的是乘电梯和坐地铁的时候，不等你下来呢，就都挤上来了。有一次我被他们挤得差一点没下来车。”这是他个人情绪的表达。

我:“这种现象老师也经常遇到。”

小炎:“还有，最不理解的是成人带着小孩闯红灯，出事怎么办啊？”这是负责的社会意识，我很高兴。

我:“是啊，每当我看到这种情况也会为他们捏一把汗，每年闯红灯造成的交通事故很多。尤其是我会想到，这样的父母或者老人，会在孩子心里种下多么不好的种子啊，简直就是在培养下一代闯红灯的人。这是很不负责任的行为。”我必须表达观点了，要支持他的责任意识。

小炎:“上个月我爸去美国出差，回来说在美国宾馆的浴室里用中文写着‘请把洗浴用品放回原处’。我听了以后很生气，中国人怎么能这样啊！上网上一查，在国外这样的中文标语很多:‘便后请冲水’‘请安静’‘请不要随地吐痰’‘垃圾桶在这里’……太给中国人丢脸了。”他的民族自尊心受伤了，很宝贵的情感。真希望每个孩子都有这样的情感，他们就可以自我要求和自我教育了。

我：“你感到羞耻？”

小炎：“是啊。而且很气愤。”不是为了个人的愤怒情绪，是公正的。

我：“老师也感到羞耻，我们中华五千年的文明就这样被糟蹋。老师为了更多地了解中国人的国民性读了柏杨先生的《丑陋的中国人》，其中一个笑话，讲的是中国人说话的嗓门大、吵闹。说是两个广东人在说悄悄话，美国人认为他们要打架，于是把警察给叫来了，警察问他们在干什么，他们说他们在说悄悄话。这样的笑话老师怎么也笑不起来，有尊严感的中国人都笑不起来。”我也很愤慨。

小炎：“老师，我不明白，中国人的素质为什么这么差？”他又一次问我，我觉得他在叩击我和他自己的灵魂。

我：“老师知道你很激愤，所以才有这样的追问。老师也看到很多你说的不文明现象，但你把范围夸大了。我想你和老师就不是你说的那种素质差的人，我们不是中国人吗？”我要让他知道关于人的品质问题，不能扩大化和以偏概全。

小炎：“是中国人。”

我：“那么我们就应该说‘这些’或者‘有些’中国人素质为什么这么差，而不是‘中国人的素质为什么这么差’，我们不能全部否定，对不对？”

小炎：“不好意思老师，是我太激动了。今天您的品格教育课让我很激动，我决心要做一个有品格的人。但是我还是不明白有些人为什么素质那么差，怎么办？”

小炎的提问刺痛了我的灵魂，我希望这个提问能够刺痛每个中国人的灵魂，引发我们的反思和警醒。父母一定要抓住这样大好的塑造孩子素养的机会，表明你的态度，认同孩子的感受，让孩子对不文明的行为保持敏感和愤怒，让孩子保持内心的干净和美好。

训练自我克制的能力，清晰地知道自己是人

我：“这些素质差的人总结起来有一个共同的特点，你说说是什么？”

小炎：“应该是不遵守规则吧。”他试探地说。

我：“就是这样，你总结得很准确。”

小炎：“但是我不明白，他们为什么不遵守规则？”

我：“这就是问题的关键，原因也很多。了解自己是了解他人最好的途径，也就是说可以通过了解自己来了解他人。老师问你，你闯红灯吗？”我不直接给他答案，我希望他会思考有思想。素质低的人都是没有思想的人。

小炎：“偶尔会闯？”脸有点红。

我：“你在什么情况下会闯红灯？”

小炎：“有急事儿的时候，还有就是在没有车的时候。”

我：“咱们先说有急事儿的时候，一般红灯没有超过两分钟的，你再急还差那两分钟吗？”

小炎：“可是心里会很着急，耐不住，感觉红灯太漫长了。”

我：“也就是说你缺少耐心，不能克制自己对吗？”

小炎：“是。自己在心理也对自己说不要闯，但是做不到。”

我：“这就是不遵守规则的第一个原因，缺少耐心，不能克制自己。”

小炎：“大多数人都有这样的心理是吧？”他在揣摩他人的心理。

我：“是的，人性是相同的。既然知道了原因也就知道了解决问题的办法，下次在同样的情况下知道该怎么办了吗？”

小炎：“知道了，有耐心，克制自己。”

我：“老师相信这对你一点都不难，因为你是有克制能力的人。因为我们是人，我们必须清楚地知道，人是唯一能够自我克制的生物，否则就是不知羞耻的动物。”

小炎：“我们是人……”小炎若有所思地重复，这样的重复会使他对自己是

什么、应该做什么有更加清晰的认识。

我：“只有清晰和庄严地认识到自己是人，我们才能够做到自我克制，敬畏规则，内心中才会有秩序感，在规则面前才不会难受。”

小炎：“老师，您是说内心有规则的人才会遵守规则？”我没有想到他的感悟力这样好，让我惊讶。我觉得可以多和他聊一聊。

我：“是的。有规则的人内心是平静的，有序的，不浮躁。”

小炎：“老师，怎么才能有规则意识呢？”

父母在和孩子聊天的时候，要努力把握问题的关键，引发孩子的思考和探索；要经常和孩子讨论，人是什么，人应该做什么这类话题，提升孩子对人自身的认识。

不要再玩灵活，敬畏规则

我：“对，有耐心，克制自己是遵守规则和秩序的重要的心理素质。在没有车辆的路口，你在心里对自己说了什么，使你闯红灯？”

小炎：“没有车，不会有危险，也不影响交通，站在那里干等不是傻吗？”他说出了大多数人的心理。

我：“所以要灵活对待，是吧？”

小炎：“是。”

我：“你知道这种灵活的背后是什么吗？”我要让他知道我们文化中的灵活有的时候是规则和法律的害虫。

小炎：“不知道，是什么？”他渴望了解本质性的东西。

我：“是的，这是很有意思的心理，很多人可能没有想过。老师听过这样一个故事，刚刚时兴打卡机的时候中国还不能生产，到英国去购买。在了解了所有的功能以后，英国人问中国人还有没有不明白的地方，可以提问。一个中国人想了想说，打卡不能识别个人身份，要是有人不上班让同事代打卡怎么办？英国人一下子被问蒙了，不知道怎样回答，过了半天才说，你们中国人太聪明了，我们从没有想过这样的事情，也不会有人这么做。想一想，英国人为什么没想过会发生叫人代打卡的问题，是他们太笨吗？”很多同胞都认为外国人死板、笨。

小炎：“不是，他们很诚实，不像我们这样灵活。”我在小炎这样的同学身上看到了希望，好开心。

我：“你说得非常对，他们不仅不傻，而且很有智慧，因为他们诚实、诚信。他们忠于自己的内心，一旦是自己认为必须遵守的规则，就不会违反，因为他们有强烈的规则意识。而我们这种所谓的灵活就是对自己认定了的规则的背叛，我们在自己心中有另外一个规则，这个规则高于一切规则，这个规则就是要对自己便利、有利。”

小炎：“哦，原来灵活的人容易背叛，对自己不诚信！”在德行上灵活绝对不是好事。

我：“是的。我们在解决问题的时候可以灵活，但是在规则面前必须诚信，有强烈的规则意识，也就是要在自己的心里播撒规则意识的种子。规则是人的思想和行为的外化与延伸，我认同规则就是认同自己，自己就是规则。只要有这样的规则意识，我们就会在规则面前止步。”

小炎：“遵守规则需要诚信和认同，有强烈的规范意识，太高深了。那有的人明目张胆地闯红灯是怎么回事呢？”他要了解人性中更多的方面，我很乐于和这样有渴望的孩子对话。

有远见的父母在孩子很小的时候，就要培养他的规则意识，使他成为一个尊重规则的人。父母要做榜样，遵守规则，并且在遵守规则的时候，表现出自豪的样子，从精神层面影响孩子，并且告诉孩子：“遵守规则，让我感到光荣和骄傲。”

提升自尊，建立内心秩序

我：“你们班主任老师是不是经常告诫和要求你们上自习课的时候不要说话、玩手机等，可是依然有一些同学该做什么做什么，你觉得这是为什么？”

我提出不同方面的问题，让他思考。

小炎：“他们没有把老师的话放在心上，不尊重老师，也不自重。”

我：“你说得非常好，他们的自尊感很低。明目张胆地闯红灯的人没有规则意识，在内心不认同红灯停这个规则，也不觉得闯红灯是令人感到羞耻的。没有规则意识的人，内心混乱，缺少秩序感，对乱感兴趣，所以就如同没有红灯和要求一样。”

小炎：“这样的人是不是有自尊就不会闯红灯了？”

我：“是的。有自尊，内心就不乱了，就有了秩序。这种秩序是一种美，就像各种花草、树木、山石、流水都搭配得很自然的花园一样，有着令人心醉的和谐之美，对这样的美你会忍心去破坏吗？”

小炎：“不会。但是老师，怎么才能让人有自尊呢？”

我：“要拥有自尊最简单的方法是把自己和动物比较，看看自己会不会像野狗那样乱叫、随地大小便。”

小炎：“哦，难怪别人被骂是猪和狗的时候那样愤怒。”

我：“因为他们作为人的尊严被冒犯了，感到了屈辱。你觉得人和动物在行为上有什么不同？”

小炎：“人能管住自己，动物不能。”他很顺畅地说，他的思维被我打开了。

我：“是的，人脱离了动物的本能，可以管理和约束自己，人才有尊严。”

小炎：“人可以通过和动物比让自己有尊严感，那怎样可以让自己有秩序感呢？”

我：“有智慧的人，秩序感可以通过调整内在的节奏来达到，比如下次如果感到内心烦乱、焦急要闯红灯时，可以调整呼吸并以缓慢的节奏在心里数15个数，你的内心就会变得平静了。现在你就可以试一下，想象一下你快迟到了，急着上学，气喘吁吁地来到了十字路口的红灯面前，你停下脚步，深呼吸，然后把呼吸调匀，在心里缓慢地数15个数。”

两分钟后。

我：“感觉怎么样？”

小炎：“果然管用，心里感到平静多了。”

我：“内心平静的时候，就是心灵有秩序的时候，这种情况下人的心灵和自然、社会的规则是最统一的，也是最能够遵守规则的。”

缺少自尊的孩子，是因为父母的评价过低，贬损、嘲笑、打击过多，批评、惩罚过重。所以，父母一定要注意自己的态度和语言，尽可能多地欣赏、鼓励、理解，保护孩子的自尊。呵护孩子的自尊是教育的第一要务。

警惕从众心理，做自己的主人

小炎：“我也能做到和自然和谐统一，太高兴了。老师，还有的人本来在等红灯，但是看到有人闯了就跟着闯，这是从众心理吗？”

我：“是从众心理，很高兴你也能够做出准确判断了。”

小炎：“很多人都有从众心理，我有的时候也有，怎么解决从众的心理呢？”孩子愿意和我们沟通，是因为我们能够为他们答疑解惑，让他们心悦诚服。

我：“你是别人的影子吗，别人动你就跟着动？”我要激发他认识人的独立性。

小炎：“不是。”

我：“你能接受自己成为别人的影子吗？”

小炎：“不能，做别人的影子不是成了没有思想的傀儡了吗。”

我：“那该怎么办？”

小炎：“做自己，不被别人影响。”

我：“对，做独立的自己。你可以不遵守规则，但我不会受你的影响，我有自己的主张，我遵守规则，这样的人才有思想和独立。”

小炎：“我也要做这样的人。”

我：“从众的人还有另外一个很微妙的心理，很有意思。”

小炎：“一定很好玩，快说，是什么心理？”恰到好处地埋一个伏笔会激发孩子对话的渴望。

我：“如果老师给你们分水果，轮到你的时候正好赶上了一个小一点儿的或者有点儿蔫的，你会不会觉得自己有些吃亏？”

小炎：“会，老师我明白了，别人闯他不闯会觉得吃亏。太有意思了。怎么解决这种怕吃亏的心理啊？”他的反应很快。

我：“如果你看到一个盗贼偷了东西侥幸没有被抓，你会觉得自己没有去偷而感到吃亏吗？”

小炎：“不会，盗贼早晚会被抓的，不属于自己的东西不该拿。老师，是不是不和别人比就不会觉得自己吃亏了？”他在寻找问题的关键。

我：“是的，你的想法不错。吃亏是你和闯红灯的那个人相比，自己好像浪费了一点时间，但是就等红灯本身来说你并没有吃亏，因为红灯所规定的时间对每个人都是一样的。闯红灯的人是盗窃了规则的时间，是盗贼，实际上他的损失更大。因为他背叛了自己、损害了自身的形象，还很有可能出车祸。你说到底谁吃亏了？”

生活中有很多有趣但是关系到人的行为的心理，如从众、跟风、迷信、盲从等，父母要及时发现这些现象，和孩子沟通，告诉孩子哪些现象是从众、跟风，哪些是迷信、盲从，并告诉孩子这些现象的成因，引导孩子观察和体会。

分析自己的行为，提升责任心

小炎：“哦，那当然是闯红灯的人吃亏了，和您聊天太有意思了，您的想法太奇妙了。老师，有的父母和老人带小孩闯红灯是什么心理？”很多孩子和我对话后，都想当心理学家。

我：“如果这个问题是老师问你的，你会怎么回答？”

小炎：“有上面几种心理，还有不负责任的心理。”

我：“这次你回答得比较全面。他们有侥幸心理，不顾及自身和孩子安全。再有就是无知，没有考虑到自己的行为会对孩子产生非常不良的影响，给孩子做了不好的示范，让孩子觉得可以不遵守规则、秩序，成为难以管教的人，给父母带来很多麻烦。”

小炎：“太好玩了，一个小小的闯红灯居然能分析出这么多问题来。酷。”

我：“是的，很多闯红灯的人都没有把自己的行为当回事儿，觉得没什么了不起，因为他们没有深入思考，不知道是对自己和他人严重地不负责任。如果那些闯红灯的人听到咱们的分析，他们也会大吃一惊的。”

小炎：“老师您真应该到电视上去做这个分析，看到的人就更多了。”

我：“老师觉得还需要再修炼，以后吧。方才我们只是拿闯红灯这个行为进行分析，实际上，所有不遵守规则、秩序的行为都一样。所以，让那些不遵守规则的人了解自己的心理，把自己放在放大镜下看看，他们就会感到羞愧的。”

要培养负责的孩子，必须每天通过自己的言行告诉孩子，要先做该做的事，把感兴趣的事放在最后做。

选择接受束缚

小炎：“看来我不闯红灯是有规则意识的，我骄傲。我知道老师总是会有意想不到的答案，闯红灯还有什么原因吗？”

我：“你的好奇心还蛮强的。每个人都是不同的，所以每个人都有其闯红灯的理由和心理。有些人看着挺悠闲，也挺斯文的，你知道他们为什么也要闯红灯吗？”

小炎：“太难了，不知道，老师还是您说吧。”

我：“如果现在老师用绳子把你绑上，你会有什么感受？”

小炎：“那当然很难受，不自由。”

我：“对这些人来说，红灯就是一条绳子，让他们感到被束缚，很难受。”

小炎：“我也有过这样的感受，这是为什么呢？”

我：“你愿意做被迫的事情吗？”

小炎：“不愿意，那多难受啊。”

我：“红灯使人停下来等待，对于有些人觉得这是被迫的，不是他想停下来，是红灯让他停下来，所以感到难受。”

小炎：“老师，怎么才能不难受呢？”

我：“如果停下来是你选择的呢，你还会感到难受吗？”

小炎：“那当然不会了，那是自愿的。”

我：“自愿的也就是你选择和接受了的，当然不会。”

小炎：“我明白了，要在心里选择接受束缚。”

我：“对，这样你就不难受了，你认同了规则。你把自己看作了可以自我管理和控制的人，看作了文明人。”

父母在管理孩子的时候，也要给孩子机会让他选择自己愿意在哪些方面接受父母的管理，比如，告诉孩子有三个选择：1. 你自己主动写作业；2. 我直接提醒你写作业；3. 暗示你该写作业了。让孩子自己选，孩子自己选的往往会愿意做。

放弃特权心理，遵守规则

小炎：“老师，今天和您聊天真是太过瘾了，您还有什么更精彩的分析吗？”

我：“看起来你非要难倒老师啊。还好，老师有准备。老师问你，在班里或者和朋友们一起玩的时候，你有没有这种心理——老师的规定或者朋友间的某些规矩是给别人定的，自己可以不遵守？”

小炎：“是，有。有时候我觉得老师的有些规定是给不听话、学习不好的同学定的，我们好同学可以不遵守。”

我：“就是这样，你觉得这是什么心理？”

小炎：“与众不同的心理。”

我：“准确地说是特权心理，觉得自己有某种优势，自己不需要遵守规则，遵守规则是别人的事，把自己凌驾于规则之上。你觉得怎样可以让人打消特权心理呢？”

小炎：“别把自己想得多优秀，与别人不同。”

我：“你说得很准确。还有就是不要把自己放在规则和法律之上，任何人在规则面前都是平等的。”

经济条件很好的和做公务员的父母，一定要谨慎自己的特权心理，不要让孩子产生我父母有钱、有权的依仗思想，最终产生特权心理。有特权心理的孩子会把自己凌驾于规则和法律之上，做出无法无天的事情。所以，要告诉孩子，尽管我们有钱，有权力，但是我们更要遵守规则和法律，因为规则高于一切，法律对每个人都具有同样的效力，让孩子对规则和法律产生敬畏。

遵守规则和秩序有深刻的社会意义

小炎：“老师，您太厉害了，您把人的心理分析得太透了。”

我：“老师说的也都是皮毛，比较浅显，还有更深刻的社会意义没有发现。”

小炎：“老师，既然您说到社会意义，那不遵守规则和秩序对社会有哪些影响呢？”

我：“规则是为了维护社会的公平和稳定，维护个人的权利不受损害，使社会呈现和谐、有序的状态。在这样的状态中，人们感到安全、自由、被维护。如每个人都不遵守规则，社会秩序和公平就会被打乱，人们失去了外在的约束力，每个人都按照自己的规则办事，人和人之间就会发生巨大的冲突，社会就会动乱。因为人与人之间，人与社会之间的和谐关系，就是靠着规则和法律来维护的。”

小炎：“也会让外国人嘲笑我们，轻视我们。”

我：“是这样，不遵守规则和秩序就失去了尊严和美，对这样的人和国家我也不敢尊敬。说到这里老师想到了日本福岛地震的时候，在逃亡的路上，日本人的汽车排成了一条几十公里的长龙，但是没有喊叫的，没有按喇叭的，没有超车的，没有逆行的，是那样地有秩序。在分发食品的地方，在公用电话亭前，日本人都保持着井然有序。老师看着这些图片，心里肃然起敬，这种秩序是那么地美、那么地有力量、那么地高贵。”

小炎：“以前我只是简单地认为人应该遵守规则和秩序，但是通过向您请教，没想到遵守规则和秩序居然有那么多心理因素，还关系到人的尊严、美，社会的秩序等。我更为自己骄傲了，也坚定了遵守规则、秩序的决心。”

我：“这就是教育的作用。无知是一切愚蠢、顽固、邪恶、自私的根源，而教育可以使人有知识，会思考和感受，如同春日的暖风，吹开人们封闭、枯燥、寒冷的心，把知识、智慧和爱种在人们的心里。”

小炎：“您觉得咱们中国人能做到日本人和德国人那样遵守规则和秩序吗，老师您有信心吗？”

我：“老师有信心。咱们中国人骨子里是崇尚文明的，中国人是有自觉性和自尊心的，也是自强不息的。有了这些好的基础，加上正确的教育和健全的法律，我们一定能做到。”

小炎：“听您这样一说我也感到有信心了，我很想在这方面做点事儿，但又不知道怎么做，老师您给指点一下。”

我：“老师非常高兴你有这样的激情和梦想，每一个年轻的同学都需要有伟大的梦想，那将成就一个伟大的国度。你能做的事很多，首先你要做好自己，把自己训练成有规则、秩序意识和良好习惯品格的人。回到学校后，在不影响学习的情况下，你可以组成一个品格自我塑造小组，制订相关的学习和训练计划、制度，大家互相监督、激励，共同提高。”

小炎：“好，我回去后就做，也希望您随时给我们指导。”

我：“没问题，我们一起学习、成长。”

小炎回到家里后，给我发了一条短信：“陆老师，认识您真是荣幸，您是那么有激情和梦想，我要做和您一样的人，中国需要您这样的人。我要从身边的小事做起，先做好自己，再强大祖国。”国庆的时候，他们全家来北京，一是游玩，二是来看我。他的父母很激动，他们说，没想到孩子会认识这样的老师，真是太幸运了，孩子的变化他们简直无法相信，自觉、主动，把每一件事都做得很好，不用父母督促和操心。在公共场所，看到有人扔垃圾就捡起来放到垃圾桶里，有人问路非常热心指引，甚至带领一段路。老师和同学们都很欣赏他、喜欢他，他自己也变得更开心、快乐了。

父母不仅仅是在为自己培养子女，也是在为社会培养优质人才，为国家培养合格的公民。这就要求父母在教育孩子的过程中，不能够只盯着分数、成绩、学校，而是要培养孩子的精神品格，让孩子有秩序和尊严。我们必须告诉孩子："社会由种种规则维持着秩序，不管这种规则是人为设定的还是客观存在的，只要是规则，便具有制约性。因为规则都具有绝对的或相对的约束力。人的行为是一种在一定的范围内才可以得到许可的行为，而不是一种完全无拘无束的行为。这种许可包括自然界的许可，社会的许可，他人的许可。这就是规则的制约性的表现。因为在这种制约性中包含着个体切身的利害关系，因此规则的制约性是普遍存在的，是不可消除的。"

让我们永远记住，遵守规则是心灵秩序与社会要求间的一种默契，是人的尊严和美。

家长教练作业

1. 父母要时刻提醒自己增强社会感和规则意识。作为社会人，享受着社会的种种好处，又游离在社会规则之外，只想着自己的公平和利益，但又不愿接受规则的束缚，那就是侵害别人的利益。那个别人也许是你。如果大家都不遵守规则，那每一个人都会成为受害者。父母必须要有这样深刻的认识，才能够做孩子的榜样。

可以从身边的小事做起，如：不乱扔垃圾，不大声喧哗，不加塞儿。

2. 整理回顾本文中不遵守规则的人有哪些心理，你在不遵守规则的时候是否也有这种心理？在适当的时间把这种心理和孩子分享，让孩子了解自己和社会，做有品格的人。

图书在版编目（CIP）数据

品学兼优的秘密：改变青少年命运的28次品格对话 / 陆传文著．—桂林：漓江出版社，2015.12

ISBN 978-7-5407-7694-7

Ⅰ.①品… Ⅱ.①陆… Ⅲ.①品德教育—中国—青少年读物 Ⅳ.① D432.62

中国版本图书馆 CIP 数据核字（2015）第 293422 号

品学兼优的秘密：改变青少年命运的28次品格对话

著　　者　陆传文
责任编辑　周群芳
装帧设计　红十月设计工作室
责任监印　周　萍

出 版 人　刘迪才
出版发行　漓江出版社
社　　址　广西桂林市南环路 22 号
邮　　编　541002
发行电话　0773-2583322　010-85893190
传　　真　0773-2582000　010-85893190-814
电子信箱　ljcbs@163.com
网　　址　http://www.Lijiangtimes.com.cn
　　　　　http://www.Lijiangbook.com
印　　制　北京大运河印刷有限责任公司
开　　本　889×1194　1/16
印　　张　21
字　　数　308 千字
版　　次　2015 年 12 月第 1 版
印　　次　2017 年 10 月第 3 次印刷
书　　号　ISBN 978-7-5407-7694-7
定　　价　40.00 元